Börstinghaus/Börstinghaus
Miete mindern – aber richtig!

Miete mindern – aber richtig

Alle Mängel von Abfluss bis Zugluft

von

Ulf P. Börstinghaus

Cathrin Börstinghaus

1. Auflage, 2013

Zu den Autoren:

Dr. Ulf P. Börstinghaus

ist Richter am Amtsgericht Dortmund und ein ausgewiesener Experte auf dem Gebiet des Wohnraummietrechts. Er ist Verfasser zahlreicher führender Veröffentlichungen zum Mietrecht, Mitherausgeber einer der führenden Zeitschriften zum Mietrecht. Er ist Gründungsmitglied und Vorsitzender des Deutschen Mietgerichtstages e.V.

Cathrin Börstinghaus

ist Diplom-Kauffrau und war für ein großes deutsches Kreditinstitut in Frankfurt, New York, London und zuletzt in Singapur tätig. Sie ist Autorin der Mietminderungstabelle – ein führendes Werk zum Mietminderungsrecht.

www.beck.de

ISBN 978-3-406-65571-5

© 2013 Verlag C.H. Beck oHG
Wilhelmstraße 9, 80801 München

Satz: Fotosatz Buck, Zweikirchener Str. 7, 84036 Kumhausen
Druck: Druckhaus Nomos, In den Lissen 12, 76547 Sinzheim
Umschlaggestaltung: fernlicht kommunikationsdesign, Gauting
Bildnachweis: © photocase.com-max mustermann

Gedruckt auf säurefreiem, alterungsbeständigem Papier
(hergestellt aus chlorfrei gebleichtem Zellstoff)

So nutzen Sie dieses Buch

Um Ihnen das Lesen und Arbeiten mit diesem Buch zu erleichtern, hat der Autor verschiedene Stilelemente verwendet, die Ihnen das schnellere Auffinden bestimmter Texte ermöglichen. So finden Sie die Tipps und Musterformulare sofort.

 Hier finden Sie Tipps und Hinweise.

 So sind „Merksätze" gekennzeichnet.

 Hier finden Sie Beispiele, die das Beschriebene plastisch erläutern und verständlich machen.

 Hier finden Sie die Rechtsprechungsübersicht zu den jeweiligen Mietmängeln sowie Mustertexte.

Vorwort

Neben den Mieterhöhungen, Nebenkostenabrechnungen und Kündigungen spielen Verfahren, bei denen es um Mängel geht, im Wohnraummietrecht eine große Rolle. Nicht nur die klassischen Verfahren, in denen der Mieter keine Miete zahlt, beschäftigen die Praxis, sondern immer häufiger auch solche Verfahren, bei denen die Mieter die Initiative ergreifen. Ein regional teilweise sehr hohes Mietenniveau führt dazu, dass Mieter für diesen Preis auch eine Wohnung gebrauchen wollen, die „das Geld wert ist".

Für die Mieter und Vermieter genügt dabei fast nie ein Blick ins Gesetz. Die Regelungen sind nur sehr abstrakt. Dort ist lediglich die Rede davon, dass die „Gebrauchstauglichkeit der Wohnung zum vertraglich vereinbarten Zweck aufgehoben oder eingeschränkt" ist. Wann das der Fall ist, ergibt sich aus vertraglichen Vereinbarungen zwischen den Mietvertragsparteien.

Hinzu kommt, dass sich jede Wohnung und jede vertragliche Vereinbarung von der anderen unterscheidet. Entscheidend ist daher zunächst, zu ermitteln, welchen Zustand die Wohnung nach dem Vertrag haben sollte. Damit muss dann der tatsächlich vorgefundene Zustand verglichen werden. Ist der tatsächliche Zustand schlechter, liegt ein Mangel vor, der zur Minderung der Miete führt und dem Mieter ggf. noch die Geltendmachung weiterer Rechte ermöglicht.

Generelle Regeln aufzustellen, stößt deshalb schnell an die Grenzen der Einzelfallentscheidung. Das vorliegende Buch will hier aber anhand der in der Praxis häufig vorkommenden Mängel eine Hilfestellung geben, indem es für diese darstellt, wie Gerichte bereits

Vorwort

entschieden haben. Eine Gewähr, dass diese Quote auch in jedem anderen Fall so ausgeurteilt wird, kann natürlich nicht übernommen werden. Hinzu kommt, dass das Gesetz eine Fülle von Ausnahmeregelungen enthält, bei deren Vorliegen die Minderung generell ausgeschlossen ist, wie z. B. wenn der Mieter den Mangel bei Anmietung kennt oder einen vorhandenen Mangel zu spät anzeigt.

Zum 1. Mai 2013 hat der Gesetzgeber diese Regelungen noch erweitert und das Minderungsrecht im Falle der Beeinträchtigung durch energetische Modernisierungen weiter eingeschränkt.

Das vorliegende Buch will eine für Vermieter und Mieter gleichermaßen brauchbare Übersicht über das bedeutsame Rechtsgebiet geben. Einführend werden die unterschiedlichen Rechte und Pflichten des Mieters und des Vermieters zusammenfassend dargestellt. Anschließend finden Sie im Hauptteil sortiert nach wichtigen Schlagworten von A bis Z die in der Praxis häufig vorkommenden Mängel mit einschlägigen Gerichtsentscheidungen und ausgeurteilten Minderungsquoten. Im Anhang sind Muster für Mieter- und Vermieterschreiben sowie eine Auflistung der einschlägigen Rechtsprechung des Bundesgerichtshofs zu diesem Rechtsgebiet zusammengestellt.

Über Anregungen und kritische Hinweise zu diesem Buch würden wir uns sehr freuen!

Gelsenkirchen/Singapur im Juli 2013   *Ulf und Cathrin Börstinghaus*

Inhalt

Abkürzungsverzeichnis 23

Einführende Erläuterungen 31
  I. Übersicht über die verschiedenen Ansprüche 31
    1. Erfüllungsanspruch 31
    2. Schadensersatzanspruch 32
    3. Kündigungsrecht 32
    4. Selbstbeseitigungsrecht 32
    5. Vorschussanspruch 33
  II. Die Minderung der Miete 33

A 39

Abfluss 39
Abhilfefrist 39
Abkürzungsweg 41
Abmahnung 41
Abriss 41
Abweichende Vereinbarung 41
Allgemeine Geschäftsbedingungen 43
Altbau 46
Ameisen 46
Anfänglicher Mangel 46
Anfechtung 46
    1. Das Vorliegen eines Anfechtungsgrundes: 47
    2. Anfechtungserklärung 47

3. Anfechtungsfrist	48
Annahmeverzug	48
Antenne	49
Anzeigeklausel	49
Arrest	50
Asbest	50
Aufrechnung	50
Aufwendungsersatz	51
Aufzug	51
Ausschlusstatbestand	51
1. Vertragliche Vereinbarungen über die Minderung	52
2. Unerhebliche Mängel	53
3. Kenntnis vom Mangel bei Vertragsschluss	54
4. Grob fahrlässige Unkenntnis	54
5. Vorbehaltlose Annahme der Mietsache	55
6. Vorbehaltlose Mietzahlung	55
7. Verletzung der Anzeigepflicht	56
8. Mangel vom Mieter zu vertreten	57
9. Annahmeverzug bezüglich Mangelbeseitigung	57
10. Sonstiges	58
Aussicht	58
B	**59**
Badewanne	59
Badezimmer	60
Bahn	60
Balkon	61
Bauarbeiten	61
Baulärm	62
Baumangel	63
Bäume	63
Beeinträchtigung der Gebrauchstauglichkeit	64
Belästigung	64
Besucher	64
Betriebskosten	64
Beweislast	65
Blei	66
Bordell	66
Briefkasten	66
Bruttomiete	66

Inhalt

C	67
Chemikalien	67
D	69
DIN-Normen	69
Diskothek	70
Dusche	70
DVB-T	71
E	73
Eigenschaft	73
Eigentumswohnung	73
Einbruch	73
Einstellplatz	73
Einstweilige Verfügung	74
Einstweiliger Rechtschutz	74
Elektroinstallationen	76
Elektrosmog	77
Energetische Modernisierung	78
Energieverbrauch	79
Entzug des Gebrauchs	80
Erfüllungsanspruch	80
Erfüllungsgehilfe	81
F	83
Fahrradkeller	83
Fahrstuhl	83
Faktische Unmöglichkeit	83
Fälligkeit	83
Fassade	85
Fehler	85
Feier	85
Fenster	86
Fernsehen	87
Feste	88
Feststellungsklage	88
Feuchtigkeit	88
Fläche	90
Fliesen	90
Fluglärm	91

Föderalismusreform	91
Fogging	92
Form	93
Formaldehyd	93
Frist	93

G 95

Garage	95
Garten	95
Gaststätte	96
Gebot der Wirtschaftlichkeit	97
Gebrauchsbeeinträchtigung	97
Gegensprechanlage	98
Genossenschaftswohnungen	98
Gerichtszuständigkeit	99
Geruch	99
Gerüst	101
Geschäftsführung ohne Auftrag	101
Gesundheitsgefährdender Zustand	102
Gewerberaummiete	103
Glascontainer	104
Graffiti	104
Grenzwert	105
Grob fahrlässige Unkenntnis	105
Grobe Fahrlässigkeit	105
Größe	106
Grundmiete	106

H 107

Haftungsausschluss	107
Haustür	107
Heizung	108
Hochwasser	110
Holzschutzmittel	111
Hund	111

I 113

Immaterieller Schaden	113
Individualvereinbarung	113
Inklusivmiete	114

Inhalt

Instandhaltung	114
Instandsetzung	114
Irrtum	114
Istbeschaffenheit	114
J	117
Jazzlokal	117
K	119
Käfer	119
Kakerlaken	119
Karneval	119
Katzen	119
Keller	119
Kenntnis	120
Kinderlärm	120
Klageantrag	121
Klingel	121
Kostenmiete	122
Küche	122
Kündigung	122
L	125
Laminat	125
Lärm	126
Licht	133
Lindan	133
M	135
Mahnung	135
Mangan	135
Mangel	135
1. Sollbeschaffenheit	136
2. Istbeschaffenheit	143
Mangelanzeige	145
Mäuse	145
Materieller Schaden	145
Mieter	145
Mieterbenachteiligung	146
Mieterkündigung	146

13

Inhalt

Mietstruktur 147
Mietrechtsreform 149
Mietvertrag 149
Mietzahlung 150
Minderung 150
Minderungsquote 151
   1. Schätzung 153
   2. Minderungstabellen 153
   3. Nutzwertanalyse 153
   4. Vereinfachte Nutzwertanalyse 154
Mindeststandard 154
Mitverschulden 155
Mitwirkungspflicht 156
Mobilfunkantenne 156
Modernisierung 156
Motten 157
Müll 157
Musik 158

N 159

Nachbarn 159
Nachteilige Vereinbarung 160
Nachtruhe 161
Nachtspeicherofen 161
Nebenkosten 162
Nettomiete 162
Neubau 162
Neue Bundesländer 162
Nichtgewährung des Gebrauchs 162
Nichtraucher 163
Niederschlag 163
Nitrat 164
Nutzungsbedingtes Fehlverhalten 164
Nutzungsbeschränkung 164
Nutzungsentschädigung 165

O 167

Obhutspflicht 167
Obliegenheit 167
Opfergrenze 167
Optischer Mangel 167

Inhalt

P	169
PAK	169
Parkett	169
Parkplatz	169
PCB	170
PCP	170
PER	170
Positive Kenntnis	170
Preisfreier Wohnungsbau	170
Preisgebundener Wohnungsbau	171
Prostitution	172
Q	175
Qualifizierte Abmahnung	175
R	177
Ratten	177
Raucher	177
Rechtsmangel	177
Restaurant	177
Risikosphäre	178
Risse	178
Rollladen	178
Rost	179
S	181
Sachmangel	181
Sado-Maso-Café	181
Sanitäranlagen	181
Schaben	181
Schadensersatz	182
Schallschutz	183
Schimmel	183
Schloss	184
Schmerzensgeld	185
Schriftform	185
Schwarzfärbung	185
Selbstständiges Beweisverfahren	185
Selbstbeseitigungsrecht	187
Silberfischchen	187

Inhalt

Sittenwidrigkeit	187
Sollbeschaffenheit	188
Spielplatz	195
Spinnen	195
Steckdose	195
Stellplatz	195
Stoßlüftung	195
Straßenlärm	195
Subjektive Unmöglichkeit	196
T	**197**
Tapete	197
Tauben	197
Teilinklusivmiete	198
Temperatur	198
Terrasse	198
Tiefgarage	199
Toilette	199
Treppe	200
Treppenhaus	200
Trinkwasser	201
Trittschall	201
Tür	201
Türöffner	201
U	**203**
Umfeldmangel	203
Umweltmangel	203
Umweltgifte	203
Unerheblichkeit	205
Unerlaubte Handlung	207
Ungeziefer	207
Unkenntnis	209
Unmittelbarkeit der Beeinträchtigung	209
Unmöglichkeit	209
1. Anfängliche Unmöglichkeit	210
2. Nachträgliche Unmöglichkeit	211
Unwesentliche Beeinträchtigung	212
Urkundsklage	212
Überlassung der Mietsache	213

V 215

VDE-Norm 215
Verjährung 215
Verkehr 218
Verlust des Minderungsrechts 218
Vermieter 218
Vermieterkündigung 219
Vermögensschaden 219
Verrichtungsgehilfe 219
Verschmutzung 220
Verschulden 220
Verschulden des Mieters 221
Verschulden des Vermieters 221
Vertrag 221
Vertragsgemäßer Gebrauch 221
Vertretenmüssen 222
Verwendungen 222
Verwirkung 222
Verzug 223
Vorauszahlungsklausel 223
Vorbehalt 224
Vorbehaltlose Annahme 224
Vorbehaltlose Zahlung 225
Vorhersehbarkeit 226
Vorschussanspruch 226

W 227

Wanze 227
Wärmedämmung 227
Waschmaschine 228
Wasser 228
Wasserschaden 229
Wegfall der Geschäftsgrundlage 229
Wiederherstellungsanspruch 230
Wirtschaftliche Unmöglichkeit 230
Wohnfläche 230
Wohngifte 232
Wohnraummiete 232
Wohnungseigentum 235
Wohnungstür 236

Inhalt

Z 237

Zahlungsklage 237
Zahlungsverzug 237
Zigaretten 237
Zug um Zug 238
Zugesicherte Eigenschaft 239
Zugluft 239
Zurückbehaltungsrecht 240
Zuständigkeit 241

Anhang A – Auszug aus dem Bürgerlichen Gesetzbuch (BGB)   243

Buch 2. Recht der Schuldverhältnisse 243
    Abschnitt 8. Einzelne Schuldverhältnisse 243

Anhang B – Mustertexte 251

    I. Mängelanzeige 251

        1. Anzeige des Mieters 251
        2. Erwiderung des Vermieters 252

    II. Vorprozessuale Geltendmachung von Gewährleistungsansprüchen 253

        1. Ankündigung der Minderung 253
        2. Geltendmachung des Zurückbehaltungsrechts ... 254
        3. Geltendmachung der Mietminderung und Ausübung des Zurückbehaltungsrechts 255
        4. Geltendmachung eines Vorschusses zur Mängelbeseitigung 256

    III. Zahlungsklagen des Vermieters 257

        1. Bei Bestreiten des Mangels 257
        2. Urkundsklage 259
        3. Bei Verursachung des Mangels durch den Mieter 260
        4. Bei Vorliegen eines Ausschlusstatbestandes 263

Anhang C – Leitsätze des Bundesgerichtshofes zum Gewährleistungsrecht in der Wohn- und Gewerberaummiete 265

I. Rechtsprechung zu § 536 BGB 265

Umfang der Minderung und des
Zurückbehaltungsrechts 265
Mangel bei Wohnflächenabweichung; Anwendbarkeit
von Vorschriften zur Berechnung der Wohnfläche 265
Mangel bei Wohnflächenabweichung; Höhe der
Minderung 266
Mangel bei Wohnflächenabweichung 266
Gewährleistungsrechte bei gewerblicher Zwischenvermietung; unerheblicher Mangel 266
Beweislast nach Gefahrenkreisen 267
Minderung von der Bruttomiete 267
Flächenabweichungen bei der Gewerberaummiete 268
Minderung von Bruttomiete; Höhe der Mietsicherheit bei
Minderung 268
Vollvermietung als zugesicherte Eigenschaft, Wegfall der
Geschäftsgrundlage 269
Exakte Angabe der Wohnungsgröße nicht nur bloße Objektbeschreibung 269
„Normative" Flächenabweichung 270
Mangel durch Mobilfunkanlage 270
Anfänglicher Mangel; Anzeigepflicht 270
Rechtsmangel durch Vermietung an Unter-Untermieter . 271
Rechtsmangel eines Untermietverhältnisses 271
Flächenermittlung im preisfreien Wohnungsbau;
Hobbykeller 272
Minderungsausschlussvereinbarung in der Gewerberaummiete 272
Minderungsausschlussvereinbarung in der Gewerberaummiete 273
Entziehung des Gebrauchs als Mangel 273
Hartz-IV-Publikumsverkehr als Mangel 273
Wohnflächenberechnung unter anteiliger Einbeziehung
von Dachterrassenflächen 274
Trittschallschutz im ausgebauten Altbau 274
Begriff des Freisitzes und Flächenberechnung bei altbaubedingter niedriger Raumhöhe 275

Wohnflächenberechnung bei öffentlich-rechtlicher Nutzungsbeschränkung 275
Wohnflächenberechnung trotz baurechtswidriger Nutzung von Räumen 276
Der Begriff der „Mietraumfläche" 276
Flächenermittlung bei Einfamilienhaus mit Garten 276
Keine Wohnflächenvereinbarung bei ausdrücklichem Hinweis auf fehlende Verbindlichkeit der im Mietvertrag angegebenen Wohnungsgröße 277
Minderung bei periodisch auftretendem Mangel 277
Keine Minderung bei Unterbrechung der Stromversorgung durch Versorger 277
Flächenabweichung bei möblierter Wohnung 278
Verjährung des Rückforderungsanspruchs bei Flächenabweichung 278
Substantiierung der Mängelbeschreibung 278
Gebrauchsbeeinträchtigung wegen Vermietung an Touristen 279
Beschaffenheitsvereinbarung bezüglich Baulärms in Großstadt 279
Minderung bei Flächenabweichung von Nebenflächen .. 279
Zum Mangelbegriff 280
Verstoß gegen Konkurrenzschutzklausel als Mangel 280
Minderung wegen erhöhten Verkehrslärms 281

II. Rechtsprechung zu § 536a BGB 281

Beweislast bei Schäden durch Fogging 281
Schadensersatz wegen Mangel am Stromzähler 282
Beweislast für Schaden 282
Beweislast bei Schäden durch Fogging 282
Aufwendungsersatz zur Mangelbeseitigung 283
Vorschussanspruch für zwecklose Maßnahmen; Unmöglichkeit wegen Überschreiten der Opfergrenze 283
Schutzbereich der Garantiehaftung 283
Schadensersatz wegen Inkrafttretens des Nichtraucherschutzgesetzes 284
Substantiierungslast für Schadenseintritt und -verursachung 285
Mietminderung; Gesundheitsgefährdung; Haftungsausschluss 285

III. Rechtsprechung zu § 536b BGB 285

    Verlust des Minderungsrechts bei vorbehaltloser Mietzahlung trotz Vorliegen eines Mangels 285
    Verlust des Minderungsrechts bei vorbehaltloser Mietzahlung trotz Vorliegen eines Mangels 286
    Verwirkung von Mietforderungen 287
    Verlust des Minderungsrechts bei vorbehaltloser Mietzahlung trotz Vorliegen eines Mangels 287
    Minderungsausschluss bei Zahlung in Kenntnis eines Mangels 287
    Vorbehaltlose Hinnahme einer Mietminderung 288
    Verlust des Minderungsrechts bei vorbehaltloser Mietzahlung trotz Vorliegen eines Mangels 288
    Mangelbeseitigungsanspruch und Ausschlusstatbestand 288
    Verstoß gegen rechtliches Gehör 289

IV. Rechtsprechung zu § 536c BGB 289

    Darlegungslast für fehlende Mängelanzeige 289

V. Rechtsprechung zu § 543 BGB 290

    Zu den Voraussetzungen einer Gewährleistungskündigung 290
    Rechtsmangel bei fehlender behördlicher Genehmigung 290
    Teilurteil bei Gewährleistungskündigung 291
    Fristlose Kündigung bei Flächenabweichung 291
    Fristlose Kündigung wegen pflichtwidriger Verwendung eines Vorschusses zur Mangelbeseitigung 291
    Zum Verschulden bei der Zahlungsverzugskündigung .. 291
    Verschulden bei Irrtum über Minderungsberechtigung . 292

VI. Rechtsprechung zu § 569 BGB 292

    Fristlose Kündigung des Zwischenmieters bei Gesundheitsgefährdung 292
    Kündigung wegen gesundheitsgefährdendem Zustand .. 293

VII. Rechsprechung zu § 573 BGB 293

    Zurechnung schuldhaft fehlerhafter Beratung durch Mieterverein 293

Stichwortverzeichnis 295

Abkürzungsverzeichnis

a. A.	anderer Ansicht
a.a.O.	am angeführten Ort
abl.	ablehnend
Abl	Amtsblatt
Abs.	Absatz
Abschn.	Abschnitt
a. E.	am Ende
a. F.	alte Fassung
AG	Aktiengesellschaft, Amtsgericht, Ausführungsgesetz
AGB	Allgemeine Geschäftsbedingungen
AGBG	Gesetz zur Regelung des Rechts der Allgemeinen Geschäftsbedingungen
AGG	Allgemeines Gleichbehandlungsgesetz
AIM	AnwaltInfo Mietrecht (Zeitschrift)
AIZ	Allgemeine Immobilienzeitung
Alt.	Alternative
a. M.	anderer Meinung
Anh	Anhang
Anl.	Anlage
Anm.	Anmerkung
AnwBl	Anwaltsblatt
Art.	Artikel
Aufl.	Auflage
Az	Aktenzeichen
B	Bruttomiete
BAnz	Bundesanzeiger

Abkürzungsverzeichnis

BauGB	Baugesetzbuch
BauZuschG	Gesetz zur Änderung des 2. Wohnungsbaugesetzes, anderer wohnungsbaurechtlicher Vorschriften und über die Erstattung von Baukostenzuschüssen v. 25.7.1961, BGBl I S. 1041
BayObLG	Bayerisches Oberstes Landesgericht
BayObLGZ	Amtliche Sammlung von Entscheidungen des BayObLG in Zivilsachen
BayVBl	Bayerische Verwaltungsblätter
BB	Der Betriebs-Berater
BBauBl	Bundesbaublatt
Bd.	Band
BDSG	Gesetz zum Schutz vor Missbrauch personenbezogener Daten bei der Datenverarbeitung (Bundesdatenschutzgesetz)
Beschl.	Beschluss
Betr	Der Betrieb
BetrKV	Betriebskostenverordnung vom 25.11.2003 (BGBl I S. 2346)
BewG	Bewertungsgesetz
BezG	Bezirksgericht
BFH	Bundesfinanzhof
BGB	Bürgerliches Gesetzbuch v. 18.8.1896
BGB-InfoV	BGB-InformationspflichtenVO = BGBl I S. 2002, 2958
BGBl.	Bundesgesetzblatt Teile I, II, III
BGH	Bundesgerichtshof
BGHZ	Amtliche Sammlung von Entscheidungen des Bundesgerichtshofs in Zivilsachen
BK	Bruttokaltmiete
Bl	Blatt
BMF	Bundesminister der Finanzen
BMJ	Bundesminister(ium) für Justiz
BMWi	Bundesminister(ium) für Wirtschaft
BMWo	Bundesminister(ium) für Raumordnung, Bauwesen und Städtebau
BR	Bundesrat
BR-Drs.	Drucksache des Bundesrates
BRAGO	Bundesrechtsanwaltsgebührenordnung (bis 30.6.2004)
BT	Bundestag

Abkürzungsverzeichnis

BT-Drs.	Drucksache des Deutschen Bundestages
II. BV	Verordnung über wohnungswirtschaftliche Berechnungen (Zweite Berechnungsverordnung)
BVerfG	Bundesverfassungsgericht
BVerfGE	Amtliche Sammlung der Entscheidungen des BVerfG
BVerwG	Bundesverwaltungsgericht
BVerwGE	Amtliche Sammlung der Entscheidungen des BVerwG
BW	Bruttowarmmiete
bzgl.	bezüglich
bzw.	beziehungsweise
c. i. c.	culpa in contrahendo
DGVZ	Deutsche Gerichtsvollzieherzeitung
d. h.	das heißt
DIN	Deutsche Industrienorm
DNotZ	Deutsche Notarzeitung
DÖV	Die öffentliche Verwaltung
DRiZ	Deutsche Richterzeitung
Drucks.	Drucksache
DWE	Der Wohnungseigentümer
DWW	Deutsche Wohnungswirtschaft
EGBGB	Einführungsgesetz zum BGB
Einf.	Einführung
Einl.	Einleitung
EnEG	Gesetz zur Einsparung von Energie in Gebäuden
etc.	et cetera
EuGH	Europäischer Gerichtshof
e. V.	eingetragener Verein
evtl.	eventuell
F.	Fach
FamRZ	Zeitschrift für das gesamte Familienrecht
ff.	folgende
FG	Finanzgericht
FGPrax	Praxis der freiwilligen Gerichtsbarkeit
FinA	Finanzamt
Fn	Fußnote
FS	Festschrift
FWW	Die freie Wohnungswirtschaft
GE	Das Grundeigentum

Abkürzungsverzeichnis

gem.	gemäß
GenG	Genossenschaftsgesetz
GewO	Gewerbeordnung
GG	Grundgesetz für die Bundesrepublik Deutschland v. 23. Mai 1949
ggf.	gegebenenfalls
GKG	Gerichtskostengesetz
GM	Garagenmiete/Stellplatzmiete
grds.	grundsätzlich
GS	Gedächtnisschrift
GuT	Gewerbemiete und Teileigentum (Zeitschrift)
GVBl.	Gesetz- und Verordnungsblatt
GVG	Gerichtsverfassungsgesetz
HambGE	Hamburger Grundeigentum (Zeitschrift)
HeizKV	Verordnung über die verbrauchsabhängige Abrechnung der Heiz- und Warmwasserkosten
hM	herrschende Meinung
hrsg.	herausgegeben
i. d. F.	in der Fassung
i.d.R.	in der Regel
i.S.d.	im Sinne des/der
i. S. v.	im Sinne von
i. Ü.	im Übrigen
i. V. m.	in Verbindung mit
JA	Juristische Arbeitsblätter
JMBl	Justizministerialblatt
JR	Juristische Rundschau
JurBüro	Das juristische Büro
jurisPR-MietR	Juris-Praxisreport Mietrecht
jurisPR-BGHZivilR	Juris-Praxisreport Bundesgerichtshof in Zivilsachen
JuS	Juristische Schulung
Justiz	Die Justiz
JW	Juristische Wochenschrift
JZ	Juristen-Zeitung
Kap.	Kapitel
KG	Kammergericht, Kommanditgesellschaft
KM	Kölner Mietrecht (Loseblattwerk)
Komm.	Kommentar
KreisG	Kreisgericht

LG	Landgericht
LImschG	Landesimmissionsschutzgesetz
LM	Lindenmaier/Möhring, Nachschlagewerk des BGH in Zivilsachen
LMK	Kommentierte BGH-Rechtsprechung Lindemaier-Möhring
LS	Leitsatz
m. abl. Anm.	mit ablehnender Anmerkung
m. zust. Anm.	mit zustimmender Anmerkung
MDR	Monatsschrift für Deutsches Recht
MHG	Miethöhegesetz
MietPrax-AK	MietPrax-Arbeitskommentar, hrsg. v. U. Börstinghaus und N. Eisenschmid
MietRÄndG	Gesetz über die energetische Modernisierung von vermietetem Wohnraum und über die vereinfachte Durchsetzung von Räumungstiteln, v. 11.3.2013 (BGBl. 2013 I 434)
Mietrecht kompakt	Mietrecht kompakt. Aktueller Informationsdienst zum Miet- und WEG-Recht
MM	Mietrechtliche Mitteilungen
ModEnG	Gesetz zur Förderung der Modernisierung von Wohnungen und Maßnahmen zur Einsparung von Heizenergie
MünchKomm-(Bearb.)	Münchener Kommentar zum BGB, 6. Aufl. 2012
m. w. N.	mit weiteren Nachweisen
MWSt	Mehrwertsteuer
N	Nettomiete
NdsRpfl	Niedersächsische Rechtspflege
n. F.	neue Fassung
NJ	Neue Justiz
NJOZ	Neue Juristische Online-Zeitschrift
NJW	Neue Juristische Wochenschrift
NJWE-MietR	NJW-Entscheidungsdienst Mietrecht
NJW-RR	NJW-Rechtsprechungsreport
NK	Nettokaltmiete
NMV	Neubaumieten VO
Nr.	Nummer(n)
NRW	Nordrhein-Westfalen
NutzEV	Verordnung über eine angemessene Gestaltung von Nutzungsentgelten

Abkürzungsverzeichnis

NZM	Neue Zeitschrift für Mietrecht
o. Ä.	oder Ähnliche/Ähnliches
OG	Obergeschoss
OLG	Oberlandesgericht
Palandt/(Bearb.)	BGB, Kommentar, 73. Aufl. 2013 ((Mietrechtsteil von Weidenkaff)
PE	Privates Eigentum (Zeitschrift)
PiG	Partner im Gespräch (Schriftenreihe des Evangelischen Siedlungswerkes in Deutschland e. V.)
PVV	positive Vertragsverletzung
Rn.	Randnummer
RE	Rechtsentscheid
RPfleger	Der Deutsche Rechtspfleger
RE	Rechtsentscheid
RG	Reichsgericht
RGBl	Reichsgesetzblatt
RGZ	Entscheidungen des Reichsgerichts in Zivilsachen
Rspr.	Rechtsprechung
s.	siehe
S.	Satz, Seite
s. u.	siehe unten; siehe unter
SchlHA	Schleswig-Holsteinischer Anzeiger
Schmidt-Futterer	Mietrecht, 11. Aufl., 2013
sog.	sogenannte(r)
str	streitig
st. Rspr.	ständige Rechtsprechung
TA Lärm	Technische Anleitung zum Schutz gegen Lärm
Tz.	Teilziffer
u. a.	unter anderem, und andere
u. Ä.	und Ähnliche(s)
Urt.	Urteil
usw.	und so weiter
u. U.	unter Umständen
v.	von, vom
VG	Verwaltungsgericht
VGH	Verwaltungsgerichtshof
vgl.	vergleiche
VO	Verordnung
VuR	Verbraucher und Recht

Abkürzungsverzeichnis

WEG	Gesetz über das Wohnungseigentum und das Dauerwohnrecht
WFB	Wohnungsförderungsbestimmungen
WGG	Gesetz über die Gemeinnützigkeit im Wohnungswesen
WImmoT	Weimarer Immobilienrechtstage (Dokumentation)
WiStG	Wirtschaftsstrafgesetz
WoBauG	Wohnungsbau- und Familienheimgesetz
WoBindG	Wohnungsbindungsgesetz
WoFG	Wohnraumförderungsgesetz
WoFÜG	Wohnraumförderungs-Überleitungsgesetz
WuM	Wohnungswirtschaft und Mietrecht
ZAP	Zeitschrift für die Anwaltspraxis (zitiert nach Fach und Seite)
z. B.	zum Beispiel
ZdWBay	Zeitschrift der Wohnungswirtschaft Bayern
ZfIR	Zeitschrift für Immobilienrecht
Ziff.	Ziffer
ZMR	Zeitschrift für Miet- und Raumrecht
ZPO	Zivilprozessordnung i. d. F. der Bekanntmachung v. 12.9.1950
z. T.	zum Teil
ZWE	Zeitschrift für Wohnungseigentum
zzgl.	zuzüglich

Einführende Erläuterungen

I. Übersicht über die verschiedenen Ansprüche

Der Mietvertrag ist ein Dauerschuldverhältnis. Der Gesetzgeber geht davon aus, dass die Mietvertragsparteien einen Preis vereinbaren, der dem Wert der mangelfreien Wohnung entspricht. Kommt es dann zu Mängeln an der Wohnung, mindert sich dieser Preis (= Miete) entsprechend. Außerdem stehen dem Mieter weitere Ansprüche zu:

1. Erfüllungsanspruch

Zunächst kann der Mieter vom Vermieter die Beseitigung des Mangels verlangen. Dabei ist es unerheblich, wann der Mangel eingetreten ist, ob der Vermieter ihn zu vertreten hat oder nicht, oder ob der Mangel unerheblich ist. Der Vermieter ist verpflichtet, dem Mieter die Mietsache in mangelfreiem Zustand zu übergeben und in diesem Zustand zu erhalten. Zur Durchsetzung des Erfüllungsanspruchs steht dem Mieter ein Zurückbehaltungsrecht an der Miete gem. § 320 BGB bis zur Beseitigung des Mangels zu. Dieser Anspruch besteht neben der Minderung der Miete. Der Höhe nach kann der Mieter ca. den dreifachen Minderungsbetrag noch einmal zurückbehalten. Das Zurückbehaltungsrecht erlischt außerdem, wenn das Mietverhältnis beendet wurde, egal ob Mieter- oder Vermieterkündigung, oder wenn der Vermieter das Grundstück verkauft hat.

2. Schadensersatzanspruch

Darüber hinaus stehen dem Mieter bei einem Mangel gegenüber dem Vermieter gem. § 536a BGB Schadensersatzansprüche unter drei alternativen Voraussetzungen zu:

- wenn der Mangel von Anfang an vorhanden war, unabhängig davon, ob der Vermieter den Mangel zu vertreten hat (Garantiehaftung)

- bei einem nach Übergabe eintretenden Mangel, wenn der Vermieter ihn zu vertreten hat

- bei einem nachträglich entstanden Mangel, den der Vermieter nicht zu vertreten hat, wenn der Vermieter mit der Mangelbeseitigung in Verzug ist.

Der Vermieter hat einen Mangel z. B. zu vertreten, wenn er seiner Erhaltungspflicht gem. § 535 Abs. 1 S. 2 BGB nicht nachgekommen ist. Dabei hat der Vermieter für das Verschulden seiner Erfüllungsgehilfen, wie z. B. des Hausmeisters, der Handwerker und der Putzfrau, gem. § 278 BGB einzustehen.

3. Kündigungsrecht

Der Mieter kann das Mietverhältnis unter den Voraussetzungen des § 543 Abs. 2 Satz Ziff. 1 BGB fristlos kündigen, wenn der Vermieter ihm den vertragsmäßigen Gebrauch der Mietsache ganz oder z. T. nicht rechtzeitig gewährt oder ihm dieser entzogen wird. Die Voraussetzungen sind bei Mängeln der Mietsache gegeben. Voraussetzung für die Ausübung des Kündigungsrechts ist grds. eine Fristsetzung zur Abhilfe gegenüber dem Vermieter. Diese ist nur dann überflüssig, wenn sie offensichtlich keinen Erfolg verspricht. Eine Kündigung ist gem. § 569 Abs. 1 BGB ebenfalls möglich, wenn die Benutzung der Räume mit einer erheblichen Gefährdung der Gesundheit verbunden ist. Auch in diesem Fall ist grundsätzlich eine Fristsetzung erforderlich. Der Mieter muss jede außerordentliche Kündigung gem. § 568 Abs. 4 BGB begründen. Die Kündigung muss schriftlich erfolgen.

4. Selbstbeseitigungsrecht

Gerät der Vermieter mit der Beseitigung eines Mangels in Verzug, so kann der Mieter den Mangel gem. § 536a Abs. 1 BGB selbst beseitigen und Ersatz der erforderlichen Aufwendungen verlangen.

Voraussetzung hierfür ist, dass entweder der Vermieter mit der Mangelbeseitigung in Verzug ist oder dass eine umgehende Beseitigung des Mangels zur Erhaltung oder Wiederherstellung des Bestands der Mietsache notwendig ist. Die Kosten für eine ohne Inverzugsetzung durchgeführte Instandsetzungsmaßnahme bekommt der Mieter jedoch nicht erstattet.

5. Vorschussanspruch

Der Mieter, der nach § 536a Abs. 2 BGB berechtigt ist, den Mangel der Mietsache selbst zu beseitigen, hat regelmäßig einen Anspruch auf Zahlung eines Vorschusses auf die Mängelbeseitigungskosten gegen den Vermieter. Der Anspruch besteht dann nicht, wenn der Vermieter zur Mängelbeseitigung bereit ist. Das ist er, wenn er ein tatsächliches Angebot zur Mängelbeseitigung unterbreitet, also z. B. einen Termin vereinbart. Der Anspruch besteht in Höhe der voraussichtlichen Aufwendungen zur Mängelbeseitigung.

II. Die Minderung der Miete

Voraussetzung dafür, dass sich die Miete mindert oder der Mieter einen der zuvor geschilderten Ansprüche geltend machen kann, ist, dass die Mietsache einen Mangel aufweist und hierdurch eine Gebrauchsbeeinträchtigung eintritt. Ein Mangel liegt vor, wenn der tatsächliche Zustand der Mietsache von dem Zustand, den die Parteien bei Abschluss des Vertrages als vertragsgemäß vereinbart haben, zum Nachteil des Mieters abweicht. Es kommt also nicht auf objektive Standards an, sondern auf die subjektive Vereinbarung der Parteien. Man spricht deshalb vom *subjektiven Mangelbegriff*. Es ist also möglich, dass eine Mietsache mit völlig gleicher Beschaffenheit in einem Mietverhältnis mangelhaft ist und im anderen nicht. So ist eine Wohnung an einer normal befahrenen Straße regelmäßig vertragsgemäß – wurde aber im Mietvertrag vereinbart, dass es sich um eine besonders ruhige Wohnung handelt, dann wird sie als mangelhaft einzustufen sein. Das Gleiche gilt auch bei Wohnflächenabweichungen: Haben die Parteien im Mietvertrag keine Wohnfläche vereinbart, ist die Wohnung regelmäßig vertragsgemäß, während eine identische Wohnung mangelhaft ist, wenn die Parteien im Mietvertrag eine um 10 % größere Wohnfläche vereinbart haben.

Deshalb kommt der Feststellung der vereinbarten Beschaffenheit, die auch als *Sollbeschaffenheit* bezeichnet wird, eine besondere Bedeu-

Einführende Erläuterungen

tung zu. Mietvertragliche Abreden zur Beschaffenheit der Mietsache können ausdrücklich oder auch konkludent getroffen werden. Eine einseitig gebliebene Vorstellung des Mieters genügt jedoch selbst dann noch nicht, wenn sie dem Vermieter bekannt ist. Mithin ist es weitgehend eine Frage der konkreten Vertragsgestaltung und damit des Einzelfalls, ob eine Mietsache mangelhaft ist. Generalisierende Regeln lassen sich dazu nur in Grenzen aufstellen. Deshalb sind die bei den nachfolgenden Stichworten aufgeführten Minderungsquoten immer darauf zu überprüfen, was die Parteien im konkreten Einzelfall als Standard wirklich vereinbart haben. Insbesondere in der Wohnraummiete werden häufig keine besonderen Standards vereinbart. Dann kommt es auf die Verkehrsanschauung an. Dabei ist regelmäßig der Standard, der zur Zeit der Errichtung des Gebäudes galt, maßgeblich. Für die Beurteilung des objektiven Zustandes wird häufig auf DIN-Normen oder VDI-Richtlinien abgestellt. Dies ist nicht zwingend, da solche Normen nicht unbedingt den Stand der Technik zum jeweils entscheidenden Zeitpunkt wiedergeben müssen.

Die Minderung tritt bei Vorliegen eines Mangels i.S.d. § 536 Abs. 1 BGB automatisch ein. Sie ist nicht davon abhängig, dass der Mieter ein Gestaltungsrecht ausübt. Davon zu unterscheiden ist die Frage, ob die Minderung wegen Verletzung der Anzeigepflicht ausgeschlossen ist. Die Miete mindert sich bei einer Beeinträchtigung der Gebrauchstauglichkeit angemessen. In der Praxis ist es durchaus üblich, die Minderungsquote mit einem Prozentwert anzugeben. Dieser Wert ist auf die Bruttomiete anzuwenden. Es kommt bei der Berechnung nicht auf die subjektive Betroffenheit des Mieters an. Deshalb mindert sich die Miete bei Heizungsausfall auch bei dem Mieter, der zu dem Zeitpunkt im Urlaub war. In der Praxis ist insbesondere bei kleineren Mängeln die Schätzung (bei Gericht gem. § 287 ZPO) üblich. Nachfolgend werden Minderungsquoten zu häufig auftretenden Mängeln bei den einzelnen Schlagworten angegeben. Sie sind nur ein grober Wert, da es immer auf die Besonderheiten des Einzelfalls ankommt. Hierzu zählt z. B., wie lange der Mangel bestand, wie viele Räume betroffen waren und wie stark die Gebrauchsbeeinträchtigung tatsächlich war.

Die Minderung kann darüber hinaus im Einzelfall ausgeschlossen sein:

- Nach § 536 Abs. 1 Satz 3 BGB ist die Minderung ausgeschlossen, wenn der Mangel der Mietsache unerheblich ist. Ein unerheblicher Mangel wird in aller Regel gegeben sein, wenn der Fehler leicht

II. Die Minderung der Miete

erkennbar ist und mit geringem Kostenaufwand beseitigt werden kann, sodass die Geltendmachung einer Minderung gegen Treu und Glauben verstieße.

- Durch das „Gesetz zur energetischen Modernisierung von vermietetem Wohnraum und über die vereinfachte Durchsetzung von Räumungstiteln" wurde ein weiterer Ausschlusstatbestand ins BGB eingeführt. Nach § 536 BGB Abs. 1a bleibt eine Minderung der Tauglichkeit für drei Monate außer Betracht, soweit diese aufgrund einer Maßnahme eintritt, die einer energetischen Modernisierung nach § 555b Nr. 1 dient.

- Gemäß § 536b S. 1 BGB ist die Minderung ausgeschlossen, wenn der Mieter den Mangel bei Vertragsschluss kennt. Es muss also eine Abweichung der Istbeschaffenheit von der Sollbeschaffenheit vorliegen und der Mieter muss genau diese Abweichung positiv kennen, und zwar bereits bei Abschluss des Vertrages. Die allgemeine Kenntnis vom schlechten Zustand des Mietobjekts reicht ebenso wenig wie die Kenntnis, dass das Mietobjekt mangelanfällig ist.

- Ebenso ist die Minderung gem. § 536b S. 2 BGB ausgeschlossen, wenn dem Mieter der Mangel infolge grober Fahrlässigkeit unbekannt geblieben ist. Nach der Rechtsprechung des BGH (Urt. v. 28.11.1979 – VIII ZR 302/78; NJW 1980, 777) handelt der Mieter grob fahrlässig, wenn er die erforderliche Sorgfalt bei Vertragsschluss in einem ungewöhnlich hohen Maß verletzt und dasjenige unbeachtet lässt, was im gegebenen Fall jedem hätte einleuchten müssen. Ein solcher Fall ist z. B. gegeben, wenn der Mieter eine Wohnung anmietet, ohne sie zuvor besichtigt zu haben. Auf der anderen Seite trifft den Mieter keine Untersuchungs- oder Erkundigungspflicht. Aber selbst bei grob fahrlässiger Unkenntnis vom Mangel bleibt das Minderungsrecht des Mieters bestehen, wenn der Vermieter den Mangel arglistig verschwiegen hat. Arglist liegt vor, wenn der Vermieter den Mieter täuscht, um in ihm einen Irrtum zu erregen. Es ist weder erforderlich, dass der Vermieter mit Bereicherungsabsicht gehandelt hat noch dass er den Mieter schädigen will.

- Hat der Mieter den Mangel bei Abschluss des Mietvertrages nicht positiv gekannt oder ist er ihm auch nicht aufgrund grob fahrlässigen Verhaltens unbekannt geblieben, so sind Minderungsansprüche trotzdem ausgeschlossen, wenn er die Mietsache in Kenntnis des Mangels annimmt, ohne einen entsprechenden Vorbehalt zu machen. Grob fahrlässige Unkenntnis vom Mangel schadet hier nicht. Der Vorbehalt des Mieters muss sich auf bestimmte kon-

Einführende Erläuterungen

krete Mängel beziehen. Ein allgemeiner Vorbehalt „sich die Gewährleistungsrechte vorzubehalten" o. Ä. genügt nicht. Besondere Bedeutung kommt deshalb dem Übergabeprotokoll zu. Sind im Übergabeprotokoll bestimmte Mängel aufgeführt, ohne dass der Mieter einen Vorbehalt hierzu vermerkt hat, dann ist damit die Minderung ausgeschlossen. Etwas anderes kann aber dann anzunehmen sein, wenn der Vermieter zugesichert hat, diese Mängel noch zu beseitigen.

- Der Mieter ist bekanntlich näher an der Mietsache dran als der Vermieter. Es ist deshalb gem. § 536c BGB eine Obliegenheit seinerseits, den Vermieter zu informieren, wenn sich entweder während des Bestandes des Mietverhältnisses ein Mangel zeigt oder eine Maßnahme zum Schutze der Mietsache gegen eine nicht vorhergesehene Gefahr erforderlich ist. Für die Mangelanzeige ist keine Form vorgeschrieben, aus Gründen der Beweissicherung ist Schriftform aber anzuraten. In eiligen Fällen kann aber auch eine telefonische Information des Vermieters erforderlich sein. Das Gesetz verlangt eine unverzügliche Unterrichtung des Vermieters, also ohne schuldhaftes Zögern. Die Mängel sind vom Mieter hinreichend genau zu beschreiben, um den Vermieter zu veranlassen, den Mängelrügen nachzugehen.

- Die Minderung tritt auch dann nicht ein, wenn der Mieter die Mängelbeseitigung vereitelt, indem er z. B. die Handwerker nicht in die Wohnung lässt.

- Und schließlich entfällt das Minderungsrecht auch, wenn der Mieter den Mangel selbst zu vertreten hat. So kann der Mieter selbstverständlich nicht die Miete wegen einer defekten Fensterscheibe und der dadurch verursachten mangelhaften Beheizung der Wohnung mindern, wenn er die Scheibe selbst schuldhaft zerstört hat. In der Praxis ist dieser Ausnahmetatbestand besonders bei Feuchtigkeits- und Schimmelschäden von Bedeutung. Hier kann ein Vertretenmüssen des Mieters dann vorliegen, wenn er z. B. Feuchtigkeitsschäden durch falsches Heiz- und Lüftungsverhalten selbst verursacht hat.

II. Die Minderung der Miete

Achtung: Kündigungsgefahr

Mindert der Mieter zu Unrecht die Miete, kann unter Umständen eine fristlose oder fristgerechte Kündigung des Mietvertrages durch den Vermieter erfolgen, wenn der Rückstand die hierfür erforderlichen Grenzen überschreitet. Das gilt regelmäßig auch dann, wenn der Mieter sich beraten lässt, da das Verschulden des Beraters (Mieterverein, Anwalt) dem Mieter zugerechnet wird. In strittigen Fällen empfiehlt es sich deshalb dringend, die Miete unter Vorbehalt der Geltendmachung der Rechte wegen der Mängel zu zahlen. Dadurch wird das Risiko der Kündigung minimiert.

Hinweis

Zahlt der Mieter die Miete wegen eines Mangels nicht und hat der Vermieter das Mietverhältnis deshalb gekündigt, dann kann der Vermieter bei einer Klage auf Räumung und Zahlung wegen der nach Zustellung der Klage fällig werdenden Nutzungsentschädigung bei Gericht den Erlass einer Sicherungsanordnung beantragen. Danach hat der Mieter für die nicht gezahlten Beträge Sicherheit zu leisten (Bürgschaft, Hinterlegung). Tut er dies nicht, kann u. U. eine einstweilige Verfügung auf Räumung ergehen.

A

Abfluss

Rechtsprechungsübersicht:

3 % defekter Badewannenabfluss (AG Schöneberg – 31.10.1990 – 5C 72/90 – GE 1991, 527)

5 % defekter Toilettenabfluss (AG Schöneberg – 31.10.1990 – 5C 72/90 – GE 1991, 527)

25 % Durch schadhafte Abflussrohre tritt Wasser aus, wodurch ein Parkettboden schadhaft wird und in mehreren Zimmern die Wände durchfeuchten. (LG Düsseldorf – 2.11.1994 – 24S 242/94 – DWW 1996, 282)

50 % Verstopfung der Toilette, wodurch verdrecktes Abwasser ins Badezimmer läuft (AG Hannover – 10.10.2008 – 559C 3475/08 – WuM 2009, 346)

Abhilfefrist

Wenn der Mieter das Mietverhältnis wegen eines Mangels kündigen will, muss er grundsätzlich gemäß § 543 Abs. 3 BGB dem Vermieter eine angemessene Frist zur Abhilfe setzen. Die Länge der Frist bemisst sich nach den Gegebenheiten des Einzelfalles. Dabei ist zu berücksichtigen, welche Maßnahmen zur Mangelbeseitigung erforderlich sind, ob eine Ausschreibung der Arbeiten erforderlich ist, ob Ersatzteile zu besorgen sind oder ob verschiedene Handwerker zu koordinieren sind. Auf der anderen Seite ist auch zu berücksichtigen, welche Beeinträchtigungen für den Mieter durch den Mangel verursacht werden. Hat der Mieter eine zu kurze Frist gesetzt, ist die Fristsetzung nicht unwirksam. In diesem Fall gilt die angemessene Frist. Kündigt der Mieter aber vor Ablauf der angemessenen Frist, ist diese Kündigung unwirksam.

Die Abhilfefrist muss nicht mit einer Kündigungsandrohung verbunden werden. Im Fall des § 543 Abs. 3 S. 1 BGB ist neben der Fristsetzung die Androhung der außerordentlichen fristlosen Kündigung nicht erforderlich (BGH NZM 2007, 561 = NJW 2007, 2474). Hat der Mieter mit der Fristsetzung eine andere Maßnahme als die außerordentliche fristlose Kündigung, etwa eine Ersatzvornahme oder eine Mangelbeseitigungsklage, angedroht, kann die Kündigung trotz eines darin liegenden widersprüchlichen Verhaltens regelmäßig bereits nach erfolglosem Ablauf der gesetzten Abhilfefrist wirksam erklärt werden. Nur in besonderen Ausnahmefällen muss eine neue Frist gesetzt werden. Dies gilt insbesondere dann, wenn der Vermieter im Vertrauen auf die Ankündigung bereits bestimmte Maßnahmen eingeleitet hat.

Die Fristsetzung ist grundsätzlich auch bei einer Kündigung wegen gesundheitsgefährdenden Zustands der Wohnung gemäß § 569 Abs. 1 BGB erforderlich (BGH NZM 2007, 439 = NJW 2007, 2177). Die Frage, innerhalb welchen zeitlichen Rahmens eine fristlose außerordentliche Kündigung wegen Gesundheitsgefährdung auszusprechen ist, hängt von den besonderen Umständen des jeweiligen Einzelfalls ab und entzieht sich einer allgemeinen Betrachtung (BGH Beschl. v. 13.4.2010 – VIII ZR 206/09). Dies gilt unabhängig davon, ob man die Regelung des § 314 Abs. 3 BGB auch im Wohnraummietrecht für anwendbar erachtet (offen gelassen von BGH WuM 2009, 231) oder ob man in diesen Fällen von einer Verwirkung ausgeht (BGH NJW 2009, 2297).

Eine Abhilfefrist muss nicht gesetzt werden, wenn

- eine Frist oder Abmahnung offensichtlich keinen Erfolg verspricht oder

- die sofortige Kündigung aus besonderen Gründen unter Abwägung der beiderseitigen Interessen gerechtfertigt ist.

Abkürzungsweg

> **Rechtsprechungsübersicht:**
> 10 % Entziehung eines jahrelang gestatteten Abkürzungsweges (AG Münster – 21.10.1981 – 5C 438/81 – WuM 1982, 170)

Abmahnung

Eine Abmahnung ist das an eine andere Person gerichtete Verlangen, ein bestimmtes Verhalten in Zukunft zu unterlassen. Man unterscheidet die qualifizierte Abmahnung und die einfache Abmahnung. Die qualifizierte Abmahnung unterscheidet sich von der einfachen Abmahnung dadurch, dass sie auch eine Rechtsfolge androht, meist die Kündigung des Vertrages. Der Mieter hat gegen den Vermieter keinen Anspruch auf Beseitigung oder Unterlassung einer von ihm als unberechtigt erachteten Abmahnung. Eine Klage auf Feststellung, dass eine vom Vermieter erteilte Abmahnung aus tatsächlichen Gründen unberechtigt war, ist unzulässig (BGH NZM 2008, 277 = NJW 2008, 1303).

Abriss

→ Bauarbeiten

Abweichende Vereinbarung

Grundsätzlich können die Parteien im Privatrecht alle vertraglichen Regelungen treffen, die nicht gegen ein gesetzliches Verbot verstoßen oder sittenwidrig sind.

Der Gesetzgeber hat für das Mietrecht wegen seiner sozialen Bedeutung in diese Vertragsfreiheit eingegriffen. Es handelt sich dabei um einen Kompromiss zwischen den naturgemäß sich diametral gegenüberstehenden Interessen der Mietvertragsparteien. Der Eingriff in die Gestaltungsfreiheit, nicht die Abschlussfreiheit, bezweckt den Schutz des Mieters. Dieser gesetzliche Zweck kann aber nur dann erreicht werden, wenn es den Mietvertragsparteien untersagt ist, durch individuelle oder formularvertragliche Vereinbarungen hiervon zulasten des Mieters abzuweichen. Deshalb gibt es im Mietrecht 41-mal den Satz, wonach Abweichungen zulasten des Mieters von

A | Abweichende Vereinbarung

der zuvor getroffenen Regelung unwirksam sind. Dies gilt auch im mietrechtlichen Gewährleistungsrecht gemäß § 536 Abs. 4 BGB.

Daraus folgt, dass auch Klauseln, die nicht ausdrücklich das Mietminderungsrecht ausschließen, jedoch das Recht beschränken oder die Geltendmachung erschweren, unwirksam sind. Solche Klauseln sind grundsätzlich restriktiv auszulegen.

Einzelfälle:

- Die Bestimmung in einem Mietvertrag, wonach der Mieter die Miete nicht mindern darf, soweit er Ausbesserungs- und Baumaßnahmen des Vermieters dulden muss, ist unwirksam.

- Die Bestimmung in einem Mietvertrag, wonach eine Minderung nur zulässig ist, wenn der Mieter sich mit seinen bisherigen Zahlungsverpflichtungen nicht im Rückstand befindet, ist unwirksam.

- Das Minderungsrecht darf auch nicht von einer vorherigen Ankündigung abhängig gemacht werden.

- Das Minderungsrecht darf auch nicht durch irgendwelche Fristenregelungen beschränkt werden.

- Nach dem Rechtsentscheid des BGH v. 26.10.1994 (NJW 1995, 254) ist deshalb in Mietverträgen, die vor dem 1.9.2001 geschlossen wurden, eine Vorleistungsklausel, wonach die Miete abweichend von der insofern noch weiter geltenden Regelung des § 551 a. F. BGB im Voraus zu zahlen ist, unwirksam, wenn im Mietvertrag dem Mieter untersagt ist, mit Überzahlungen wegen geminderter Miete aufzurechnen. Dieses Aufrechnungsverbot führt i.V.m. der Vorauszahlungsklausel zu einer unzulässigen Einschränkung des Minderungsrechts. Da die Miete sich bei einem Mangel automatisch, d. h. ohne Ausübung eines Gestaltungsrechts, mindert, erfolgt i. d. R. in dem Monat, in dem der Mangel auftritt, eine Überzahlung. Mit diesem Rückzahlungsanspruch könnte der Mieter in den Folgemonaten von Gesetzes wegen aufrechnen. Diese Möglichkeit wird durch die Aufrechnungsklausel ausgeschlossen, sofern nicht die Berechtigung zur Minderung unstreitig ist. Der Mieter müsste die Überzahlung also einklagen. Die Bestimmung in einem Mietvertrag, wonach der Mieter eine Mietminderung einen Monat vor Fälligkeit des Mietzinses ankündigen muss, lässt demgegenüber das Rückforderungsrecht wegen überzahlter Beträge unberührt und ist deshalb wirksam.

Allgemeine Geschäftsbedingungen

Allgemeine Geschäftsbedingungen sind für eine Vielzahl von Verträgen vorformulierte Vertragsbedingungen, die eine Vertragspartei (Verwender) der anderen Vertragspartei bei Abschluss eines Vertrages stellt. Dabei ist es egal, ob sie maschinenschriftlich in den Vertragstext aufgenommen oder handschriftlich eingesetzt wurden. Keine allgemeinen Geschäftsbedingungen liegen vor, wenn die entsprechenden Bedingungen zwischen den Vertragspartnern im Einzelnen ausgehandelt wurden.

Allgemeine Geschäftsbedingungen werden nur dann Bestandteil des Vertrages, wenn der Vertragspartner des Verwenders die Möglichkeit der Kenntnisnahme vor Vertragsschluss hat. Dies ist bei vorformulierten Mietvertragsformularen in der Regel der Fall. Nicht Vertragsbestandteil werden sog. *überraschende Klauseln*. Nach § 305c Abs. 1 BGB werden Bestimmungen in allgemeinen Geschäftsbedingungen, die nach den Umständen, insbesondere nach dem äußeren Erscheinungsbild des Vertrages, so ungewöhnlich sind, dass der Vertragspartner des Verwenders mit ihnen nicht zu rechnen braucht, nicht Vertragsbestandteil. Wenn eine Klausel überraschend i.S.d. Vorschrift ist, dann kommt es auf ihren Inhalt nicht mehr an. Eine Inhaltskontrolle gem. § 307 BGB oder eine Klauselkontrolle gem. §§ 308, 309 BGB findet dann gar nicht mehr statt.

Vereinfacht gesagt, muss der Klausel ein Überrumpelungs- oder Übertölpelungseffekt zukommen. Eine solche Regelung wird von dem Vertragspartner des Verwenders nicht erwartet oder ihre Tragweite wird durch die Art der Formulierung oder ihre Platzierung nicht erkannt. Abzustellen ist dabei immer auf einen durchschnittlichen, aber rechtsunkundigen Mieter. Der konkrete Wissens- und Kenntnisstand der Parteien ist dabei unerheblich.

Eine allgemeine Geschäftsbedingung ist schon dann überraschend, wenn ihr Inhalt objektiv ungewöhnlich ist. Möglich ist auch, dass die Klausel von dem abweicht, was der Vertragspartner des Verwenders als seine Vorstellungen und Absichten bei den Verhandlungen zum Ausdruck gebracht hat, ohne dass dem widersprochen wurde. Auch umständliche und langatmige Formulierungen oder eine unsystematische Stellung der Klausel können zu einer Unwirksamkeit gem. § 305c Abs. 1 BGB führen. Demgegenüber sprechen gerade optische Hervorhebungen gegen den Übertölpelungs- und Überraschungseffekt.

A | Allgemeine Geschäftsbedingungen

Im Mietrecht spielen diese Fragen besonders dann eine Rolle, wenn Hausordnungen in den Vertrag mit einbezogen werden und dort der vertragsgemäße Gebrauch beschränkt oder zum Nachteil des Mieters abgeändert wird.

Als überraschend wurden u. a. folgende Klauseln eingeordnet:

- Berechtigung des Vermieters, bestehende Balkone zu beseitigen und fehlende Verpflichtung, unbenutzbar werdende Balkone zu erneuern;

- Der Mieter erklärt sein Einverständnis mit der Einrichtung eines Breitbandanschlusses;

- Regelung der Haustierhaltung in der Hausordnung;

- Verpflichtung des Erdgeschossmieters zur Schneeräumung in Hausordnung;

- Festlegung der Wohnungstemperatur auf 18 Grad Celsius in der Zeit von 8 bis 21 Uhr.

Bevor eine Inhalts- oder Klauselkontrolle stattzufinden hat, ist eine allgemeine Geschäftsbedingung auszulegen. Auch hier gelten die allgemeinen Regeln der §§ 133, 157 BGB. Auszugehen ist deshalb vom Wortlaut der Klausel. Führt die Auslegung zu einem eindeutigen Ergebnis, ist dies der weiteren Beurteilung zugrunde zu legen. Nur wenn mehrere Verständnismöglichkeiten übrig bleiben, ist gem. § 305c Abs. 2 BGB von der für den Verwender nachteiligeren Auslegung der Klausel auszugehen. Im Umkehrschluss bedeutet dies, dass im Individualverfahren die kundenfreundlichste Auslegung zugrunde zu legen ist.

Anschließend ist zu prüfen, ob die Klausel unwirksam ist. Das ist dann der Fall, wenn sie entweder gegen ein Klauselverbot in den §§ 308, 309 BGB oder gegen die Generalklausel in § 307 BGB verstößt. Die Klausel ist mit dem Inhalt, der durch Auslegung ermittelt wurde, dieser Inhaltskontrolle zu unterziehen. Diese erfolgt in drei Stufen, nämlich zunächst am Maßstab der Klauselverbote ohne Wertungsmöglichkeit (§ 309 BGB), dann am Maßstab der Klauselverbote mit Wertungsmöglichkeit (§ 308 BGB) und zuletzt an der Generalklausel des § 307 BGB. Wenn die Klausel nicht bereits wegen Verstoßes gegen § 308, 309 BGB unwirksam ist, dann muss sie am Maßstab der Generalklausel des § 307 BGB gemessen werden. Für den Bereich der Gebrauchsrechte ist dies der wesentliche Prüfungsmaßstab.

Allgemeine Geschäftsbedingungen

Gemäß § 307 Abs. 1 BGB ist eine Klausel unwirksam, wenn sie den Vertragspartner des Verwenders entgegen den Geboten von Treu und Glauben unangemessen benachteiligt. Absatz 2 bestimmt hierzu, dass eine solche unangemessene Benachteiligung im Zweifel dann anzunehmen ist, wenn

- die Klausel mit wesentlichen Grundgedanken der gesetzlichen Regelung, von der abgewichen wird, nicht zu vereinbaren ist oder

- wenn sie wesentliche Rechte oder Pflichten, die sich aus der Natur des Vertrages ergeben, so einschränkt, dass die Erreichung des Vertragszweckes gefährdet ist.

Die erste Gruppe betrifft wesentliche Abweichungen von dispositiven Gesetzesvorschriften. Eine unangemessene Benachteiligung erfordert zunächst einen Vergleich der Rechtslage mit der Klausel und ohne die Klausel. Anschließend hat eine Abwägung der Interessen des Verwenders an der Aufrechterhaltung der Klausel und des Vertragspartners an deren Wegfall stattzufinden. Dabei kommt es darauf an, ob der Kernbereich des Mietgebrauchs betroffen ist oder nur weitergehende Nutzungsmöglichkeiten. Zum Wohnen gehört alles, was zur Benutzung der gemieteten Räume als existenziellem Lebensmittelpunkt des Mieters und seiner Familie erforderlich ist. Im Einzelfall erfordert dies eine Abwägung der beteiligten Interessen.

Schließlich kann sich die unangemessene Benachteiligung auch aus einem Verstoß gegen das Transparenzgebot ergeben. Das Transparenzgebot beinhaltet die Verpflichtung, allgemeine Geschäftsbedingungen so klar und verständlich zu gestalten, dass ein sorgfältiger, juristisch nicht vorgebildeter Leser in der Lage ist, deren Inhalt zu erfassen. Das hat zwei Konsequenzen:

- Die Klausel darf die Belastung für den Mieter nicht unterdrücken, sondern muss diese deutlich machen.

- Die formale Gestaltung muss klar gegliedert und wichtige Klauseln dürfen nicht zwischen unbedeutenden Klauseln verborgen sein.

Ist eine Klausel nach diesen Maßstäben unwirksam, dann ist sie insgesamt nichtig. An ihre Stelle tritt das Gesetzesrecht. Eine Reduktion auf das gerade noch zulässige Maß ist unzulässig (Verbot der geltungserhaltenden Reduktion). Das Transparenzgebot zugunsten des Kunden und der Präventionsgedanke zulasten des Verwenders bilden hierfür den Hauptgrund. Darüber hinaus ist es nicht die Aufgabe der Gerichte, eine Vertragsfassung zu finden, die den Verwender möglichst günstig, andererseits aber auch noch gerade rechtlich zulässig behandelt.

Altbau

→ *Mangel*

Rechtsprechungsübersicht:

0 % *Wärmedämmung eines Altbaus entspricht nicht dem neuesten Stand (AG Hamburg – 2.7.1987 – 49C 215/87 – DWW 1988, 51)*

0 % *Mangelhafte Fenster in einer modernisierten Altbauwohnung (LG Berlin – 7.5.2007– 67S 461/06 – GE 2007, 1052)*

0 % *Wohngeräusche durch Mitmieter in einem Altbau (AG München – 29.1.2004 – 453C 24551/03 – NZM 2004, 499)*

0 % *Unzureichende Energieversorgung in einem Altbau mit Gasversorgung (AG Köln – 17.10.2005 – 222C 210/05 – WuM 2006, 94)*

5 % *Hohe Luftfeuchtigkeit und Feuchtigkeitserscheinungen in einem Altbau (AG Rheine – 20.7.1988 – 3C 431/87 – WuM 1988, 302)*

20 % *Risse in der Wand einer Altbauwohnung; Lehm löst sich von der Wand (AG Goslar – 18.9.1973 – 8C 716/72 – WuM 1974, 53)*

Ameisen

→ *Ungeziefer*

Anfänglicher Mangel

→ *Schadensersatz*

Anfechtung

Ein anfechtbares Rechtsgeschäft ist zunächst gültig. Erst die Anfechtung lässt es von Anfang an nichtig sein, § 142 BGB. Anfechtbarkeit bedeutet also Vernichtbarkeit. Es handelt sich um ein Gestaltungsrecht, das ausgeübt werden kann. Voraussetzungen für eine wirksame Anfechtung sind:

Anfechtung

1. Das Vorliegen eines Anfechtungsgrundes

Die Anfechtungsgründe lassen sich in drei Gruppen einteilen:

- Irrtum, § 119 BGB, als unbewusster Bruch zwischen Wille und Erklärung.

  - **Inhaltsirrtum**, § 119 Abs. 1 1. Alt. BGB wenn der Erklärende bei der Abgabe einer Willenserklärung über deren Inhalt im Irrtum war: Er erklärt zwar, was er erklären will, irrt sich aber über die rechtliche Bedeutung seiner Erklärung. Besonderheit: **Kalkulationsirrtum**:

    – verdeckter: es wird nur das Ergebnis der Berechnung mitgeteilt, dann unbeachtlicher Motivirrtum

    – offener: es werden auch die Berechnungsgrundlagen mitgeteilt, dann ausnahmsweise Inhaltsirrtum

  - **Erklärungsirrtum**, § 119 Abs. 1 2. Alt. BGB wenn der Erklärende eine Erklärung dieses Inhalts überhaupt nicht abgeben wollte.

  - **Irrtum über Eigenschaft einer Person**, § 119 Abs. 2 1. Alt. BGB Es handelt sich um einen Motivirrtum über verkehrswesentliche Eigenschaften einer Person, z. B. Alter, Geschlecht, Konfession, Vorstrafen, Kreditwürdigkeit, berufliche Fähigkeiten.

  - **Irrtum über die Eigenschaft einer Sache**, § 119 Abs. 2 2. Alt BGB Motivirrtum über einen wertbildenden Faktor, wobei der Wert oder Preis keine Eigenschaften sind.

- Fehler bei der Übermittlung, § 120 BGB

- arglistige Täuschung oder Drohung, § 123 BGB

  - Getäuscht ist derjenige, der durch Vorspiegelung falscher Tatsachen zur Abgabe einer Willenserklärung veranlasst wurde. Arglistig ist die Täuschung, wenn sie vorsätzlich erfolgte.

  - widerrechtliche Drohung: Widerrechtlich ist eine Drohung, wenn das angewandte Mittel oder der Erfolg rechtswidrig ist oder die Zweck-Mittel-Relation rechtswidrig ist.

2. Anfechtungserklärung

Die Erklärung muss gegenüber dem Anfechtungsgegner abgegeben werden.

A | Annahmeverzug

3. Anfechtungsfrist

- Bei Anfechtung wegen Irrtums und fehlerhafter Übermittlung: unverzüglich nach Kenntnis vom Anfechtungsgrund, § 121 Abs. 1 BGB,

- Bei Anfechtung wegen arglistiger Täuschung bzw. Drohung: ein Jahr nach Entdeckung der Täuschung, § 124 BGB.

Bei einer wirksamen Anfechtung gilt das Rechtsgeschäft als von Anfang an unwirksam. Der Anfechtende kann sich aber unter den Voraussetzungen des § 122 BGB schadensersatzpflichtig machen. Er muss den Geschädigten dann so stellen, als ob das Geschäft nie zustande gekommen wäre (sog. *negatives Interesse*). Das sind vor allem Reisekosten, aber nicht der entgangene Gewinn.

Im Mietrecht kommt die Anfechtung zunächst bis zur Übergabe der Mietsache in Betracht. Allenfalls die Anfechtung wegen arglistiger Täuschung kann nach Überlassung der Räume neben eine Kündigung noch erfolgen. Das ist vom BGH nur für die Gewerberaummiete entschieden (BGH NZM 2008, 886 = NJW 2009, 1266 = MietPrax-AK § 123 BGB Nr. 1). Eine arglistige Täuschung kommt vor allem bei falschen Angaben über die finanzielle Leistungsfähigkeit in Betracht. Dabei ist nicht entscheidend, dass schon ein Vermögensschaden eingetreten ist. Es reicht aus, dass die falschen Angaben ursächlich für den Vertragsschluss waren. Was den Zustand der Mietsache angeht, sind ab Übergabe der Mietsache die mietrechtlichen Gewährleistungsvorschriften vorrangig, sodass eine Anfechtung regelmäßig ausscheidet.

Annahmeverzug

Annahmeverzug liegt vor, wenn der Gläubiger eine ihm tatsächlich angebotene Leistung nicht annimmt. In Ausnahmefällen reicht auch das wörtliche Angebot. Die Minderung erlischt, wenn der Mieter die angebotene Mangelbeseitigung durch den Vermieter nicht annimmt. Das ist z. B. dann der Fall, wenn der Mieter die Mängelbeseitigung vereitelt, indem er z. B. die Handwerker nicht in die Wohnung lässt. Während eines Zeitraums, in dem sich der Mieter im Annahmeverzug hinsichtlich einer vom Vermieter angebotenen Mängelbeseitigung befindet, entfällt das Mietminderungsrecht. Das gilt auch, wenn der Mieter von ihm geschuldete Vorbereitungshandlungen nicht vornimmt (LG Berlin Urt. v. 22.2.2005 – 63 S 389/04 – GE 2005, 621; AG Münster Urt. v. 12.6.2007 – 3 C 4552/ 06 – WuM

2007, 569; a. A. LG Berlin Urt. v. 23.12.2008 – 65 S 62/08 – GE 2009, 781). Erklärt sich der Mieter später mit der angebotenen Mängelbeseitigung einverstanden, fällt der Annahmeverzug weg.

Antenne

→ *Fernsehen*

Rechtsprechungsübersicht:

0 % *Elektrosmog durch eine Mobilfunkantenne auf dem Dach des Mietshauses ohne Überschreiten der festgelegten Grenzwerte (AG Traunstein – 3.3.1999 – 310C 2158/98 – ZMR 2000, 389; AG Spandau – 4.7.2001 – 4C 305/01 – MM 2001, 443; AG Tiergarten – 4.12.2001 – 6C 417/01 – MM 2002, 230 = NZM 2002, 949)*

0 % *Empfang von Fernsehprogrammen nur noch über eine Zimmerantenne und eine Set-Top-Box (DVB-T-Fernsehen) nach Einführung des digitalen Fernsehens (AG Lichtenberg – 26.3.2004 – 5C 4/03 – GE 2004, 629)*

1 % *Defekt der Gemeinschaftsantenne (LG Berlin – 8.11.1994 – 64S 189/94 – GE 1996, 471)*

2 % *Defekter Anschluss an die Gemeinschaftsantenne (LG Berlin – 16.2.1999 – 64S 356/98 – GE 2000, 345 = NZM 2001, 986)*

5 % *Störung des Fernsehempfangs wegen Entfernung der Gemeinschaftsantenne (LG Berlin – 12.4.1994 – 63S 439/93 – MM 1994, 396)*

Anzeigeklausel

Es ist unzulässig, die Minderung von der vorherigen Anzeige durch den Mieter mietvertraglich abhängig zu machen. Es gilt jedoch § 536 BGB. Danach muss der Mieter einen Mangel anzeigen. Bis zur Anzeige des Mangels mindert sich die Miete nicht. Das gilt aber nur für Mängel, die der Vermieter nach der Anzeige auch wirklich beseitigen kann. Bei Mängeln, auf die der Vermieter keinen Einfluss hat, z. B. Straßenbauarbeiten, tritt die Minderung sofort ein. Soweit in einem Mietvertrag vereinbart wurde, dass der Mieter gegen den Anspruch auf Mietzahlung nur aufrechnen darf, wenn er die Aufrechnungsabsicht einen Monat vorher angezeigt hat, ist dies wirksam. Anders als ein Aufrechnungsverbot lässt die Regelung das Rückforderungsrecht wegen überzahlter Beträge unberührt und ist deshalb wirksam. Es liegt keine unzulässige Abweichung vor.

Arrest

→ *Einstweiliger Rechtschutz*

Asbest

→ *Umweltgifte*

> **Rechtsprechungsübersicht:**
>
> **0 %** asbesthaltige Fußbodenplatten ohne nachweisbare, konkrete Gesundheitsgefährdung (LG Berlin – 27.10.1998 – 65S 223/98 – GE 1999, 47)
>
> **0 %** asbesthaltiger Nachtspeicherofen ohne Besorgnis einer Gesundheitsgefahr (AG Wermelskirchen – 28.4.2004 – 2a C 2/02 – KM 35 Nr. 72)
>
> **15 %** Rückstände von Asbestfasern in einer Scheune (LG Mannheim – 20.3.1996 – 4S 213/95 – WuM 1996, 338 = NJW-RR 1996, 776)
>
> **50 %** Durch asbesthaltige Nachtspeicheröfen liegt die Asbestfaserkonzentration in der Luft um 100 % über dem Grenzwert. (AG München – 16.9.1996 – 463C 8808/94 – WuM 1996, 762)

Aufrechnung

Schulden zwei Personen einander gleichartige Leistungen, so kann jeder seine Forderung gegen die Forderung des anderen aufrechnen. Voraussetzung ist, dass die Leistungen gleichartig, also in der Regel beides Geldforderungen sind. Wegen anderer Forderungen kann man nur das Zurückbehaltungsrecht ausüben. Die eigene Forderung muss fällig und die Gegenforderung muss zumindest erfüllbar sein. Die Aufrechnung führt zur Erfüllung der Forderung. So kann der Mieter gegenüber der Mietforderung mit Schadensersatz- oder Vorschussansprüchen wegen Mängeln aufrechnen. Problematisch ist immer wieder die Aufrechnung mit dem Kautionsrückzahlungsanspruch. Dieser wird erst nach Ablauf einer angemessenen Prüfungsfrist fällig. Abwohnen darf der Mieter die Kaution nicht, z. B. durch Nichtzahlung der Miete in den letzten Monaten. Die Aufrechnung erfolgt durch

Aufrechnungserklärung. Sie führt zum Erlöschen der Forderungen zu dem Zeitpunkt, zu dem die Forderungen sich erstmals aufrechenbar gegenüberstanden. Es kommt also nicht darauf an, wer zuerst die Aufrechnungserklärung abgibt.

Aufwendungsersatz

Das Gesetz ordnet an verschiedenen Stellen an, dass der Mieter vom Vermieter Ersatz seiner Aufwendungen oder Verwendungen verlangen kann. So kann der Mieter den Mangel selbst beseitigen und vom Vermieter Ersatz seiner Aufwendungen verlangen, wenn der Vermieter mit der Beseitigung des Mangels in Verzug ist oder die umgehende Beseitigung des Mangels notwendig ist, § 536a Abs. 2 BGB. Andere Aufwendungen kann der Mieter gem. § 539 Abs. 1 BGB vom Vermieter nach den Regeln der Geschäftsführung ohne Auftrag ersetzt verlangen. Beseitigt der Mieter aber eigenmächtig einen Mangel der Mietsache, ohne dass der Vermieter mit der Mangelbeseitigung in Verzug ist oder die umgehende Beseitigung des Mangels zur Erhaltung oder Wiederherstellung des Bestands der Mietsache notwendig ist, so kann er die Aufwendungen zur Mangelbeseitigung weder nach § 539 Abs. 1 BGB noch als Schadensersatz gemäß § 536a Abs. 1 BGB vom Vermieter ersetzt verlangen (BGH NJW 2008, 1216 = NZM 2008, 279 = MietPrax-AK § 536a BGB Nr. 4).

Aufzug

> **Rechtsprechungsübersicht:**
>
> **7,5 %** *Ausfall des Aufzugs in einem Studentenwohnheim (AG Bremen – 4.12.1986 – 10C 300/86 – WuM 1987, 383)*
>
> **10 %** *Unbenutzbarkeit des Fahrstuhls bei einer im 4. OG gelegenen Wohnung (AG Charlottenburg – 15.12.1989 – 2C 484/89 – GE 1990, 423)*
>
> **10 %** *Lärmbelästigung durch den Aufzug im Haus (AG Wiesbaden – 19.1.2006 – 93C 2004/05 – WuM 2006, 219)*

Ausschlusstatbestand

Die Minderung kann im Einzelfall ausgeschlossen sein. Selbstverständlich mindert sich die Miete nur, solange der Mangel tatsächlich vorhanden ist. Wer den Mangel beseitigt hat, ist unerheblich. Also

A Ausschlusstatbestand

selbst wenn der Mieter den Mangel selbst beseitigt hat, endet die Mietminderung. Der Mieter hat dann ggf. einen Aufwendungsersatz- oder Schadensersatzanspruch.

1. Vertragliche Vereinbarungen über die Minderung

Nach § 536 Abs. 4 BGB ist bei einem Mietverhältnis über Wohnraum eine zum Nachteil des Mieters abweichende Regelung über die Mietminderung unwirksam. Dabei ist es unerheblich, ob sich die Vereinbarung in einer Individualvereinbarung befindet oder formularvertraglich vereinbart wurde. Bei Formularvereinbarungen kann sich die Unwirksamkeit zusätzlich aus den §§ 305 ff. BGB ergeben.

Daraus folgt, dass auch Klauseln, die nicht ausdrücklich das Mietminderungsrecht ausschließen, jedoch das Recht beschränken oder die Geltendmachung erschweren, unwirksam sind. Solche Klauseln sind grundsätzlich restriktiv auszulegen.

Einzelfälle:

- Die Bestimmung in einem Mietvertrag, nach welcher der Mieter die Miete nicht mindern darf, soweit er Ausbesserungs- und Baumaßnahmen des Vermieters dulden muss, ist unwirksam (OLG Düsseldorf OLGRp Düsseldorf 1992, 78).

- Die Bestimmung in einem Mietvertrag, nach welcher eine Minderung nur zulässig ist, wenn der Mieter sich mit seinen bisherigen Zahlungsverpflichtungen nicht im Rückstand befindet, ist unwirksam (OLG Düsseldorf OLGRp Düsseldorf 1992, 78).

- Das Minderungsrecht darf auch nicht von einer vorherigen Ankündigung abhängig sein (LG Berlin MDR 1986, 938; LG Hamburg WuM 1980, 126; AG Koblenz WuM 1987, 19).

- Das Minderungsrecht darf auch nicht von der Einhaltung irgendwelcher Fristen abhängig gemacht werden (LG Hamburg WuM 1980, 126).

Zulässig ist es aber, vor Beginn einer Sanierungsmaßnahme die Mieter darauf hinzuweisen, dass bei den Mietern, die wegen der Beeinträchtigungen durch die Bauarbeiten die zulässige Minderung nicht vornehmen, eine anschließende Mieterhöhung ihn geringerem Umfang erfolgen wird (BGH Urt. v. 14.10.2009 – VIII ZR 159/08 – NZM 2010, 121 = MietPrax-AK § 558 BGB Nr. 24).

Ausschlusstatbestand

2. Unerhebliche Mängel

Nach § 536 Abs. 1 S. 3 BGB ist die Minderung ausgeschlossen, wenn der Mangel der Mietsache unerheblich ist. Diese Ausnahme gilt aber nicht bei zugesicherten Eigenschaften. Ein unerheblicher Mangel wird in aller Regel gegeben sein, wenn der Fehler leicht erkennbar ist und mit geringem Kostenaufwand beseitigt werden kann, sodass die Geltendmachung einer Minderung gegen Treu und Glauben verstieße (BGH Urt. v. 30.6.2006 – XII ZR 251/02 – NZM 2004, 776 = NJW-RR 2004, 1450 = MietPrax-AK § 536 BGB Nr. 6). Der Gesetzgeber wollte durch diese erst 1964 Gesetz gewordene Einschränkung „kleinliche Streitigkeiten verhindern, die den Frieden in der Hausgemeinschaft stören". Das ist aber noch nicht bei allen Gerichten angekommen. Minderungsquoten von unter 3 % sollten damit nämlich regelmäßig ausgeschlossen sein (AG Dortmund DWW 1997, 157). Zum Teil werden auch schon Quoten unter 5 % für ausgeschlossen gehalten (Franke, ZMR 1996, 297).

Beispiele für unerhebliche Beeinträchtigungen i.S.d. Vorschrift sind:

- *Entzug der Erlaubnis, Wäsche im Garten zu trocknen, wenn im Haus ein Trockenraum vorhanden ist (LG Köln WuM 1987, 271)*
- *abgetretene Türschwellen in der Wohnung (LG Berlin ZMR 1985, 50)*
- *Unbenutzbarkeit des Balkons in Herbst und Winter (LG Köln WuM 1975, 167)*
- *zeitweiser Ausfall der Heizung im Sommer (LG Wiesbaden WuM 1990, 71; a. A. Schumacher, Mietrecht-kompakt 2007, 205, 206)*
- *Haarrisse in der Zimmerdecke (LG Berlin WuM 1988, 301)*
- *nicht schließendes Garagentor (AG Kassel WuM 1989, 171)*
- *geringfügig verkleinerte Badewanne (AG Dortmund WuM 1989, 172)*
- *Stilllegung des Müllschluckers (AG Hamburg WuM 1985, 660)*
- *ein 1 m² großer unverputzter Teil der Badezimmerwand, nicht vollständig behandelter Fußboden und Überlaufen des Abwasserbeckens (AG Schönebeck GE 1990, 661).*

Die Unerheblichkeit kann nicht daraus hergeleitet werden, dass der Mieter nicht anwesend war und deshalb von der Beeinträchtigung nichts mitbekommen hat.

Bei einer unerheblichen Beeinträchtigung der Gebrauchstauglichkeit ist aber nur die Minderung ausgeschlossen. Selbstverständlich bleibt der Mangelbeseitigungsanspruch gem. § 535 Abs. 1 S. 2 BGB bestehen. In extremen Einzelfällen kann die Rechtsausübung jedoch schikanös sein.

3. Kenntnis vom Mangel bei Vertragsschluss

Gemäß § 536b S. 1 BGB ist die Minderung ausgeschlossen, wenn der Mieter den Mangel *bei Vertragsschluss* kennt. Es muss also eine Abweichung der Istbeschaffenheit von der Sollbeschaffenheit vorliegen und der Mieter muss genau diese Abweichung positiv kennen, und zwar bereits bei Abschluss des Vertrages. Die allgemeine Kenntnis vom schlechten Zustand des Mietobjekts reicht ebenso wenig wie die Kenntnis, dass das Mietobjekt mangelanfällig ist, z. B. weil es in einer Hochwasserzone oder über einer Gaststätte liegt. Bei Personenmehrheiten auf Mieterseite ist der Ausschlusstatbestand bereits dann erfüllt, wenn ein Mieter den Mangel kennt (BGH Urt. v. 1.12.1971 – VIII ZR 88/70 – NJW 1972, 249).

Die Kenntnis vom Mangel schließt aber nur die Minderung und ggf. Schadensersatzansprüche aus. Der Anspruch des Mieters auf Mangelbeseitigung gem. § 535 Abs. 1 S. 2 BGB bleibt bestehen (BGH Urt. v. 18.4.2007 – XII ZR 139/05 – NZM 2007, 484 = MietPrax-AK § 536b BGB Nr. 9). Erfüllungsansprüche sind aber immer dann ausgeschlossen, wenn die Mietvertragsparteien einen bestimmten, bei Überlassung vorhandenen (schlechten) Zustand der Mietsache als vertragsgemäß vereinbart haben. Die Schwierigkeiten liegen hier in der Abgrenzung. Wann ist ein schlechter Zustand als vertragsgemäß vereinbart und wann ist er dem Mieter nur bekannt?

4. Grob fahrlässige Unkenntnis

Ebenso ist die Minderung gem. § 536b S. 2 BGB ausgeschlossen, wenn dem Mieter der Mangel infolge grober Fahrlässigkeit unbekannt geblieben ist. Nach der Rechtsprechung des Bundesgerichtshofes (Urt. v. 28.11.1979 – VIII ZR 302/78 – NJW 1980, 777) handelt der Mieter grob fahrlässig, wenn er die erforderliche Sorgfalt bei Vertragsschluss in einem ungewöhnlich hohen Maß verletzt und dasjenige unbeachtet lässt, was im gegebenen Fall jedem hätte einleuchten müssen. Ein solcher Fall ist z. B. gegeben, wenn der Mieter eine Wohnung anmietet, ohne sie zuvor besichtigt zu haben. Auf der anderen Seite trifft den Mieter keine Untersuchungs- oder Erkundigungspflicht (BGH Urt. v. 7.6.2006 – XII ZR 34/04 – NZM 2006, 626 = NJW 2006, 2918 = MietPrax-AK § 536 BGB Nr. 15).

Aber selbst bei grob fahrlässiger Unkenntnis vom Mangel bleibt das Minderungsrecht des Mieters bestehen, wenn der Vermieter den Mangel arglistig verschwiegen hat. Arglist liegt vor, wenn der Vermieter den Mieter täuscht, um in ihm einen Irrtum zu erregen. Es ist weder erforderlich, dass der Vermieter mit Bereicherungsabsicht gehandelt hat, noch dass er den Mieter schädigen will.

5. Vorbehaltlose Annahme der Mietsache

Hat der Mieter den Mangel bei Abschluss des Mietvertrages nicht positiv gekannt oder ist er ihm auch nicht aufgrund grob fahrlässigen Verhaltens unbekannt geblieben, so ist er trotzdem von Minderungsansprüchen ausgeschlossen, wenn er die Mietsache in Kenntnis des Mangels annimmt, ohne einen entsprechenden Vorbehalt zu machen. Grob fahrlässige Unkenntnis vom Mangel schadet hier nicht.

Der Vorbehalt des Mieters muss sich auf bestimmte konkrete Mängel beziehen. Ein allgemeiner Vorbehalt, *„sich die Gewährleistungsrechte vorzubehalten"* o. Ä., genügt nicht.

Besondere Bedeutung kommt deshalb dem Übergabeprotokoll zu. Sind im Übergabeprotokoll bestimmte Mängel aufgeführt, ohne dass der Mieter einen Vorbehalt hierzu vermerkt hat, dann ist damit die Minderung ausgeschlossen. Etwas anderes kann aber dann anzunehmen sein, wenn der Vermieter zugesichert hat, diese Mängel noch zu beseitigen.

6. Vorbehaltlose Mietzahlung

Nach altem Recht entsprach es herrschender Auffassung, dass die Minderung auch dann ausgeschlossen war, wenn der Mieter in Kenntnis des Mangels die Miete längere Zeit (in der Regel sechs Monate) weiterzahlte (BGH Urt. v. 26.2.2003 – XII ZR 66/01 – NZM 2003, 355 = MietPrax-AK § 536b BGB Nr. 2; Urt. v. 18. 6. 1997 – XII ZR 63/95 – NJW 1997, 2674). Diese Rechtsprechung gilt für alle Zeiträume nach dem 1.9.2001 nicht mehr (BGH Urt. v. 16.7.2003 – VIII ZR 274/02 – NJW 2003, 2601 = NZM 2003, 679 = MietPrax-AK § 536b Nr. 3; Urt. v. 16.2.2005 – XII ZR 24/02 – NZM 2005, 303 = MietPrax-AK § 536b BGB Nr. 5; Urt. v. 18. 10. 2006 – XII ZR 33/04 – MietPrax-AK § 536b BGB Nr. 8). Für seit diesem Datum fällig gewordene Mieten scheidet eine analoge Anwendung des § 536b BGB aus. Insoweit beurteilt sich die Frage, ob und in welchem Umfang ein Mieter wegen eines Mangels der Wohnung die Miete mindern kann, ausschließlich nach § 536c BGB. Dies gilt auch für Mietverträge, die vor dem 1.9.2001 abgeschlossen worden sind. Soweit hiernach das Minderungsrecht des Mieters nach diesem Datum nicht entsprechend der bisherigen Rechtsprechung zur analogen Anwendung des § 539 BGB a. F. erloschen ist, bleibt jedoch zu prüfen, ob der Mieter dieses Recht unter den strengeren Voraussetzungen der Verwirkung (§ 242 BGB) oder des stillschweigenden Verzichts verloren hat.

Noch nicht geklärt ist die Frage, wann bei vorbehaltloser Zahlung eine Verwirkung der Mietminderung anzunehmen ist. Ein Recht ist verwirkt, wenn es längere Zeit nicht ausgeübt wurde und die andere Seite sich aufgrund des gesamten Verhaltens des Berechtigten darauf einrichten durfte, dass dieser das Recht auch in Zukunft nicht ausüben wird. Verwirkung setzt deshalb neben dem Zeitmoment auch noch ein Umstandsmoment voraus. Diese Tatbestandsmerkmale müssen in jedem Einzelfall festgestellt werden. Kriterien sind die Schwere des Mangels, die Frage, ob die Parteien über den Mangel – wiederholt – gesprochen haben, ob der Vermieter dem Mieter z. B. die Mangelbeseitigung zugesagt hat oder ob das Ausmaß des Mangels sich verändert hat. Entscheidend dürfte darüber hinaus auch sein, ob der Vermieter nur darauf vertrauen durfte, dass der Mieter für den jeweiligen Monat keine Minderung geltend macht, oder darauf, dass er trotz dieses Mangels auch für die Zukunft die ungeminderte Miete zahlen wird.

7. Verletzung der Anzeigepflicht

Der Mieter ist bekanntlich näher an der Mietsache dran als der Vermieter. Es ist deshalb gem. § 536c BGB eine Obliegenheit seinerseits, den Vermieter zu informieren, wenn sich entweder während des Bestandes des Mietverhältnisses ein Mangel zeigt oder eine Maßnahme zum Schutze der Mietsache gegen eine nicht vorhergesehene Gefahr erforderlich ist oder wenn sich ein Dritter ein Recht an der Mietsache anmaßt.

Unter Mangel der Mietsache ist jeder schlechte Zustand gemeint, unabhängig davon, ob es sich um einen Mangel im Rechtssinne handelt oder nicht. Die Anzeigepflicht entfällt nur dann, wenn der Mangel dem Vermieter bekannt war oder hätte bekannt sein müssen. Unterlässt der Mieter diese Mängelanzeige, ist der Mieter nicht berechtigt, die Minderung geltend zu machen, wenn der Vermieter infolge der fehlenden Mängelanzeige den Mangel nicht beseitigen konnte. Für die Zeiträume nach Mängelanzeige mindert sich die Miete jedoch wieder nach allgemeinen Vorschriften. Nur wenn der Vermieter auch bei rechtzeitiger Mängelanzeige den Mangel nicht hätte beseitigen können, ist die Mietminderung nicht ausgeschlossen.

Für die Mangelanzeige ist keine Form vorgeschrieben. Aus Gründen der Beweissicherung ist Schriftform aber anzuraten. In eiligen Fällen kann aber auch eine telefonische Information des Vermieters erforderlich sein. Das Gesetz verlangt eine *unverzügliche* Unterrichtung des Vermieters, das bedeutet ohne schuldhaftes Zögern. Die Mängel sind vom Mieter hinreichend genau zu beschreiben, um dem Vermieter Veranlassung zu geben, den Mängelrügen nachzugehen (KG Urt. v. 24.5.2007 – 8 U 193/06 – GuT 2007, 354).

8. Mangel vom Mieter zu vertreten

Das Minderungsrecht entfällt entsprechend § 326 Abs. 2 BGB auch dann, wenn der Mieter den Mangel selbst zu vertreten hat. So kann der Mieter selbstverständlich nicht die Miete wegen einer defekten Fensterscheibe und der dadurch verursachten mangelhaften Beheizung der Wohnung mindern, wenn er die Scheibe selbst schuldhaft zerstört hat. In der Praxis ist dieser Ausnahmetatbestand besonders bei Feuchtigkeits- und Schimmelschäden von Bedeutung. Hier kann ein Vertretenmüssen des Mieters dann vorliegen, wenn er z. B. Feuchtigkeitsschäden durch falsches Heiz- und Lüftungsverhalten selbst verursacht hat.

→ *Beweislast*

9. Annahmeverzug bezüglich Mangelbeseitigung

Die Minderung kann auch nach Treu und Glauben ausgeschlossen sein. Das ist z. B. dann der Fall, wenn der Mieter die Mängelbeseitigung vereitelt, indem er z. B. die Handwerker nicht in die Wohnung lässt. Während eines Zeitraums, in dem sich der Mieter im Annahmeverzug hinsichtlich einer vom Vermieter angebotenen Mängelbeseitigung befindet, entfällt das Mietminderungsrecht. Das gilt auch, wenn der Mieter von ihm geschuldete Vorbereitungshandlungen nicht vornimmt (LG Berlin Urt. v. 22.2.2005 – 63 S 389/04 – GE 2005, 621; AG Münster Urt. v. 12.6.2007 – 3 C 4552/ 06 – WuM 2007, 569; a. A. LG Berlin Urt. v. 23.12.2008 – 65 S 62/08 – GE 2009,

781). Erklärt sich der Mieter später mit der angebotenen Mängelbeseitigung einverstanden, fällt der Annahmeverzug weg.

10. Sonstiges

Dem Mieter steht regelmäßig auch dann kein Gewährleistungsrecht zu, wenn durch eine von ihm gewünschte Veränderung der Mietsache ohne Verschulden des Vermieters die Mietsache mangelhaft wird oder ein Schaden an der Mietsache oder am Eigentum des Mieters entsteht (OLG Düsseldorf DWW 1992, 81 = ZMR 1992, 149).

Aussicht

Auch die besondere Aussicht aus einer Wohnung kann zur vereinbarten Beschaffenheit gehören. Wichtig ist aber, dass es sich nur um Erwartungen einer Vertragspartei, in der Regel des Mieters, handelt. Die besondere Aussicht muss Vertragsgegenstand geworden sein. Hierfür können Angaben im Vermietungsexposé oder in der Wohnungsanzeige Kriterien sein. Auch die Höhe der Miete kann im Einzelfall ein Indiz dafür sein, dass neben dem Gebrauchswert der Wohnung auch noch weitere Beschaffenheiten preisbildend waren.

Rechtsprechungsübersicht:

0 % nachträglicher Anbau von Balkonen an ein Nachbarhaus (AG Pankow-Weißensee – 12.3.2002 – 101C 545/01 – ZMR 2002, 834)

0 % veränderter Ausblick wegen Bebauung des Nachbargrundstücks (AG Brühl – 12.10.2004 – 21C 158/04 – KM 35 Nr. 76)

0 % veränderter Ausblick, weil Bäume gefällt wurden (AG Fürth – 17.10.2006 – 310C 1727/06 – WuM 2007, 317)

5 % Sichtbeeinträchtigende Baulückenbebauung unter Anbringung eines Balkons direkt gegenüber eines Schlafzimmerfensters (AG Potsdam – 5.6.2002 – 25C 533/01 – WuM 2004, 233)

10 % veränderte Sichtverhältnisse durch eine neu errichtete, hohe Gefängnismauer unmittelbar neben der Erdgeschosswohnung (LG Hamburg – 12.12.1989 – 16S 232/89 – WuM 1991, 90)

10 % Einschränkung des freien Ausblicks über das Grundstück durch eine Sichtblende (AG Charlottenburg – 23.4.2007 – 221C 531/07 – GE 2007, 727)

Badewanne

Rechtsprechungsübersicht:

0 % Badewanne ist nach Installation eines volumenverkleinernden Acryleinsatzes um 20 cm verkleinert (AG Dortmund – 22. 2. 1989 – 136C 732/88 – WuM 1989, 172)

0 % Weitere Abnutzung einer bei Anmietung 20 Jahre alten Badewanne (AG Coesfeld – 22.2.2003 – 4C 525/02 – WuM 2003, 206)

0 % Befüllung der Badewanne dauert 30 Minuten (LG Berlin – 31.10.2006 – 63S 194/06 – GE 2007, 655)

2 % Armaturen, Wanne und Fliesen verkeimt (LG Berlin – 13.1.2004 – 64S 334/03 – WuM 2004, 233)

3 % ganz ungewöhnlich raue Badewanne (LG Stuttgart – 13.5.1987 – 13S 347/86 – WuM 1988, 108)

19 % Badewanne ist unbenutzbar (AG Goslar – 18.9.1973 – 8C 716/72 – WuM 1974, 53)

23 % Gebrauch der Badewanne wird nur für wenige Stunden in der Woche gestattet (AG Helmstedt – 10.2.1987 – 3C 672/86 – WuM 1989, 564 = ZMR 1988, 67)

Badezimmer

Rechtsprechungsübersicht:

2 % Loch im Badfußboden (LG Berlin – 13.1.2004 – 64S 334/03 – WuM 2004, 233)

2,5 % Fehlen von Steckdosen im Bad (LG Berlin – 12.7.2007 – 67S 481/06 – GE 2007, 1255)

5 % Wasserschaden im Bad (LG Berlin – 3.4.1990 – 64S 493/89 – GE 1990, 1039)

10 % Eingeschränkte Nutzungsmöglichkeit des Badezimmers wegen Sanierungsarbeiten (AG Köln – 5.9.2000 – 208C 505/99 – KM 35 Nr. 44)

20 % Unbenutzbarkeit des Bades für drei Tage wegen Mängelbeseitigung im Bad (LG Berlin – 10.7.1998 – 64S 21/98 – GE 1998, 1151)

Bahn

Rechtsprechungsübersicht:

0 % Lärmbelästigung durch den Ausbau der S-Bahn (LG Berlin – 14.3.2008 – 63S 398/07 – GE 2009, 53)

7 % steigende Lärmbelästigung nach einem Gleisausbau in der Nähe der Wohnung (AG Schöneberg – 8.12.1999 – 7C 135/99 – ZMR 2000, 308)

10 % Baulärm durch den Neubau einer Bundesbahnstrecke (LG Kassel – 24.5.1989 – 1S 805/88 – NJW-RR 1989, 1292)

10 % Baulärm durch eine ICE-Neubaustrecke (LG Wiesbaden – 17.12.1999 – 3S 77/99 – WuM 2000, 184)

15 % Lärmbelästigung durch einen neu errichteten Bahnhof 50 m von der Wohnung entfernt (AG Spandau – 22.11.2002 – 3b C 114/01 – MM 2003, 386)

Balkon

Rechtsprechungsübersicht:

0 % Regen auf dem Balkon (AG Nidda – 16.10.1981 – 1C 270/81 – WuM 1983, 122)

0 % unerhebliche Verkleinerung der Balkonfläche nach Sanierungsarbeiten (AG Wedding – 17.10.2007 – 20C 313/07 – GE 2008, 609)

0 % Wildtauben auf dem Balkon der Mietwohnung (LG Kleve – 28.1.1986 – 3S 117/85 – WuM 1986, 333 = NJW-RR 1986, 1344)

2 % Balkontür schwergängig und mit Riss (LG Berlin – 9. 6. 1995 – 64S 256/94 – GE 1996, 551)

2,5 % Verschmutzung des Balkons durch herunterfallenden Dreck von dem darüberliegenden Balkon (AG Frankfurt – 15.4.2005 – 33C 1726/04 – NZM 2005, 617 = NJW 2005, 2628)

3 % fehlende Verfliesung auf dem Balkon (AG Schöneberg – 10.4.2008 – 109C 256/07 – WuM 2008, 477)

4 % Einsichtmöglichkeit von Bewohnern der Dachgeschosswohnung auf den Balkon der Wohnung nach Aufstockung des Hauses (LG Berlin – 8.2.2000 – 65S 152/99 – MM 2000, 222)

5 % Rattenkot auf dem Balkon im 2. OG (AG Köln – 30.12.2003 – 201C 68/03 – KM 35 Nr. 64 = ZMR 2004, 594)

8 % entfernter Balkon (LG Hamburg – 29.11.1996 – 311S 119/96 – WuM 1997, 432)

Bauarbeiten

Der Vermieter schuldet aus dem Mietvertrag den vertragsgemäßen Gebrauch. Wenn es zu Beeinträchtigungen kommt, ist es grundsätzlich erst einmal unerheblich, ob der Vermieter diese verursacht hat oder ein Dritter. Deshalb stellen Beeinträchtigungen durch Bauarbeiten einen Mangel dar. Dabei ist es egal, ob die Bauarbeiten im Haus stattfinden oder in der Nachbarschaft. Die Beeinträchtigungen können bestehen in Zugangsbeschränkungen oder -erschwerungen, in Lärmbeeinträchtigungen oder Verschmutzungen. Unerheblich ist, ob der Mieter davon etwas mitbekommt oder nicht, z. B. wenn er im Urlaub oder tagsüber nicht zu Hause ist. Ausgeschlossen sind Gewährleistungsansprüche aber dann, wenn der Mieter mit den Beeinträchtigungen bei Vertragsabschluss rechnen musste, z. B. weil er in ein Neubaugebiet zieht oder in eine Gegend, in der bekanntermaßen mehr oder weniger dauernd gebaut wird.

Rechtsprechungsübersicht:

0 % Beeinträchtigung durch Bauarbeiten am Nachbargrundstück; Kenntnis bei Vertragsabschluss (AG Wermelskirchen – 28.4.2004 – 2a C 2/02 – KM 35 Nr. 68)

0 % Baulärm im innerstädtischen Bereich bei vorhandener Baulücke (LG Berlin – 17.3.2009 – 63S 397/08 – GE 2009, 847)

6 % Abriss des Nachbargebäudes (AG Hamburg-Blankenese – 26.2.2003 – 517C 175/02 – ZMR 2003, 746)

10 % Bauarbeiten, abgestelltes Material und Gerüst; zeitweise Beeinträchtigung der Stellplatznutzung; offenstehende Hauseingangstür (LG Köln – 27.8.1996 – 3O 608/95 – KM 35 Nr. 4)

15 % fehlende Benutzbarkeit der Terrasse wegen vom Vermieter eingeleiteten Bauarbeiten während der Sommermonate (AG Eschweiler – 19.5.1994 – 5C 114/94 – WuM 1994, 427)

15 % Baugerüst vor der Wohnung (AG Hamburg – 24.8.1995 – 38C 483/95 – WuM 1996, 30)

20 % Dachgeschossausbauten im Mietshaus (LG Berlin – 9.4.2001 – 62S 421/00 – GE 2001, 771)

30 % Bauarbeiten am Gebäude; Beeinträchtigung der Nutzung des Balkons und erhöhte Einbruchsgefahr durch ein Gerüst (AG Köln – 19.8.2002 – 205C 85/02 – WuM 2003, 318)

100 % Unbenutzbarkeit der Wohnung aufgrund von Umbauarbeiten (AG Köln – 25.5.1976 – 154C 596/74 – ZMR 1980, 87)

Baulärm

Rechtsprechungsübersicht:

0 % Baulärm aus der Nachbarschaft in einem dicht bebauten Innenstadtbereich (LG Berlin – 22.3.2007 – 12O 47/06 – GE 2009, 719)

0 %   Baulärm im innerstädtischen Bereich bei vorhandener Baulücke (LG Berlin – 17.3.2009 – 63S 397/08 – GE 2009, 847)

10 %   monatelanger Baulärm durch einen Neubau in der Nachbarschaft (LG Köln – 5.9.2002 – 1S 60/02 – WuM 2004, 234)

15 %   Lärmbelästigung und Verschmutzung durch langwierige Straßenbaumaßnahmen in der Nähe der Wohnung (LG Siegen – 9.11.1989 – 3S 87/89 – WuM 1990, 17)

20 %   Baulärm und Staub während des Abrisses zweier Häuser (AG Saarburg – 2.12.1998 – 5C 487/98 – WuM 1999, 548)

50 %   Lärmbelästigung durch umfangreiche Bau- und Sanierungsarbeiten im Mietshaus (AG Weißwasser – 18.4.1994 – 3C 701/93 – WuM 1994, 601)

60 %   Abriss des Dachstuhls und Ausbau des Dachgeschosses mit Kran und Außengerüst (AG Hamburg – 16.1.1987 – 44C 1605/86 – WuM 1987, 272)

Baumangel

Mängel werden häufig in verschiedene Kategorien unterteilt. Neben den Baumängeln gibt es optische Mängel, Versorgungs-, Umfeld- und Rechtsmängel. Unter den Begriff der Baumängel werden alle Mängel subsumiert, die einen Schaden an der Bausubstanz als Ursache haben.

Bäume

Rechtsprechungsübersicht:

0 %   Verschattung der Wohnung durch natürlichen Baumwuchs (AG Neukölln – 2.7.2008 – 21C 274/07 – MM 2008, 299)

0 %   Verschattung durch große Bäume (LG Berlin – 5.12.2000 – 63S 155/00 – MDR 2001, 266 = GE 2001, 626)

0 %   Veränderter Ausblick, weil Bäume gefällt wurden (AG Fürth – 17.10.2006 – 310C 1727/06 – WuM 2007, 317)

Beeinträchtigung der Gebrauchstauglichkeit

→ *Gebrauchsbeeinträchtigung*

Belästigung

Rechtsprechungsübersicht:

10 % *Beschimpfung und Bedrohung durch den Hauswart (AG Neukölln – 9.12.1982 – 10C 255/82 – MM 1986, Nr. 12, 30)*

10 % *bordellartiges Gewerbe im Haus (LG Berlin – 21.7.1995 – 64S 84/95 – GE 1995, 1133 = MM 1995, 354)*

20 % *Belästigung durch Prostitution in der Nachbarwohnung (AG Wiesbaden – 10.2.1998 – 92C 3285/97 – WuM 1998, 315)*

Besucher

Beeinträchtigungen, die von Besuchern anderer Mieter ausgehen, berechtigen den Mieter ggf. auch zur Minderung. Es darf sich aber nicht um nur unerhebliche Beeinträchtigungen handeln. Für die Unerheblichkeit kann neben der Intensität der Beeinträchtigung vor allem auch die Häufigkeit sprechen.

Rechtsprechungsübersicht:

15 % *Fehlen der vereinbarten Zugangskontrolle in einem hochpreisigen Bürogebäude; unangenehme Besucher nach Vermietung an die Agentur für Arbeit (OLG Stuttgart – 21.12.2006 – 13U 51/06 – GE 2007, 220 = NZM 2007, 163 = ZMR 2007, 272)*

20 % *Belästigung durch Lärm und Hinterlassung von Müll und Fäkalien durch Besucher eines Konsulats in einer hochpreisigen Wohngegend (AG München – 22.3.2001 – 453C 7957/00 – NZM 2001, 809)*

Betriebskosten

Das BGB geht grundsätzlich davon aus, dass der Mieter eine Bruttomiete zahlt, also inklusive aller Betriebskosten. Etwas anderes gilt nur für die Heizkosten. Die Heizkostenverordnung schreibt für den größten Teil des Wohnungsbestandes eine verbrauchsabhängige Abrechnung zwingend vor. Die Mietvertragsparteien dürfen aber auch für die sog. kalten Betriebskosten gem. § 556 BGB vereinbaren, dass der Mieter darauf Vorauszahlungen leistet und der Vermieter jährlich abrechnet. In der Wohnraummiete ist aber nur zulässig, die in § 2 BetriebskostenVO aufgeführten Betriebskostenpositionen zu vereinbaren.

Die Minderung bezieht sich auf die Bruttomiete, also die Grundmiete zzgl. Betriebs- und Heizkostenvorauszahlungen.

Beweislast

Auf die Beweislast kommt es im Prozess an. Sie korrespondiert mit der Darlegungslast. Jede Partei muss im Prozess zunächst die für sich günstigen Tatsachen darlegen, also dem Gericht unterbreiten. Trägt der Prozessgegner keinen abweichenden Sachvortrag vor, dann gilt der Sachverhalt insofern als unstreitig und wird vom Gericht seiner Entscheidungsfindung zugrunde gelegt. Bestreitet der Gegner die Richtigkeit des Sachvortrags, so muss jede Partei die für sie günstigen Tatsachen beweisen. Insofern trifft sie die Beweislast. Gelingt ihr der Beweis nicht, so ist das zu ihrem Nachteil.

Bedeutung hat die Beweislast im Gewährleistungsrecht bei der Schimmelproblematik und beim Fogging (s. dazu → Fogging). Der Mieter muss bei behaupteter Beeinträchtigung durch Schimmel zunächst den Mangel an sich beweisen, also dass ein Schimmelfleck in der Wohnung vorhanden ist oder sonstige Feuchtigkeitsschäden vorliegen. Jetzt ist es Sache des Vermieters, ggf. einen Ausschlusstatbestand darzulegen und ggf. zu beweisen. Das ist bei Schimmel immer die schuldhafte Verursachung durch den Mieter. Da der Vermieter dies nicht so ohne Weiteres beweisen kann, lässt die Rechtsprechung eine Verteilung der Beweislast nach Sphären zu. Das bedeutet, der Vermieter muss beweisen, dass der Mangel nicht aus seiner Sphäre stammt, also keine Baumängel dafür verantwortlich sind. Gelingt ihm dieser Beweis, muss der Mieter wiederum beweisen, dass kein nutzungsbedingtes Fehlverhalten vorliegt. Gelingt einer Partei jeweils der von ihr zu erbringende Beweis nicht, geht das Verfahren zu ihren Lasten aus.

Beim Fogging kommt es darauf an, welche Ansprüche jeweils geltend gemacht werden. Macht der Mieter Schadensersatzansprüche gem. § 536a Abs. 1 BGB geltend, muss er beweisen, dass die Foggingschäden entweder auf einem anfänglichen Mangel beruhen oder dass der Vermieter den Eintritt des Mangels zu vertreten hat, ihm also ein Schuldvorwurf gemacht werden kann (BGH NJW 2006, 1061 = NZM 2006, 258). Das ist wegen der häufig unklaren Ursachen für das Fogging schwierig. Verlangt der Mieter aber Beseitigung der Folgen des Foggings oder macht er den Vorschussanspruch zur Mangelbeseitigung gemäß § 536a Abs. 2 BGB geltend, muss er nur die – offenkundige – Tatsache des Foggings beweisen. Nun ist es Sache des Vermieters zu beweisen, dass ein schuldhaftes Verhalten des Mieters vorliegt (BGH NJW 2008, 2432 = NZM 2008, 607). Dies ist zumindest beim erstmaligen Auftreten von Foggingschäden ebenso schwierig.

Blei

→ *Umweltgifte*

Rechtsprechungsübersicht:

0 % *gesundheitsgefährdende Bleikonzentration im Trinkwasser, welche durch kurzes Ablaufenlassen vermieden werden kann (LG Hamburg – 5.2.1991 – 16S 33/88 – WuM 1991, 161 = NJW 1991, 1898 = MM 1991, 161)*

5 % *Bleigehalt im Trinkwasser (AG Hamburg – 18.8.1993 – 40a C 1476/92 – WuM 1993, 736)*

Bordell

→ *Prostitution*

Briefkasten

Rechtsprechungsübersicht:

1 % *defekter Briefkasten (AG Mainz – 6.5.1996 – 8C 98/96 – WuM 1996, 701)*

5 % *fehlende Briefkästen (AG Köln – 16.12.1993 – 208C 124/93 – ZMR 1994 Nr. 12, S. VI)*

Bruttomiete

→ *Mietstruktur*

Chemikalien

→ *Umweltgifte*

D

DIN-Normen

Die unter der Leitung von Arbeitsausschüssen des Deutschen Instituts für Normung e. V. (kurz *DIN*) in Berlin erarbeiteten Standards werden als DIN-Norm bezeichnet.

Für die Beurteilung der Frage, ob eine Mietwohnung Mängel aufweist, ist in erster Linie die von den Mietvertragsparteien vereinbarte Beschaffenheit der Wohnung, nicht die Einhaltung bestimmter technischer Normen maßgebend. Fehlt es an einer Beschaffenheitsvereinbarung, so ist die Einhaltung der maßgeblichen technischen Normen geschuldet. Dabei ist nach der Verkehrsanschauung grundsätzlich der bei Errichtung des Gebäudes geltende Maßstab anzulegen.

Für die mietrechtliche Gewährleistung ist immer die Fragestellung von Bedeutung, ob die Einhaltung oder Nichteinhaltung dieser sich aus den DIN-Normen ergebenden Standards dafür spricht, dass eine Mietsache als mangelfrei oder mangelhaft gilt. Dazu ist festzustellen, dass die DIN-Normen zwar i.d.R. den Stand der Technik widerspiegeln, aber dass dies nicht zwingend sein muss. Insbesondere im Bereich Schallschutz wird immer wieder bezweifelt, dass die DIN 4109 wirklich den augenblicklichen Standard wiedergibt.

Der Vermieter schuldet aber nur den Standard, der bei Abschluss des Mietvertrages galt. Eine Nachbesserungspflicht ist dem Bau-, aber auch dem Mietrecht grundsätzlich fremd. Gerade bei älteren Gebäuden muss also immer auf den Standard und deshalb ggf. auch die entsprechende DIN-Norm abgestellt werden, die bei Errichtung des

Gebäudes galt. Ist das Gebäude aber saniert worden, kann der Mieter davon ausgehen, dass die zum Zeitpunkt der Sanierung geltenden technischen Regeln alle eingehalten wurden (BGH NZM 2005, 60 = NJW 2005, 218).

Für die Ermittlung der Wohnungsgröße wird immer noch vereinzelt auf die DIN 283 zurückgegriffen. Diese ist zwar 1983 vom zuständigen Normenausschuss zurückgezogen worden, wird aber auch nach der Rechtsprechung nach wie vor verwendet. Entscheidend ist, welche Berechnungsvorschrift die Parteien für die Ermittlung vereinbart haben oder welche Vorschriften ggf. ortsüblich sind. Wenn beides nicht zu ermitteln ist, dann ist die Wohnungsgröße auch im preisfreien Wohnungsbau nach den Vorschriften für den preisgebundenen Wohnungsbau zu ermitteln.

Diskothek

Rechtsprechungsübersicht:

0 % Lärmbelästigung durch eine nahgelegene Rock-Diskothek (AG Spandau – 26.11.2008 – 4C 207/08 – GE 2009, 54)

25 % Lärmbelästigung durch eine Diskothek und Gäste vor der Tür (AG Köln – 27.5.1997 – 209C 507/96 – WuM 1997, 647)

30 % Lärmbelästigung durch eine Diskothek im Mietshaus (AG Schöneberg – 15.5.1998 – 17C 562/97 – MM 1999, 79)

Dusche

Rechtsprechungsübersicht:

5 % Armaturen, Wanne und Fliesen verkeimt; Duschwand verkalkt, verkeimt, defekt (LG Berlin – 13.1.2004 – 64S 334/03 – WuM 2004, 233)

16,7 % defekte Dusche (AG Köln – 28.11.1986 – 221C 85/86 – WuM 1987, 271)

33 % keine Dusch- oder Bademöglichkeit (AG Köln – 1.4.1996 – 206C 85/95 – WuM 1998, 690)

DVB-T
→ *Fernsehen*

E

Eigenschaft

→ Zugesicherte Eigenschaft

Eigentumswohnung

→ Wohnungseigentum

Einbruch

Rechtsprechungsübersicht:

0 % häufige Einbrüche vor Beginn des Mietverhältnisses (AG Schöneberg – 9.2.2000 – 7C 286/99 – ZMR 2000, 683)

10 % schlechter Zustand der Fenster; es kann ungehindert in ein Haus eingedrungen werden (AG Bergisch Gladbach – 14.12.1977 – 16C 696/76 – WuM 1980, 17)

30 % Bauarbeiten am Gebäude; Beeinträchtigung der Nutzung des Balkons und erhöhte Einbruchsgefahr durch ein Gerüst (AG Köln – 18.8.2002 – 205C 85/02 – WuM 2003, 318)

Einstellplatz

→ Parkplatz

Einstweilige Verfügung

→ *Einstweiliger Rechtschutz*

Einstweiliger Rechtschutz

Der einstweilige Rechtschutz ist im 8. Buch der ZPO, §§ 916 ff. ZPO, geregelt. Es handelt sich um ein besonderes Verfahren, das vor allem der vorläufigen Sicherung oder Regelung von Ansprüchen dient. Unterschieden wird zwischen dem Arrestverfahren und der einstweiligen Verfügung.

Der **Arrest** dient zur Sicherung von Zahlungsansprüchen. Man unterscheidet zwischen dem dinglichen Arrest und dem persönlichen Arrest. Der Arrest soll die zukünftige Zwangsvollstreckung in das bewegliche und unbewegliche Vermögen des Schuldners sichern. Erforderlich sind ein Arrestanspruch und ein Arrestgrund. Unter Arrestanspruch wird der materiellrechtliche Anspruch auf Zahlung einer Geldsumme verstanden. Dieser Anspruch kann sich auch aus einem Mietvertrag ergeben. Hinsichtlich des Arrestgrundes muss zwischen dem dinglichen Arrest und dem persönlichen Arrest unterschieden werden. Der dingliche Arrest ist möglich, wenn zu befürchten ist, dass ohne den Arrestbefehl die Vollstreckung des Urteils vereitelt oder erschwert wird. In der Praxis wird ein solcher Arrest beantragt und bewilligt, wenn der Schuldner sich unlauter verhält, also Vermögensgegenstände beiseiteschafft oder verschenkt. Demgegenüber findet ein persönlicher Arrest nur dann statt, wenn dies erforderlich ist, um die Zwangsvollstreckung zu sichern. Er ist gegenüber allen anderen Maßnahmen subsidiär und in der Praxis äußerst selten. Er wird vor allem in den Fällen angewandt, in denen der Schuldner beabsichtigt, sich unter Mitnahme seines Vermögens ins Ausland abzusetzen. Beide Formen des Arrestes dienen nur der Sicherung des Anspruchs und nicht der Befriedigung. Wegen der besonderen Voraussetzungen und der Vollstreckung sollte ein Arrest nicht ohne anwaltlichen Rat oder dessen Hilfestellung beantragt werden, wenn er erfolgreich sein soll.

Die **einstweilige Verfügung** dient zur Sicherung und Regelung aller anderen Ansprüche, soweit es sich nicht um Geldansprüche handelt. Es kann sich um die Herausgabe von Sachen handeln, die Vornahme von Handlungen oder die Unterlassung von Handlungen. Auch im Mietrecht ist eine einstweilige Verfügung (dazu Enders/Börstinghaus, Einstweiliger Rechtschutz, 2. Aufl. 2010) möglich.

Einstweiliger Rechtschutz

Voraussetzung ist neben dem Verfügungsanspruch auch hier, dass ein Verfügungsgrund vorliegt. Dabei darf auch unter Berücksichtigung des Dauerschuldcharakters des Mietrechts regelmäßig keine Vorwegnahme der Hauptsache eintreten. Im Wohnraummietrecht sind zusätzlich die Besonderheiten des sozialen Mietrechts und seine Schutzfunktion zu berücksichtigen.

Einstweiliger Rechtschutz ist dabei möglich zur Sicherung und Durchsetzung von Ansprüchen

- des Vermieters gegenüber dem Mieter,
- des Mieters gegenüber dem Vermieter,
- von Mietern untereinander und
- von Mietern gegenüber Dritten.

Es muss also zunächst ein Anspruch aus dem Mietvertrag oder aus sonstigen Rechten, z. B. Eigentum, bestehen. Hinzu muss ein Verfügungsgrund treten. Dies ist der Fall, wenn zu befürchten ist, dass durch eine Veränderung des bestehenden Zustandes die Verwirklichung des Rechts einer Partei vereitelt oder wesentlich erschwert wird oder auch wenn die Regelung zur Abwendung wesentlicher Nachteile oder aus anderen Gründen nötig scheint.

Nach § 940a ZPO ist eine einstweilige Verfügung auf Räumung von Wohnraum grundsätzlich unzulässig, es sei denn, es liegt ein Fall der verbotenen Eigenmacht vor. Verbotene Eigenmacht liegt gem. § 858 Abs. 1 BGB vor, wenn der Bewohner gegen den Willen des Berechtigten, i.d.R. des Vermieters, von der Wohnung Besitz ergriffen hat, ohne dass dies durch ein Gesetz gestattet wurde. Ein solcher Besitz ist fehlerhaft und darf bereits nach allgemeinen Regeln, §§ 858 ff. BGB, wieder entzogen werden. Hier gilt bei Wohnraum nichts anderes. Es ist nicht erforderlich, dass dem Vermieter/Eigentümer außerdem noch ein weiterer Nachteil entstanden ist oder droht. In Betracht kommen hier insbesondere die Fälle der Hausbesetzungen. Denkbar ist eine einstweilige Verfügung auch zur Durchsetzung des Betretungsrechts des Vermieters, um ggf. Mängel in Augenschein zu nehmen oder Handwerker in die Wohnung zu lassen. Diesen Fällen gleichgestellt ist nach der Rechtsprechung auch das Betreten zum Zwecke des Ablesens von Heizkostenverteilern oder Wärmezählern. Ein weiterer Anwendungsbereich auf Vermieterseite ist die Durchsetzung des Vermieterpfandrechts und die Verhinderung eines vertragswidrigen Gebrauchs der Mietsache.

Auf Mieterseite kommt eine einstweilige Verfügung vor allem zur Wiedereinräumung des Besitzes, aber auch zur Durchsetzung ganz dringender Mangelbeseitigungsansprüchen in Betracht. Aber gerade hier ist besondere Vorsicht geboten, da hier eine Vorwegnahme der Hauptsache häufig kaum zu verhindern ist. Deshalb kommt eine einstweilige Verfügung nur in extremen Ausnahmefällen in Betracht.

Elektroinstallationen

Grundsätzlich schuldet der Vermieter eine Elektroinstallation, die vertraglich vereinbart wurde. Das ist bei einem Altbau grundsätzlich der Standard, der bei der Errichtung des Gebäudes galt. Der Inhalt der Vereinbarung ist dabei ggf. durch Auslegung, auch durch ergänzende Vertragsauslegung, zu ermitteln. Aus diesem Grund kommt der Einhaltung von technischen Normen, wie z. B. den DIN-Normen oder VDI-Richtlinien, also Regeln, die objektiv den Stand der Technik wiedergeben, keine entscheidende Bedeutung zu. Lediglich im Rahmen der Auslegung des vereinbarten Mietgebrauchs kann ggf. festzustellen sein, dass die Parteien gerade eine diesen technischen Regeln entsprechende Beschaffenheit vereinbaren wollten.

Nach der Rechtsprechung des BGH (BGH Urt. v. 26.7.2004 – VIII ZR 281/03 – NJW 2004, 3174 = NZM 2004, 736 = MietPrax-AK § 536 BGB Nr. 7) kann aber auch bei der Vermietung von Altbauwohnungen ein Mangel vorliegen, wenn Mindeststandards nicht eingehalten wurden. Dies gilt vor allem für eine Vermietung einer Altbauwohnung zu einem Zeitpunkt, zu dem sich ein bestimmter Standard als absolut üblich durchgesetzt hat. Der Mieter einer Wohnung kann nach der allgemeinen Verkehrsanschauung erwarten, dass die von ihm angemieteten Räume einen Wohnstandard aufweisen, der der üblichen Ausstattung vergleichbarer Wohnungen entspricht. Hierbei sind insbesondere das Alter, die Ausstattung und die Art des Gebäudes, aber auch die Höhe der Miete und eine eventuelle Ortssitte zu berücksichtigen. Nicht alles, was bei Neubauten und im modernen Wohnungsbau zwischenzeitlich üblich geworden ist, kann auch bei Altbauten als üblich angesehen oder zum Maßstab gemacht werden. Ein solcher Mindeststandard ist nicht objektiv und einheitlich für alle Wohnungen zu bestimmen. Konkret hat der BGH einen solchen Mindeststandard für den Bereich der Elektroinstallation entschieden. Der Mieter könne aufgrund des technischen und wirtschaftlichen Fortschritts grundsätzlich erwarten, dass der vertragsgemäße Gebrauch einer Wohnung jedenfalls eine solche Lebensweise zulässt,

Elektrosmog

die seit Jahrzehnten üblich ist und dem allgemeinen Lebensstandard entspricht (BGH Urt. v. 26.7.2004 – VIII ZR 281/03 – NJW 2004, 3174 = NZM 2004, 736 = MietPrax-AK § 535 BGB Nr. 7). Der Mieter hat grundsätzlich Anspruch auf eine Elektrizitätsversorgung, die zumindest den Betrieb eines größeren Haushaltsgeräts wie einer Waschmaschine und gleichzeitig weiterer haushaltsüblicher Geräte wie zum Beispiel eines Staubsaugers ermöglicht. Auf eine unterhalb dieses Mindeststandards liegende Beschaffenheit kann der Mieter nur bei eindeutiger Vereinbarung verwiesen werden. Dem genügt eine Formularklausel, nach der der Mieter in der Wohnung Haushaltsmaschinen nur im Rahmen der Kapazität der vorhandenen Installationen aufstellen darf, nicht (BGH WuM 2010, 235 = MietPrax-AK § 536 BGB Nr. 30).

Rechtsprechungsübersicht:

0 % *fehlende Hofbeleuchtung (AG Bremerhaven – 26.5.1992 – 59C 1214/91 – WuM 1992, 601)*

0 % *defekter Treppenlichtschalter an der Hauseingangstür (AG Bremerhaven – 26.5.1992 – 59C 1214/91 – WuM 1992, 601)*

0 % *Fehlen von Steckdosen im Flur (LG Berlin – 12.7.2007 – 67S 481/06 – GE 2007, 1255)*

2 % *vorübergehende mangelnde Funktionstüchtigkeit des Küchenherdes (LG Berlin – 7.7.1992 – 63S 142/92 – GE 1992, 1043)*

2,5 % *Fehlen von Steckdosen im Bad (LG Berlin – 12.7.2007 – 67S 481/06 – GE 2007, 1255)*

20 % *veraltete Elektroanlage; Verteilerdosen und Steckdosen durchgebrannt, defekte Lichtschalter (LG Potsdam – 4.8.1997 – 6S 192/96 – GE 1997, 1397 = WuM 1997, 677 = NZM 1998, 760)*

Elektrosmog

→ *Umweltgifte*

Rechtsprechungsübersicht:

0 % *Mobilfunkantenne auf dem Dach, ohne konkrete Anzeichen einer Gesundheitsgefahr (LG Hamburg – 21.6.2007 – 307S 15/07 – WuM 2007, 692)*

> **20 %** *Befürchtung einer Gesundheitsgefahr durch eine Mobilfunkantenne auf dem Flachdach des Mieters im OG (AG München – 1.4.1998 – 432C 7381/95 – WuM 1999, 111 = GE 2000, 1692)*

Energetische Modernisierung

Der Gesetzgeber möchte, dass der Altbaubestand stärker energetisch modernisiert wird. Als ein Hindernis vermutet er, dass Mieter aufgrund der Beeinträchtigungen während der Sanierungsphase die Miete mindern. Von Vermietern wird dies häufig als ungerecht empfunden, weil die Maßnahme doch letztendlich dem Mieter zugute komme und er ggf. auch Heizkosten einspare. Seit 1. Mai 2013 bleibt gem. § 536a Abs. 1a BGB auch eine Minderung der Tauglichkeit für die Dauer von drei Monaten außer Betracht, soweit diese aufgrund einer Maßnahme eintritt, die einer energetischen Modernisierung nach § 555b Nr. 1 BGB dient.

Um eine solche Maßnahme handelt es sich, wenn durch sie in Bezug auf die Mietsache Endenergie nachhaltig eingespart wird. Vereinfacht gesagt handelt es sich bei der Endenergie um die Energie, die im Haus tatsächlich verbraucht wird (hinzuzurechnen sind noch bestimmte Energieverluste o. Ä.). Endenergie wird sowohl bei Wärmedämmmaßnahmen wie auch bei Veränderungen an der Heizungsanlage (neuer Brenner, bessere Steuerung, Isolierung der Heizung usw.) erreicht. Wird durch die Modernisierungsmaßnahme nur Primärenergie eingespart, also muss weniger Energie eingesetzt werden, um die Endenergie zu erzeugen (z. B. Fotovoltaikanlage auf dem Dach), muss der Mieter dies zwar dulden (§ 555b Nr. 2 BGB), er kann aber bei Beeinträchtigungen durch die Installationsarbeiten die Miete in vollem Umfang mindern.

Aber auch bei energetischen Modernisierungen gem. § 555b Nr. 1 BGB (Einsparung Endenergie) mindert sich die Miete um 100 %, wenn während der Arbeiten die Wohnung gar nicht zu nutzen ist. Erfasst werden also nur Beeinträchtigungen, die eine Nutzung der Wohnung nicht völlig ausschließen. Führt der Vermieter zeitgleich mit der energetischen Modernisierung weitere Arbeiten durch (z. B. Dachrinnenaustausch zusammen mit einer Wärmedämmung, da das Gerüst ja sowieso vor Ort ist), kann wegen der Beeinträchtigungen, die von den Instandhaltungsmaßnahmen oder nicht energetischen Modernisierungen ausgehen, gemindert werden. Das Verhältnis der Beeinträchtigungen muss dann ggf. durch Schätzung ermittelt werden.

Der Ausschluss gilt aber für maximal drei Monate. Dauert die Maßnahme länger, sind dies die ersten drei Monate, anschließend mindert sich die Miete ohne jede Besonderheit. Die Frist gilt für eine einheitliche Maßnahme. Sie kann mehrfach in Anspruch genommen werden, wenn ganz unterschiedliche Maßnahmen durchgeführt werden, ggf. auch mehrmals in einem Jahr.

Energieverbrauch

Der Energieverbrauch ist heute wegen der damit verbundenen Kosten und des CO_2-Ausstoßes ein wichtiges Thema in der Immobilienbranche. Umstritten ist die Frage, ob eine Wohnung, die ausreichend warm beheizt werden kann, nur deshalb mangelhaft ist, weil dabei der Energieverbrauch überdurchschnittlich hoch ist, die Heizung also unwirtschaftlich ist (dazu: Blank, Rechtsfolgen der unterlassenen Energieeinsparung, WImmoT 2009, 219 ff.; Flatow, NZM 2009, 785). Für die Frage, ob dem Mieter ein Nachbesserungsanspruch zusteht und er ggf. die Miete mindern kann, kommt es darauf an, ob der Mieter einen Anspruch auf die Einhaltung energetischer Standards hat, nur dann könnte die Mietsache, soweit sie bei Übergabe mangelfrei war, nachträglich mangelhaft geworden sein. Das ist zu verneinen. Eine unwirtschaftliche Heizungsanlage stellt keinen Mangel dar. Hohe Heizkosten sind kein Mangel der Mietsache, solange die Wohnung ausreichend warm wird. Auch der Umweltgedanke und das Staatsschutzziel des Art. 20a GG rechtfertigen hier keine andere Betrachtungsweise. Letztendlich ist das Wirtschaftlichkeitsgebot insofern nur im Betriebskostenrecht anzusiedeln. Der BGH sieht dies auch so: Aus dem Grundsatz der Wirtschaftlichkeit lässt sich eine Verpflichtung des Vermieters zur Modernisierung einer vorhandenen alten, die Wärmeversorgung der Wohnung jedoch sicherstellenden Heizungsanlage nicht herleiten (BGH WuM 2007, 700 = NJW 2008, 142 = NZM 2008, 35 = MietPrax-AK § 556 BGB Nr. 26).

> **Rechtsprechungsübersicht:**
>
> **0 %**   hoher Energiebedarf wegen ungünstiger Lage bei Kenntnis des Mieters (LG Berlin – 27.1.1987 – 63S 100/86 – GE 1987, 881)
>
> **10 %**   Überdimensionierung des Heizkessels; dadurch entsteht ein Energiemehrverbrauch von ca. 60 % (OLG Düsseldorf – 4.11.1982 – 10U 109/82 – WuM 1984, 54 = MDR 1983, 229 = ZMR 1983, 377)

Entzug des Gebrauchs

Der Vermieter schuldet gem. § 535 Abs. 1 BGB dem Mieter die Gebrauchsüberlassung. Wird dem Mieter der Gebrauch ganz oder teilweise entzogen, so stehen dem Mieter Gewährleistungsrechte zu. Das bedeutet, er kann das Mietverhältnis – nach Fristsetzung – gem. § 543 Abs. 2 BGB kündigen, die Miete mindert sich und es kommen auch Schadensersatzansprüche in Betracht. Kann der Vermieter dem Mieter den Mietgebrauch nicht gewähren, weil er ihn einem Dritten überlassen hat, steht ihm gemäß § 537 Abs. 2 BGB auch kein Anspruch auf Mietzahlung zu. Insbesondere dann, wenn der Vermieter dem Mieter den Besitz durch verbotene Eigenmacht entzogen hat, kommt eine einstweilige Verfügung auf Besitzeinräumung in Betracht.

→ *Einstweiliger Rechtsschutz*

Erfüllungsanspruch

Hat die Mietsache einen Mangel, so kann der Mieter vom Vermieter zunächst einmal gemäß § 535 Abs. 1 S. 2 BGB die Beseitigung des Mangels verlangen. Der Vermieter ist nämlich verpflichtet, dem Mieter die Mietsache in einem zum vertragsgemäßen Gebrauch geeigneten Zustand zu überlassen und sie während der Mietzeit in diesem Zustand zu erhalten. Es ist dabei unerheblich, wann der Mangel eingetreten ist, ob der Vermieter ihn zu vertreten hat oder nicht, oder ob der Mangel unerheblich ist und deshalb weiter gehende Gewährleistungsansprüche nicht bestehen. Wie der Mangel beseitigt wird, ist Sache des Vermieters. Der Anspruch geht also nur auf das Ergebnis (Mangel beseitigen) und nicht auf die Durchführung einer bestimmten Art der Reparatur.

In ganz extremen Ausnahmefällen kann es aber so sein, dass der Erfüllungsanspruch nicht durchsetzbar ist. Dabei geht es um die Fälle, in denen ein besonders hoher, in keinem Verhältnis zum Ergebnis stehender Aufwand für die Mangelbeseitigung erforderlich ist. Man spricht dann von der Überschreitung der → *Opfergrenze*.

Der Anspruch auf Mangelbeseitigung verjährt in der regelmäßigen Verjährungsfrist des § 195 BGB, also drei Jahre nach Entstehung des Mangels. Erforderlich ist ferner die Kenntnis des Mieters vom Anspruch. Hat er diese Kenntnis nicht, verjährt der Anspruch gem. § 199 BGB nach zehn Jahren. Der Anspruch des Mieters auf Beseitigung eines Mangels als Teil des Gebrauchserhaltungsanspruchs ist jedoch während der Mietzeit unverjährbar (BGH Urt. v. 17.2.2010 – VIII ZR 104/09). Bei der Hauptleistungspflicht des Vermieters aus § 535 Abs. 1 S. 2 BGB handelt es sich um eine in die Zukunft gerichtete Dauerverpflichtung. Diese Pflicht erschöpft sich nicht in einer einmaligen Handlung des Überlassens, sondern geht dahin, die Mietsache während der gesamten Mietzeit in einem gebrauchstauglichen Zustand zu erhalten.

Zur Durchsetzung des Erfüllungsanspruchs steht dem Mieter ein Zurückbehaltungsrecht an der Miete gem. § 320 BGB zu. Er kann also die Zahlung der Miete davon abhängig machen, dass der Mangel beseitigt wird. Im Prozess erfolgt eine Zug-um-Zug-Verurteilung.

→ *Opfergrenze,* → *Verjährung,* → *Zurückbehaltungsrecht*

Erfüllungsgehilfe

Grundsätzlich haftet der Schuldner nur für eigenes Verschulden. Wer sich jedoch eines Dritten bedient, um eine vertragliche Verpflichtung einem anderen gegenüber zu erfüllen, der muss sich dessen Verhalten gem. § 278 BGB zurechnen lassen. Man spricht dann von einem Erfüllungsgehilfen. Das kann z. B. der Hausmeister sein oder ein Handwerker, den der Vermieter beauftragt. Umgekehrt kann auch der Mieter Erfüllungsgehilfen einschalten, z. B. wenn er vertraglich geschuldete Arbeiten, wie Durchführung von Schönheitsreparaturen, durch Dritte durchführen lässt. Wird dabei z. B. beim Transport von Material das Treppenhaus beschädigt, wird dem Mieter das Verschulden des Handwerkers zugerechnet. Auch Berater wie Mietervereine, Haus & Grund-Vereine oder auch Anwälte sind Erfüllungsgehilfen desjenigen, der sie befragt (BGH NZM 2007, 35 = NJW 2007, 428 = MietPrax-AK § 573 BGB Nr. 9). So kann der schuldhaft falsche Rat des Mietervereins, wegen eines behaupteten Mangels die Miete um einen bestimmten Betrag zu mindern, eine Kündigung wegen schuldhafter Pflichtverletzung oder wegen Zahlungsverzuges rechtfertigen.

Eine Grenze bei der Zurechnung wird aber dort überschritten, wo der Erfüllungsgehilfe die ihm übertragene Aufgaben überschreitet und „bei Gelegenheit" der Arbeiten einen Schaden schuldhaft verursacht, also z. B. der Handwerker, der den Mieter bestiehlt. Hier kommt allenfalls noch eine Haftung des Auftraggebers für Verrichtungsgehilfen in Betracht, § 831 BGB. Diese unterscheidet sich aber von der für Erfüllungsgehilfen vor allem dadurch, dass der Auftraggeber sich

E | Erfüllungsgehilfe

entlasten kann. Er muss nachweisen, dass er den Verrichtungsgehilfen ordentlich ausgewählt und überwacht hat.

F

Fahrradkeller

Rechtsprechungsübersicht:

0 % fehlender Fahrradständer bei gleichzeitiger Vermietung einer Garage (AG Bergisch Gladbach – 14.8.2002 – 62C 321/01 – KM 35 Nr. 53)

2,5 % Entzug des zur Mitbenutzung zugesicherten Fahrradkellers (AG Menden – 7.3.2007 – 4C 407/06 – WuM 2007, 190 = NZM 2007, 883)

5 % Wegfall eines Fahrradkellers (AG Hamburg – 22.8.2007 – 46C 1/07 – NZM 2007, 802)

Fahrstuhl

→ *Aufzug*

Faktische Unmöglichkeit

→ *Unmöglichkeit*

Fälligkeit

Hinsichtlich der Fälligkeit der Miete sind die Vertragsparteien auch in der Wohnraummiete völlig frei, was sie vereinbaren wollen. Dabei geht es letztlich um zwei Fragen:

F Fälligkeit

- Für welchen Zeitraum ist jeweils die Miete zu zahlen?
- Wann muss die Miete gezahlt werden?

Üblich ist in der Wohnraummiete die Zahlung der Miete jeweils für einen Monat und im Voraus. Zwingend ist das aber nicht. So ist es auch zulässig, die Miete als Jahresmiete zu vereinbaren. Für die Kündigung wegen Zahlungsverzuges ist dies aber mehr als ungünstig. Wenn eine jährliche Mietzahlung vereinbart wurde, kann auch erst nach mehr als einem Jahr bei Zahlungsverzug gekündigt werden, nämlich, wenn der Mieter gar nichts zahlt, erst nach Fälligkeit der nächsten Jahresmiete, und wenn er an zwei aufeinanderfolgenden Terminen mit einem Betrag von bis zu einer Jahresmiete im Rückstand ist, u. U. sogar noch später. Zulässig ist es sogar zu vereinbaren, dass die Miete in einem Betrag am Anfang zu zahlen und dann vom Mieter „abzuwohnen" ist. In der Praxis kommt dies vor allem unter Familienangehörigen oder/und im Zusammenhang mit einem Darlehen zur Gebäudefinanzierung vor. Auch eine Vereinbarung, wonach die Miete quartalsweise jeweils in der Mitte des Quartals zu zahlen ist, ist möglich und wirksam.

Nur wenn die Parteien nichts Abweichendes vereinbart haben, kommt es auf die gesetzlichen Regelungen an. Dabei muss differenziert werden:

- Mietvertrag **vor** dem 1.9.2001 abgeschlossen, § 551 BGB a. F.: fällig am Ende des Zeitraums
- Mietvertrag **ab** dem 1.9.2001 abgeschlossen, § 556b Abs. 1 BGB: fällig am 3. Werktag

Aber auch bei den vor dem 1.9.2001 abgeschlossenen Mietverträgen war es üblich und zulässig, die Fälligkeit der Miete auf den 3. Werktag zu vereinbaren. Unwirksam ist eine solche Vorauszahlungsklausel aber dann, wenn im Mietvertrag zugleich auch ein Aufrechnungsverbot enthalten ist.

Der Samstag ist dabei ein Werktag. Er wird also, wenn er auf den ersten oder zweiten Tag der Frist fällt, mitgezählt und außerdem wird grundsätzlich die Miete auch am Samstag fällig. Jedoch gilt hier auch § 193 BGB, wonach Fristen, die an einem Samstag enden, erst am nächsten Werktag ablaufen.

Da es sich bei der Mietschuld i.d.R. um Geldschulden handelt, liegt nach §§ 269, 270 BGB eine Schickschuld vor. Danach hat der Mieter zwar die Gefahr des Verlustes des Geldes bei der Überweisung zu tragen, aber nicht die Verzögerungsgefahr. Der Mieter kommt dann grundsätzlich seinen Verpflichtungen rechtzeitig nach, wenn er das Geld am letzten Tag der vereinbarten Frist abgeschickt hat. Zu beachten ist aber, dass insbesondere in Formularverträgen häufig vereinbart ist, dass das Geld innerhalb der vereinbarten Frist beim Vermieter eingegangen sein muss (Rechtzeitigkeitsklausel). Überwiegend wird eine solche Klausel für wirksam gehalten.

Fassade

Rechtsprechungsübersicht:

0 % Verwahrlosung des Gebäudes bei einer preisgünstigen Altbauwohnung (LG Karlsruhe – 10.4.1992 – 9S 224/91 – WuM 1992, 367)

3 % eingeschränkter Lichteinfall durch Fassadenbewuchs (AG Köln – 30.12.2003 – 201C 68/03 – ZMR 2004, 594)

15 % durchgehender Riss im Außenmauerwerk durch Bergschäden (AG Bergheim – 19.6.1998 – 22C 634/97 – WuM 2000, 435)

20 % mangelhafte Schallisolierung zwischen zwei Doppelhaushälften (AG Trier – 22.5.2002 – 5C 346/01 – WuM 2002, 308)

Fehler

Früher sprach man im Mietrecht von einem Fehler, wenn die Istbeschaffenheit von der Sollbeschaffenheit abwich. Seit der Schuldrechtsreform von 2002 heißt es „Mangel".

→ Mangel

Feier

Zu den größten Märchen im Mietrecht gehört die irrige Auffassung, jeder dürfe einmal im Jahr ohne Rücksicht auf jede zeitliche und lärmmäßige Beschränkung feiern bis zum Umfallen. Zum zulässigen vertragsgemäßen Gebrauch gehören selbstverständlich auch der Empfang von Besuch und das gesellige Beisammensein mit Freunden und Bekannten. Gerade hier muss eine Interessenabwägung zwischen dem Interesse des Feiernden und dem Ruhebedürfnis der anderen Hausbewohner stattfinden. Das bedeutet, dass nach 22.00 Uhr

Zimmerlautstärke als Grenze gilt. Aber regelmäßige Feiern mit Lärm bis zu diesem Zeitpunkt müssen die übrigen Hausbewohner auch nicht hinnehmen. Darin kann ein Mangel zu sehen sein.

Rechtsprechungsübersicht:

2 %   *Lärmbelästigung durch Feiern in einem Ruderverein an einigen Tagen im Sommer (AG Spandau – 26.11.2008 – 4C 207/08 – GE 2009, 54)*

20 %   *Lärmbelästigung durch sehr häufiges lautstarkes Feiern anderer Mieter bis spät in die Nacht an den Wochenenden (AG Lünen – 16.12.1987 – Zw 14 C 182/86 – NJW-RR 1988, 1041 = DWW 1988, 283 = WuM 1988, 348)*

20 %   *häufiges und lautstarkes Feiern anderer Mieter (LG Dortmund – 19.5.1988 – 17S 47/88 NJW-RR 1988, 1041 = DWW 1988, 283 = WuM 1988, 348)*

Fenster

Fenster sind in der Praxis häufig Gegenstand mietrechtlicher Auseinandersetzungen. Dabei kann das Fenster selbst mangelhaft sein (es zieht oder lässt sich nicht öffnen). Noch häufiger sind aber die Fälle, in denen der Austausch der Fenster dann Ursache für andere Mängel, i.d.R. Feuchtigkeitsschäden, sind. Durch den Fensteraustausch wird in den bauphysikalischen Zustand des Hauses eingegriffen. Häufig waren die Fenster die Kältebrücke, an denen sich das Kondenswasser niederschlagen konnte (Eisblumen). Wenn Isolierfenster eingebaut werden, dann sucht sich die Feuchtigkeit häufig eine andere Stelle, an der sie kondensieren kann. Dort entstehen dann Feuchtigkeitsschäden und ggf. Schimmel. Deshalb muss regelmäßig und ausreichend gelüftet werden. Kippstellung der Fenster genügt hier nicht.

Rechtsprechungsübersicht:

0 %   *geringfügiger Luftdurchgang bei Altbaufenstern (AG Steinfurt – 14.3.1996 – 4C 484/95 – WuM 1996, 268)*

0 %   *unerheblich undichte Fenster, sodass bei Schlagregen etwas Wasser eindringen kann (AG Neuss – 22.1.1997 – 36C 152/96 – DWW 1997, 47 = ZMR 1997, 303 = NZM 1998, 35)*

0 %   Kondenswasser an den Fenstern *(LG Berlin – 30.7.2004 – 63S 133/04 – GE 2004, 1096)*

0 %   defekter Rollladen an einem Fenster *(AG Köln – 14.3.2005 – 206C 161/04)*

1 %   Trübung der Isolierfensterscheibe im Wohnzimmer *(AG Miesbach – 30.10.1984 – 3C 585/84 – WuM 1985, 260)*

5 %   mangelhafte Fensterabdichtung, wodurch Wind und Regen eindringen kann *(LG Berlin – 14.12.2006 – 67S 389/06 – GE 2007, 719)*

7,5 %   undichte Fenster und Türen führen zu Fußkälte und Luftzug *(LG Potsdam – 4.8.1997 – 6S 192/96 – GE 1997, 1397 = WuM 1997, 677 = NZM 1998, 760)*

10 %   Oberlichter lassen sich weder zum Putzen noch zum Lüften öffnen *(AG Hagen – 26.2.1982 – 6C 461/81 – WuM 1982, 282)*

10 %   verfaultes Schlafzimmerfenster *(AG Wuppertal – 30.12.1986 – 92C 338/86 – DWW 1988, 89)*

10 %   Ritzen zwischen neu eingebauten Fenstern und Mauerwerk nicht verputzt *(AG Potsdam – 14.12.1995 – 26C 23/95 – HE 1996, 307)*

12 %   faule, morsche und nicht mehr dichte Fenster *(AG Köln – 27.9.1988 – 201C 457/87 – WuM 1989, 234)*

Fernsehen

Die Möglichkeit des Empfangs von Fernsehprogrammen gehört heute üblicherweise zum vertragsgemäßen Zustand einer Mietwohnung. Ob der Vermieter dem Mieter die Empfangsmöglichkeit selbst zur Verfügung stellen muss oder nicht, ist eine Frage des konkreten Mietvertrages. Hierzu zählt auch die Frage, welche Sender der Mieter empfangen kann. Ist der Empfang bestimmter Sender vertraglich ausdrücklich oder konkludent vereinbart, dann stellt die fehlende Empfangsmöglichkeit eines Senders einen Mangel dar. Ansonsten gibt es kein Recht auf Empfang eines bestimmten Senders. Wenn jedoch der Empfang aller Sender aus technischen Gründen nicht möglich ist, wie früher z. B. bei der Verschattung durch einen benachbarten Neubau, dann liegt ein Mietmangel vor. Die Frage, ob bestimmte Sender kostenpflichtig empfangen werden können, hat mit der Mangelhaftigkeit nichts zu tun. Auch das Verbot, eine Parabolantenne anzubringen, stellt an sich keinen Mangel dar, wenn ansonsten Fernsehsender empfangen werden können.

Rechtsprechungsübersicht:

0 %   schlechter Fernsehempfang, der auf örtliche Gegebenheiten zurückzuführen ist *(AG Hamburg – 22.6.1988 – 40b C 2213/87 – WuM 1990, 70)*

0 %   Empfang von Fernsehprogrammen nur noch über eine Zimmerantenne und eine Set-Top-Box (DVB-T-Fernsehen) nach Einführung des digitalen Fernsehens *(AG Lichtenberg – 26.3.2004 – 5C 4/03 – GE 2004, 629)*

5 %   kein Empfang von ausländischen Fernsehsendern *(LG München – 21.10.1988 – 20S 475/87c – WuM 1989, 563)*

Feste

→ *Feier*

Feststellungsklage

Man unterscheidet zwischen Leistungsklagen, Unterlassungsklagen, Gestaltungsklagen und Feststellungsklagen. Mit ihnen wird die Feststellung des Bestehens oder Nichtbestehens eines bestimmten Rechtsverhältnisses begehrt. Die Feststellung von Tatsachen kann nicht erlangt werden. Die Feststellungsklage ist gegenüber der Leistungsklage subsidiär, d. h. wenn z. B. der Vermieter auf Zahlung klagen kann, dann ist es unzulässig feststellen zu lassen, dass der Mieter eine bestimmte Miete schuldet. Umgedreht kann der Mieter aber die Feststellung begehren, wegen eines bestimmten Mangels nur eine bestimmte Miete zu schulden. Dadurch erlangt er Rechtssicherheit, wie stark er zulässigerweise die Miete mindern kann, ohne sich dem Risiko einer fristlosen Kündigung auszusetzen. Umstritten ist, ob eine unbezifferte Feststellungsklage des Mieters möglich ist. Überwiegend wird dies abgelehnt.

Feuchtigkeit

Feuchtigkeit in Wohnungen stellt heute einen der Hauptmängel in der Praxis dar. Da diese Feuchtigkeit i.d.R. nicht von außen kommt, also durch Risse oder undichte Dächer – was immer ein Mangel ist – stellt sich die Frage, ab wann ein Mangel vorliegt. Dazu muss man wissen, dass die Raumluft je nach Temperatur eine bestimmte Menge Wasser (= Feuchtigkeit) transportieren kann. Je wärmer die Raumluft ist, umso mehr Wasserdampf kann sie transportieren. Dabei nimmt die Menge exponentiell zu. So kann ein Kubikmeter Luft bei 10 Grad Celsius maximal 9,41 Gramm Wasser aufnehmen, bei 30 Grad Celsius steigt diese Menge schon auf 30,38 Gramm Wasser. Ist die Wasserkonzentration für die jeweilige Temperatur zu hoch, dann kommt es zu Niederschlag, das Wasser setzt sich also an den kühlsten Stellen ab. Ein eindrucksvolles Beispiel ist die eiskalte Bierflasche aus dem Kühlschrank, die im warmen Wohnzimmer auf den Tisch gestellt wird. Hier kommt es an der Flasche zu Wasserablagerungen, weil die Temperatur in der Nähe der Flasche sehr viel niedriger ist als im übrigen Raum. Das bedeutet, dass es grundsätzlich zulässig ist, das Schlafzimmer nicht zu beheizen, nur muss man dann dafür sorgen, dass keine feuchte warme Luft aus den anderen Räumen ins Schlafzimmer kommt, da es dann zu Wasserablagerungen kommen wird. Die Schlafzimmertür hat deshalb in diesen Fällen geschlossen zu bleiben. Grundsätzlich kommt es also zu Feuchtigkeitsschäden, wenn entweder die Lufttemperatur zu niedrig oder die Wasserkonzentration zu hoch ist. Letztere ist durch regelmäßiges Lüften zu reduzieren. Zumutbar dürfte ein ca. dreimaliges Stoßlüften sein. Das Fenster zu kippen, genügt nicht, weil hier nur ein minimaler Luftaustausch stattfindet und zudem noch der Fenstersturz auskühlt.

Rechtsprechungsübersicht:

0 % Kondenswasser unter der direkt auf dem Boden liegenden Matratze (AG Münster – 25.11.1976 – 5C 13/76 – WuM 1977, 205)

0 % Feuchtigkeitsschäden, denen der Mieter durch zumutbares Wohnverhalten hätte entgegenwirken können (LG Aachen – 31.1.1991 – 6S 298/90)

3 % undichtes Dach (AG Reutlingen – 28.2.1990 – 8C 1430/89 – WuM 1990, 146)

5 % Wasserdurchlaufschaden im Flur an der Decke und an der Wand (LG Berlin – 14.12.2006 – 67S 389/06 – GE 2007, 719)

5 % Durchfeuchtung einer Schlafzimmerwand (AG Münster – 12.6.2007 – 3C 5500/06 – WuM 2008, 429)

10 % *Feuchtigkeitsschäden und Schimmel in der ganzen Wohnung nach Einbau neuer Fenster (AG Gotha – 24.3.2003 – 2C 116/02 – WuM 2003, 601)*

10 % *Feuchtigkeitserscheinungen und Schimmelpilz im Kinderzimmer (AG Lüdenscheid – 7.12.2006 – 94C 21/06 – WuM 2007, 16)*

20 % *Wasserschaden mit Herabstürzen von Deckenteilen (OLG München – 20.12.2006 – 20U 4428/06)*

20 % *Feuchtigkeitsschäden durch unzureichende Wärmedämmung (AG Königswusterhausen – 11.5.2007 – 9C 174/06 – WuM 2007, 568)*

25 % *Feuchtigkeit und Schimmel in Schlafzimmer, Küche und Bad durch Thermotapeten; Schäden sind nur durch extremes Heizen/Lüften zu beseitigen; Mieter ist darüber nicht informiert worden (LG Aachen – 12.7.1990 – 2S 114/90 – WuM 1991, 89)*

30 % *Wasser tropft durch die Zimmerdecke (nach einem Schneesturm) (AG Kiel – 26.6.1980 – 13C 9/80 – WuM 1980, 235)*

50 % *Minderung für die Austrocknungszeit nach einem Wasserschaden in einer Einzimmerwohnung (LG Dresden – 27.12.2002 – 4S 152/02 – ZMR 2003, 840)*

100 % *Feuchtigkeitsschäden an den Wänden; hohe Luftfeuchtigkeit und Gestank in der Wohnung (LG Berlin – 19.12.1988 – 61S 211/87 – GE 1989, 149)*

100 % *dauerhafter hoher Lärmpegel durch ein Trocknungsgerät in der Wohnung, wodurch Feuchtigkeitsschäden beseitigt werden sollen (AG Schöneberg – 10.4.2008 – 109C 256/07 – WuM 2008, 477)*

Fläche

→ *Wohnfläche*

Fliesen

Rechtsprechungsübersicht:

0 % *nicht vollständige Abdichtung der Fugenverfliesung im Bad (LG Berlin – 20.11.1980 – 61S 200/80 – GE 1981, 673)*

0 % *andersfarbige Neuverfliesung einer ganzen Wand nach einem Wasserrohrbruch im Badezimmer (AG Köln – 8.9.1994 – 215C 256/93 – WuM 1997, 41)*

3 % *fehlende Verfliesung auf dem Balkon (AG Schöneberg – 10.4.2008 – 109C 256/07 – WuM 2008, 477)*

5 % *andersfarbige Neuverfliesung nach einem Wasserschaden im Badezimmer (LG Kleve – 5.2.1991 – 6S 285/90 – WuM 1991, 261)*

30 % *fehlende Wandfliesen in der Küche und beschädigte Dekoration (AG Pinneberg – 5.2.2002 – 66C 212/01 – ZMR 2002, 603)*

Fluglärm

Rechtsprechungsübersicht:

0 % *Lärm von einem nahe gelegenen Flughafen, soweit Schallschutzvorschriften eingehalten sind (LG Berlin – 29.1.1981 – 62S 191/80 – GE 1981, 391)*

0 % *Fluglärm, der bereits bei Beginn des Mietverhältnisses vorhanden war (LG Berlin – 28.8.2001 – 64S 108/01 – GE 2001, 1607)*

10 % *Lärmbelästigung durch einen Flugplatz, wobei die Fenster nicht schallisoliert sind (LG Kiel – 8.1.1979 – 1S 144/78 – WuM 1979, 128)*

Föderalismusreform

Seit der Föderalismusreform im Jahre 2006 ist nicht mehr der Bund, sondern die Länder ausschließlich für die Wohnraumförderung zuständig. Das bedeutet, dass der Bereich des öffentlich geförderten Wohnungsbaus nun in jedem Bundesland anders geregelt werden kann und auch schon wird. So gibt es in einigen Bundesländern noch Wirtschaftlichkeitsberechnungen und die Kostenmiete, während dieses System in anderen Bundesländern bereits abgeschafft worden ist. Hier werden die Vergleichsmieten im Einzelfall nach unterschiedlichen Modellen gedeckelt. Bedeutung hat dies für die Höhe der zulässigen Miete im öffentlich geförderten Wohnungsbau und die Art und Weise, wie Erhöhungen durchzusetzen sind. Die Mietminderung ist nach der preisrechtlich zulässig vereinbarten Miete zu berechnen. Die Höhe der Minderung ist im preisfreien und preisgebundenen Wohnungsbau gleich. Auch die sonstigen Gewährleistungsrechte wie Schadensersatz, Kündigung, Erfüllungsanspruch oder Zurückbehaltungsrecht, unterscheiden sich nicht.

Fogging

Unter dem Begriff wird das Phänomen des Schwarzwerdens von Wohnungen verstanden. Die genauen Ursachen sind im Einzelfall strittig und nicht immer leicht festzustellen. Überwiegend beruht das Phänomen darauf, dass Weichmacher aus Baustoffen oder Möbeln entweichen und sich mit Staub- und Rußpartikeln in der Luft verbinden, wodurch ein schmieriger schwarzer Film entsteht, der sich auf den Wänden und auch sonst in der Wohnung niederschlägt.

Für die Frage, wer was im Prozess darzulegen und zu beweisen hat, kommt es darauf an, welche Ansprüche jeweils geltend gemacht werden. Macht der Mieter Schadensersatzansprüche gem. § 536a Abs. 1 BGB geltend, muss er beweisen, dass die Foggingschäden entweder auf einem anfänglichen Mangel beruhen oder dass der Vermieter den Eintritt des Mangels zu vertreten hat, ihm also ein Schuldvorwurf gemacht werden kann (BGH NJW 2006, 1061 = NZM 2006, 258). Das ist wegen der häufig unklaren Ursachen für das Fogging schwierig. Verlangt der Mieter aber Beseitigung der Folgen des Foggings oder macht er den Vorschussanspruch zur Mangelbeseitigung gemäß § 536a Abs. 2 BGB geltend, muss er nur die – offenkundige – Tatsache des Foggings beweisen. Nun ist es Sache des Vermieters zu beweisen, dass ein schuldhaftes Verhalten des Mieters vorliegt (BGH NJW 2008, 2432 = NZM 2008, 607). Dies ist zumindest beim erstmaligen Auftreten von Foggingschäden ebenso schwierig.

Rechtsprechungsübersicht:

0 % *Feuchtigkeit und Schwarzverfärbung in Kinderzimmer, Küche und Wohnzimmer aufgrund von baulichen Veränderungen in der Wohnung seitens des Mieters (AG Pinneberg – 19.10.2001 – 68C 346/99 – ZMR 2002, 359)*

15 % *Schwarzverfärbung der Wohnung (Fogging) ohne erkennbare Ursache (AG Schwäbisch Gmünd – 13.10.2000 – 1C 997/00 – WuM 2001, 544)*

20 % *Schwarzverfärbungen, die auf Weichmacher in der Wandfarbe zurückzuführen sind (AG Schöneberg – 10.7.2002 – 6C 191/99 – GE 2003, 127)*

40 % *Schwarzverfärbungen (Fogging) im oberen Wohnzimmer bei ungeklärter Ursache (AG Hamburg-Wandsbek – 29.5.2000 – 712D C 27/99 – GE 2002, 57 = NZM 2000, 906)*

Form

→ *Schriftform*

Formaldehyd

→ *Umweltgifte*

Rechtsprechungsübersicht:

0 % *Angst vor Gesundheitsgefahren durch eine Formaldehydbelastung (AG Wermelskirchen – 28.4.2004 – 2a C 2/02 – KM 35 Nr. 70)*

25 % *Formaldehyd-Konzentration in der Raumluft überschreitet regelmäßig den Grenzwert (AG Bad Säckingen – 21.8.1992 – 1C 191/91 – WuM 1996, 140)*

50 % *Belastung einer Mietwohnung mit Formaldehyd übersteigt den vom Bundesgesundheitsamt festgestellten Grenzwert (AG Mettmann – 13.2.1990 – 21C 202/88 – VuR 1990, 208)*

Frist

Fristen sind bestimmte oder bestimmbare Zeiträume, innerhalb derer zur Vermeidung von Rechtsnachteilen eine Handlung vorgenommen werden muss bzw. nach deren Ablauf ein Anspruch u. U. nicht mehr durchgesetzt werden kann. Die Berechnung der Fristen erfolgt gem. §§ 186 ff. BGB. Ausdrückliche Fristen ordnet das Gesetz im mietrechtlichen Gewährleistungsrecht nicht an. Für die Kündigung wegen eines Mangels oder des gesundheitsgefährdenden Zustands der Wohnung ordnet das Gesetz nur allgemein an, dass der Mieter dem Vermieter eine Frist zu setzen hat, § 543 Abs. 3 BGB. Die Länge der Frist bestimmt sich danach, welche Arbeiten zur Mangelbeseitigung erforderlich sind und welche Beeinträchtigungen für den Mieter von dem Mangel ausgehen. Ferner bestimmt § 314 Abs. 3 BGB, dass eine Kündigung aus wichtigem Grund binnen einer angemessenen Frist ausgeübt werden muss. Damit ist die Frist zwischen dem Entstehen des Kündigungsgrundes und der Kündigungserklärung gemeint. Dabei kommt es auch darauf an, ob der Kündigungsgrund in einem einmaligen Ereignis zu sehen ist oder ob eine Dauerbeeinträchtigung vorliegt. Auch die Frage, ob die Parteien über den Mangel und seine Beseitigung verhandeln, spielt eine Rolle. Die Frage, innerhalb welches zeitlichen Rahmens eine fristlose außerordentliche Kündigung wegen Gesundheitsgefährdung auszusprechen ist, hängt von den besonderen Umständen des jeweiligen Einzelfalls ab und entzieht sich einer allgemeinen Betrachtung (BGH Beschl. v. 13.4.2010 – VIII ZR 206/09). Dies gilt unabhängig davon, ob man die Regelung des § 314 Abs. 3 BGB auch im Wohnraummietrecht für anwendbar erachtet (offengelassen von BGH WuM 2009, 231) oder ob man in diesen Fällen von einer Verwirkung ausgeht (BGH NJW 2009, 2297). Eine allgemeine Regel, wie lange eine angemessene Frist dauert, gibt es nicht.

Garage

Rechtsprechungsübersicht:

0 % Defekt des Garagentores der Sammelgarage (AG Kassel – 15.12.1988 – 801C 4534/88 – WuM 1989, 171)

0 % Geräuschbelästigung durch eine unter der Wohnungen liegende Tiefgarage (AG Bonn – 20.10.1989 – 8C 191/89 – WuM 1990, 71)

0 % Veränderung der Einparkmöglichkeiten in der Tiefgarage (AG Köln – 22.1.2007 – 206C 284/04)

66 % nicht fertiggestellte und mangelhafte Garage (AG Hanau – 12.12.1978 – 32C 69/78 – WuM 1980, 85)

100 % Unbefahrbarkeit der Garageneinfahrt (Schadensursache nicht angegeben) (AG Burgsteinfurt – 18.11.1965 – 3C 593/65 – WuM 1967, 25)

Garten

Rechtsprechungsübersicht:

0 % nicht gestattete Gartennutzung trotz mündlicher Vereinbarung (AG Trier – 20.8.2007 – 8C 279/07 – WuM 2007, 544)

0 % Umgestaltungen der Gartenbepflanzung (AG Hamburg – 10.7.995 – 49C 1977/94 – WuM 1995, 652)

5 %   Widerruf der Gartennutzung durch den Vermieter (AG Bergisch Gladbach – 9.2.1989 – 60C 602/88 – WuM 1989, 498)

5 %   Beeinträchtigung der Gartennutzung nach Aufstellen eines Schuppens (AG Köln – 9.6.1994 – 214C 83/94 – ZMR 1994 Nr. 7, S. XIV)

10 %   Einschränkung der Gartennutzung durch Bauschuttablagerung (AG Köln – 9.6.1994 – 214C 83/94 – ZMR 1994 Nr. 7, S. XIV)

10 %   geplanter Garten wird nicht angelegt; Gelände gleicht jahrelang einer Baustelle (LG Darmstadt – 28.9.1989 – 6S 593/88 – NJW-RR 1989, 1498)

Gaststätte

Rechtsprechungsübersicht:

0 %   Lärm- und Geruchsbelästigung durch Terassenbetrieb einer im Mietshaus gelegenen Gaststätte (LG Berlin – 15.7.2005 – 65S 408/04 – GE 2005, 1126)

0 %   Lärmbelästigung durch umliegende Restaurants oder eine Veranstaltungshalle in einer Großstadt (AG Köpenick – 4.5.2006 – 12C 44/06 – GE 2006, 855)

0 %   Lärmbelästigung durch Musikveranstaltungen der im Erdgeschoss befindlichen Gaststätte (später eine Cocktailbar) (LG Berlin – 17.3.2009 – 63S 397/08 – GE 2009, 847)

5 %   Lärmbelästigung durch einen Jazzkeller, auch nachts (LG Berlin – 3.3.2005 – 67S 238/02 – GE 2005, 869)

10 %   Lärmbelästigung durch einen Biergarten (AG Rudolstadt – 20.5.1999 – 1C 914/98 – WuM 2000, 19)

15 %   Störung der Nachtruhe durch Gaststättenlärm (AG Bonn – 19.7.1990 – 5C 274/90 – WuM 1990, 497)

20 %   Lärmbelästigung durch Live-Musik in einer Gaststätte im Mietshaus (AG Köln – 15.5.1990 – 208C 4/90 – WuM 1990, 291)

20 %   erhebliche Beeinträchtigung der Balkonnutzung durch Lärm einer Gaststätte im Mietshaus; Geräusche der Abzugsanlage (AG Lichtenberg – 16.3.2004 – 6C 234/03 – MM 2004, 339)

> **50 %** *erhebliche Lärmbelästigung durch eine Gaststätte im Haus, sodass das Schlafzimmer nicht mehr benutzbar ist (AG Schöneberg – 17.3.1994 – 2C 6/94 – MM 1995, 28)*

Gebot der Wirtschaftlichkeit

Das Gebot der Wirtschaftlichkeit ist vor allem im Betriebskostenrecht in § 556 Abs. 2 BGB niedergelegt. Der Vermieter kann nur solche Betriebskosten auf den Mieter umlegen, die bei einem wirtschaftlichen Betrieb der Heizung angefallen sind. Für das Gewährleistungsrecht wird die Frage diskutiert, ob eine Wohnung mangelhaft ist, die zwar ausreichend warm wird, wenn die Heizung aber nur ganz unwirtschaftlich betrieben werden kann, die Beheizung also sehr teuer ist (dazu: Blank, Rechtsfolgen der unterlassenen Energieeinsparung, WImmoT 2009, 219 ff.; Flatow, NZM 2009, 785). Siehe zu dieser Problematik → *Energieverbrauch*.

Gebrauchsbeeinträchtigung

Die Feststellung allein, dass ein Mangel der Mietsache, also eine Abweichung der Ist- von der Sollbeschaffenheit vorliegt, genügt nicht, damit dem Mieter Gewährleistungsansprüche zustehen. In einem zweiten Schritt muss jeweils festgestellt werden, ob durch die Abweichung der vereinbarten Beschaffenheit von der tatsächlichen Beschaffenheit auch eine Gebrauchsbeeinträchtigung eingetreten ist. Der Wortlaut des § 536 BGB ist insofern eindeutig.

Es hieß dort: *„Ist die vermietete Sache … mit einem Fehler behaftet, der ihre Tauglichkeit zu dem vertragsmäßigen Gebrauch aufhebt oder mindert …"*

Insbesondere bei Flächenabweichungen wurde früher von der Rechtsprechung deshalb verlangt, dass der Mieter darlegen musste, warum sein Gebrauch der Mietsache durch die fehlenden Quadratmeter beeinträchtigt ist. Seit 2004 hat sich die Rechtsprechung aber aufgrund von drei Urteilen des BGH geändert. Heute wird bei einer Flächenabweichung von mehr als 10 % unwiderleglich vermutet, dass eine erhebliche Gebrauchsbeeinträchtigung vorliegt.

Gegensprechanlage

> **Rechtsprechungsübersicht:**
>
> **0 %** defekte Gegensprechanlage (LG Berlin – 14.9.2006 – 62S 90/06 – GE 2006, 1407)
>
> **5 %** defekte Gegensprechanlage; Wohnung liegt in der 4. Etage (AG Aachen – 10.8.1989 – 80C 220/89 – WuM 1989, 509)
>
> **5 %** Ausfall der Gegensprechanlage und des Türöffners (LG Berlin – 18.11.2004 – 67S 173/04 – MM 2005, 75)
>
> **5 %** Gegensprechanlage, Schließanlage und Eingangstür sind defekt (LG Berlin – 13.10.1980 – 61S 171/80 – GE 1981, 673)
>
> **10 %** gleichzeitiger Ausfall der Türklingel und der Wechselsprechanlage (AG Rostock – 30.9.1998 – 41C 183/98 – WuM 1999, 64)

Genossenschaftswohnungen

Genossenschaften sind eine besondere Form der gesellschaftsrechtlichen Personengesellschaften. Die eingetragene Genossenschaft ist eine juristische Person. Eine Wohnungsgenossenschaft ist eine solche Genossenschaft mit dem Ziel, ihre Mitglieder mit preisgünstigem Wohnraum zu versorgen. Dabei kann es sich um geförderten Wohnraum handeln, für den die Kostenmiete oder eine landesgesetzlich gedeckelte Miete zu zahlen ist, oder auch um preisfreien Wohnraum. Die Mietverträge der Wohnungsgenossenschaften werden von diesen üblicherweise auch *Dauernutzungsverträge* genannt. Rechtlich handelt es sich um Mietverträge. Die Rechte der Mieter von Wohnungsgenossenschaften unterscheiden sich nicht von den Rechten anderer Mieter. Aus dem genossenschaftlichen Gleichbehandlungsgrundsatz kann im Einzelfall für die Genossenschaft aber die Verpflichtung bestehen, die Mitglieder gleich zu behandeln, insbesondere die gleiche Miete zu fordern. Aber ungleiche Sachverhalte dürfen auch ungleich behandelt werden, sodass die Genossenschaft die Miete gegenüber Mietern, die die Miete wegen sanierungsbedingter Beeinträchtigungen nicht gemindert haben, weniger oder später erhöhen kann als gegenüber den Mietern, die ihre Rechte voll ausgenutzt haben (BGH NZM 2010, 121 = MietPrax-AK § 558 BGB Nr. 24). Die Mietminderung ist bei Genossenschaftsmietern nicht beschränkt. Aus dem genossenschaftlichen Treueverhältnis folgt keine Verpflichtung des Mieters, die Miete bei kleineren Mängeln nicht zu mindern.

Gerichtszuständigkeit

Bei Gerichtszuständigkeit muss unterschieden werden zwischen der sachlichen Zuständigkeit und der örtlichen Zuständigkeit. Die **sachliche Zuständigkeit** für Wohnraummietsachen ergibt sich aus § 23 Nr. 2a GVG. Danach sind die Amtsgerichte ohne Rücksicht auf den Wert des Streitgegenstandes ausschließlich zuständig für Streitigkeiten über Ansprüche aus einem Mietverhältnis über Wohnraum. Die **örtliche Zuständigkeit** ergibt sich aus § 29a ZPO, wonach jeweils das Amtsgericht, in dessen Bezirk sich die gemietete Wohnung befindet, zuständig ist. Auch dies ist eine ausschließliche Zuständigkeit, sodass eine Zuständigkeit eines anderen Gerichts weder durch rügelose Einlassung gem. § 39 ZPO noch durch eine Gerichtsstandsvereinbarung gem. § 40 ZPO begründet werden kann. Der Gesetzgeber ging davon aus, dass das örtlich nächste Amtsgericht die besten Möglichkeiten besitzt, in die örtlichen Verhältnisse Einblick zu nehmen. Außerdem handelt es sich bei dieser Zuständigkeitsregelung auch um einen Teil des sozialen Mietrechts. Der Mieter soll sich vor dem ihm nächsten Amtsgericht verteidigen und sich nicht durch die Verpflichtung, zu einem eventuell weit entfernt liegenden Gericht reisen zu müssen, verpflichtet fühlen, einen an sich unbegründeten Anspruch anzuerkennen.

Geruch

Dringen Essensgerüche oder sonstige Gerüche aus der Nachbarwohnung, dann kann dies für die betroffenen Mieter ähnlich unangenehm sein wie die Geräuschbeeinträchtigung. Deshalb können solche Geruchsbeeinträchtigungen auch einen Mangel darstellen, wenn sie die Erheblichkeitsschwelle überschreiten. Erforderlich ist eine umfangreiche Interessenabwägung. Kriterien hiefür sind die Häufigkeit der Beeinträchtigung, die Art der Gerüche (Essensgerüche sind anders zu beurteilen als Gerüche, die die Folge von mangelnder Hygiene sind), die Üblichkeit in einem Haus und die Struktur der Mieterschaft.

Ein besonderes Problem stellt Tabakrauch dar. Rauchen stellt für diejenigen, die nicht rauchen, eine für Raucher kaum vorstellbare Belästigung dar. Rauchen gehört auch nach der Rechtsprechung des BGH zum vertragsgemäßen Gebrauch einer Mietwohnung (BGH NJW 2006, 2915 = NZM 2006, 691 = MietPrax-AK § 538 BGB Nr. 24). Es geht um die Exzesse, also die Frage, ob bei übermäßigem Rauchen der vertragsgemäße Gebrauch überschritten wird und wann dieser ggf. anfängt. Zum Teil wird das Rauchen schrankenlos gestattet. Rauchen sei als Konsequenz freier Willensentscheidung als Teil sozialadäquaten Verhaltens zumindest in der vom Mieter bewohnten Wohnung als Zentrum seiner Lebensgestaltung hinzunehmen. Andere Gerichte sind da strenger und stufen übermäßiges Rauchen als vertragswidrig ein. Demgemäß ist auch umstritten, ob dem Nachbarn ein Unterlassungsanspruch bzgl. des Rauchens z. B. auf dem Balkon zusteht. Das Gleiche gilt für die Frage, ob im Treppenhaus wahrnehmbarer Zigarettenqualm hinzunehmen ist.

Rechtsprechungsübersicht:

0 %   Geruchsbelästigung im Treppenhaus durch ausländische Gewürze von Asylbewerbern (LG Dortmund – 19.5.1988 – 17S 47/88 – NJW-RR 1988, 1041 = DWW 1988, 283 = WuM 1988, 348)

0 %   Geruchsbelästigung durch normale Kochgerüche der Nachbarn (LG Essen – 23.9.1999 – 10S 491/98 – ZMR 2000, 302)

0 %   Geruchsbelästigung durch Tabakrauch vom Nachbarbalkon (AG Wennigsen – 14.9.2001 – 9C 156/01 – WuM 2001, 487)

0 %   Eindringen von Zigarettenrauch aus der Nachbarwohnung (LG Berlin – 3.3.2009 – 63S 470/08 – GE 2009, 781)

5 %   Lärmbelästigung und Abgase durch einen neu errichteten Parkplatz in der Nähe der Wohnung (AG Spandau – 5.1.2000 – 6C 526/99 – WuM 2000, 178)

5 %   Geruchsblästigung durch eine Metzgerei im Wohnhaus (AG Pankow-Weißensee – 5.8.2004 – 3C 71/03 – MM 2005, 75)

5 %   zu wenige Mülltonnen führen zu einer Verwahrlosung des Müllplatzes und zu einer Geruchsbelästigung (AG Lichtenberg – 16.3.2004 – 6C 234/03 – MM 2004, 339)

10 %   fehlende Entlüftungsmöglichkeit der Toilette; diese kann nur über die Küche entlüftet werden (AG Schöneberg – 8.5.1990 – 16C 50/90 – MM 1990, 231)

10 %   Eindringen von Zigarettenrauch aus der Nachbarwohnung (AG Charlottenburg – 17.3.2008 – 211C 3/07 – GE 2008, 1061)

15 %   Gerüche aus einer benachbarten Pizzabäckerei dringen durch einen Lüftungsschacht in die Wohnung (AG Köln – 19.9.1989 – 208C 246/89 – WuM 1990, 338)

20 % Belästigung durch Essensgerüche und Zigarettenrauch aus der Nachbarwohnung aufgrund von baulichen Gegebenheiten (LG Stuttgart – 27.5.1998 – 5S 421/97 – WuM 1998, 724)

33 % Gestank aus der Nachbarwohnung durch ein Frettchen als Haustier (AG Köln – 27.9.1988 – 201C 457/87 – WuM 1989, 234)

90 % Geruchsbelästigung durch Lösungsmittel, die bei der Renovierung einer Nachbarwohnung verwendet werden (AG Schöneberg – 27.3.1996 – 6C 32/92 – MM 1996, 250)

Gerüst

Rechtsprechungsübersicht:

0 % Baugerüst am Nachbarhaus (LG Berlin – 31.10.2006 – 63S 194/06 – GE 2007, 655)

5 % Gerüst vor dem Mietshaus (LG Berlin – 12.4.1994 – 63S 439/93 – MM 1994, 396)

15 % Baugerüst vor der Wohnung (AG Hamburg – 24.8.1995 – 38C 483/95 – WuM 1996, 30; AG Ibbenbüren – 10.12.2003 – 3C 554/03 – WuM 2007, 405)

30 % Bauarbeiten am Gebäude; Beeinträchtigung der Nutzung des Balkons und erhöhte Einbruchsgefahr durch ein Gerüst (AG Köln – 19.8.2002 – 205C 85/02 – WuM 2003, 318)

Geschäftsführung ohne Auftrag

Eine Geschäftsführung ohne Auftrag liegt vor, wenn jemand ein Geschäft für einen anderen besorgt, ohne von ihm beauftragt oder sonst dazu berechtigt zu sein. Dem Geschäftsführer stehen dann Aufwendungsersatzansprüche zu, § 683 BGB. Wichtigste Voraussetzung für den Anspruch ist, dass der Geschäftsführer Fremdgeschäftsführungswillen hat, er also kein eigenes Geschäft besorgen will. Nach der Rechtsprechung des BGH liegt insbesondere in den Fällen, in denen der Mieter irrtümlich meint, vertraglich zu einer Leistung, z. B. zur Durchführung der Schönheitsreparaturen, verpflichtet zu sein, kein Fremdgeschäftsführungswillen vor, wenn die vertragliche Verpflichtung tatsächlich besteht, z. B. weil die Schönheitsreparaturklausel unwirksam ist.

Gesundheitsgefährdender Zustand

Gemäß § 569 Abs. 1 BGB ist der Mieter berechtigt, das Mietverhältnis fristlos zu kündigen, wenn sich die Räume in einem gesundheitsgefährdenden Zustand befinden. Voraussetzung ist, dass der zeitweilige Aufenthalt in den Räumen eine Gesundheitsgefährdung bewirkt. Dabei kommt es aber auf besondere Empfindlichkeiten des Mieters an, also ob er z. B. Allergiker o. Ä. ist. Die Beeinträchtigung muss erheblich sein. Ein Verschulden des Vermieters ist nicht erforderlich. Das Kündigungsrecht ist aber ausgeschlossen, wenn der Mieter den gesundheitsgefährdenden Zustand zu vertreten hat, also z. B. durch fehlende Beheizung oder Lüftung den Schimmelbefall der Wohnung schuldhaft verursacht hat.

Auch bei einer Kündigung wegen gesundheitsgefährdenden Zustands ist es grundsätzlich zunächst erforderlich, dass der Mieter dem Vermieter eine Frist zur Mangelbeseitigung gem. § 543 Abs. 3 BGB setzt (BGH NZM 2007, 439 = NJW 2007, 2177 = MietPrax-AK § 569 BGB Nr. 5). Die Frage, innerhalb welchen zeitlichen Rahmens eine fristlose außerordentliche Kündigung wegen Gesundheitsgefährdung auszusprechen ist, hängt von den besonderen Umständen des jeweiligen Einzelfalls ab und entzieht sich einer allgemeinen Betrachtung (BGH Beschl. v. 13.4.2010 – VIII ZR 206/09). Dies gilt unabhängig davon, ob man die Regelung des § 314 Abs. 3 BGB auch im Wohnraummietrecht für anwendbar erachtet (offengelassen von BGH WuM 2009, 231) oder ob man in diesen Fällen von einer Verwirkung ausgeht (BGH NJW 2009, 2297). Nur wenn die Fristsetzung offensichtlich keinen Erfolg verspricht, z. B. weil der Vermieter zuvor schon die Mangelbeseitigung abgelehnt hat oder wenn die sofortige Kündigung wegen der besonderen Situation erforderlich ist, kann auf die Fristsetzung verzichtet werden. Das sind aber ganz wenige Ausnahmefälle. Es sollte deshalb immer zunächst die Frist gesetzt werden. Da der Mieter später in einem eventuellen Prozess ggf. beweisen muss, dass die Wohnung in einem gesundheitsgefährdenden Zustand war, ist auf eine ausreichende und gerichtsverwertbare Beweissicherung zu achten. Soweit möglich, sollte ein selbstständiges Beweisverfahren bei Gericht eingeleitet werden.

Rechtsprechungsübersicht:

0 % *Elektrosmog in der Wohnung ohne „begründete Besorgnis" einer Gesundheitsgefahr (LG Köln – 8.1.1997 – 10S 196/96 – KM 35 Nr. 14)*

0 % *asbesthaltige Fußbodenplatten ohne nachweisbare, konkrete Gesundheitsgefährdung (LG Berlin – 27.10.1998 – 65S 223/98 – GE 1999, 47)*

0 % *Angst vor Gesundheitsgefahren durch eine Formaldehydbelastung (AG Wermelskirchen – 28.4.2004 – 2a C 2/02 – KM 35 Nr. 70)*

40 % *derart feuchte Wohnung, dass älterer Bewohner akut und nachhaltige Gesundheitsgefährdung erleidet (LG Saarbrücken – 13.5.1981 – 16S 118/80 – WuM 1982, 1879)*

100 % *Befall der Wohnung durch Khrapakäfer und Schädlingsbekämpfung mit ungeeigneten und gesundheitsgefährdenden Mitteln durch den Vermieter (AG Aachen – 3.12.1998 – 80C 569/97 – WuM 1999, 457)*

100 % *Gesundheitsbelastung durch Holzschutzmittel (AG Stade – 13.3.2000 – 63C 437/98 – WuM 2000, 417)*

100 % *Schimmelbefall in der Wohnung, der zu lebensgefährlichen Erkrankungen geführt hat (LG Berlin – 20.1.2009 – 65S 345/07 – GE 2009, 845)*

Gewerberaummiete

Alle Mietverhältnisse, die keine Wohnraummietverhältnisse darstellen, sind Gewerberaummietverhältnisse. Da Wohnraummiete nur vorliegt, wenn der Mieter oder einer seiner Angehörigen selbst in der Wohnung wohnen soll, sind alle Mietverhältnisse, die zum Zwecke der Weitervermietung abgeschlossen werden, Gewerberaummietverhältnisse. Dabei ist es egal, aus welchem Zweck die Weitervermietung erfolgen soll, also gewerblich oder aus anderen Gründen.

Die mietrechtlichen Gewährleistungsregeln gelten grundsätzlich sowohl für Wohnraum- wie für die Gewerberaummiete. Lediglich das Kündigungsrecht wegen gesundheitsgefährdenden Zustandes der Mietsache, § 569 Abs. 1 BGB, gilt nur für Gewerbemietverträge über Räume, in denen sich ständig Menschen aufhalten (z. B. Läden, Büros, aber keine Lagerhallen, Garagen).

In der Gewerberaummiete sind aber Ausschlussvereinbarungen hinsichtlich der Mietminderung der laufenden Mietzahlung in beschränktem Rahmen zulässig, da § 536 Abs. 4 BGB Vereinbarungen zum Nachteil des Mieters nur bei Wohnraummietverträgen verbietet. Der Rückforderungsausschluss wegen vermeintlich überzahlter Miete kann aber nicht ausgeschlossen werden. Eine vom Vermieter verwendete formularmäßige Klausel, wonach der Mieter von Gewerberaum gegenüber den Ansprüchen des Vermieters auf Zahlung des Mietzinses kein Minderungsrecht wegen Mängeln der Mietsache geltend machen kann, es sei denn, der Vermieter hat die Mängel vorsätzlich oder grob fahrlässig zu vertreten, ist deshalb im Zweifel dahingehend auszulegen, dass sie die Minderung wegen sonstiger Mängel vollständig ausschließt und dem Mieter auch nicht die Möglichkeit der Rückforderung der Miete nach § 812 BGB verbleibt. Eine solche Klausel benachteiligt den Mieter unangemessen und ist deswegen unwirksam (BGH Urt. v. 12.3.2008 – XII ZR 147/05 – NJW 2008, 2254 = NZM 2008, 522 = MietPrax-AK § 536 BGB Nr. 19).

Glascontainer

→ *Lärm*

Graffiti

Das Aufbringen von Farbe auf einen Untergrund, der dem Täter nicht gehört, wird ganz unterschiedlich bewertet. Während der Eigentümer und die Nachbarschaft dies i.d.R. als rechtswidrigen Eingriff und regelmäßig zu Recht als Verunstaltung verstehen, sind die Täter in ihrer egozentrischen Denkweise tatsächlich der Auffassung, dass es sich um Kunst handelt, die jedermann auch gegen seinen Willen hinzunehmen verpflichtet sei. Unterstützung finden sie in der Rechtsprechung der Strafgerichte, die eine dem Gestaltungswillen des Eigentümers zuwiderlaufende Veränderung der äußeren Erscheinung und Form einer Sache für sich allein grundsätzlich nicht zur Verwirklichung des Tatbestandes der Sachbeschädigung ausreichen lassen. Erforderlich für eine Strafbarkeit ist darüber hinaus eine Beeinträchtigung des bestimmungsgemäßen Gebrauchs der Sache oder eine Substanzverletzung.

Mietrechtlich haben die Gerichte bisher die Hilflosigkeit des Vermieters akzeptiert. Graffitisprühereien am Gebäude, die der Vermieter nicht verhindern kann und die die Nutzbarkeit der Mieträume zum vertraglich vereinbarten Zweck nicht maßgeblich betreffen, sind nach einer Entscheidung des AG Leipzig (WuM 2001, 237) kein Mangel der Mietsache. Dies gelte immer dann, wenn der Vermieter sich gegen eine Gefahrenquelle selbst nicht schützen könne. Insbesondere eine Videoüberwachung scheidet regelmäßig aus. Der Umstand, dass es im Bereich eines Mehrfamilienhauses mehrfach zu Sachbeschädigungen wie (beleidigenden) Wandschmierereien gekommen ist, rechtfertigt es nach der Rechtsprechung nicht, auf dem Hausgrundstück mehrere Videokameras zu installieren, um den Eingangsbereich des Hauses sowie den Garten überwachen zu können (AG Schöneberg NZM 2000, 983; bestätigt durch LG Berlin NZM 2001, 207).

Grenzwert

Von verschiedenen Organisationen werden für verschiedene Umweltbelastungen Grenzwerte veröffentlicht. Diese geben nicht unbedingt den Stand der Technik wieder und schon gar nicht den vertragsgemäß geschuldeten Zustand. Der Inhalt der Vereinbarung ist dabei ggf. durch Auslegung, auch durch ergänzende Vertragsauslegung, zu ermitteln. Entscheidend sind grundsätzlich die Standards bei Abschluss des Mietvertrages. Wurden damals die Grenzwerte für bestimmte Belastungen nicht überschritten, ist die Mietsache mangelfrei. Führen neuere Erkenntnisse während der Mietzeit zu verschärften Standards, so tritt eine Mangelhaftigkeit der Mietsache erst dann ein, wenn der Vermieter nach Bekanntwerden der verschärften Standards gleichwohl nicht die Ursachen der Gefährdung beseitigt.

Grob fahrlässige Unkenntnis

→ *Grobe Fahrlässigkeit*

Grobe Fahrlässigkeit

Mit dem Begriff der groben Fahrlässigkeit wird eine besondere Verschuldensform umschrieben. Gemäß § 276 BGB hat der Schuldner Vorsatz und Fahrlässigkeit zu vertreten. Unter Fahrlässigkeit wird die Außerachtlassung der im Verkehr erforderlichen Sorgfalt verstanden. Fahrlässigkeit unterscheidet sich vom Vorsatz dadurch, dass die Folge der Handlung nicht willentlich herbeigeführt wurde. Grobe Fahrlässigkeit liegt vor, wenn die erforderliche Sorgfalt in besonderem Maße nicht beachtet wurde. Gemäß § 536b BGB scheiden bestimmte Gewährleistungsrechte des Mieters aus, wenn dieser entweder bei Vertragsschluss den Mangel der Mietsache kennt oder ihm der Mangel infolge grober Fahrlässigkeit unbekannt geblieben ist, es sei denn, der Vermieter hat den Mangel arglistig verschwiegen.

Zu einer grob fahrlässigen Unkenntnis i.S.d. § 536b BGB gehört, dass die Umstände, die auf bestimmte Unzulänglichkeiten hindeuten, den Verdacht eines dadurch begründeten Mangels besonders nahelegen und dass der Mieter dennoch weitere zumutbare Nachforschungen unterlassen hat, sofern bei einer auch nur oberflächlichen Prüfung der Mangel ohne Weiteres zu erkennen gewesen wäre (LG Berlin GE 2009, 53). Deshalb wird grobe Fahrlässigkeit bei der Anmietung in der Nähe von bekannten Großbaustellen oder ohne Besichtigung der Wohnung angenommen.

Größe

→ *Wohnfläche*

Grundmiete

→ *Mietstruktur*

H

Haftungsausschluss

In bestimmten, sehr engen Grenzen ist es zulässig, die eigene mietrechtliche Haftung zu beschränken. Man spricht dann von *Haftungsausschlussvereinbarungen*. In der Wohnraummiete ist es nicht zulässig, die Haftung für anfängliche Rechtsmängel sowie für die rechtzeitige Überlassung der Mietsache auszuschließen. Soweit der Ausschluss formularvertraglich vereinbart wurde, gelten die besonderen Schranken der §§ 305 ff. BGB. Danach ist jede Klausel am Leitbild des Vertrages zu messen und muss vor allem dem Transparenzgebot genügen. Bleiben Unklarheiten bei der Anwendung der Klausel, gehen diese zulasten des Verwenders, also regelmäßig des Vermieters. Von der Haftungsausschlussvereinbarung ist der Fall zu unterscheiden, dass die Parteien eine unterdurchschnittliche Beschaffenheit der Mietsache als vertragsgemäß vereinbaren. Dann ist die Sollbeschaffenheit niedriger, sodass gar kein Mangel vorliegt und die Haftung dem Grunde nach schon nicht besteht. Eines Ausschlusses bedarf es dann nicht mehr.

Haustür

Rechtsprechungsübersicht:

0 %   undichte Wohnungseingangstür (AG Bremerhaven – 26.5.1992 – 59C 1214/91 – WuM 1992, 601)

0 % schwergängig schließende Haustür (LG Berlin – 27.10.2006 – 63S 186/06 – GE 2007, 367)

0 % Haustür ist nachts nicht abgeschlossen (LG Berlin – 21.4.2008 – 63S 210/07 – GE 2009, 453)

5 % Haustür nicht verschließbar (AG Köln – 28.10.1976 – 153C 3204/76 – WuM 1978, 126)

5 % Haustür knallt beim Zufallen gegen das Schließblech (LG Berlin – 20.11.1980 – 61S 200/80 – GE 1981, 673)

Heizung

Üblicherweise gehört die Heizung zu den mitvermieteten Gegenständen. Das bedeutet, dass der Vermieter die Beheizung der Räume schuldet. Eine nicht ausreichende Beheizung der Räume stellt einen Mangel der Wohnung dar. Zwingend ist das aber nicht. So kann auch eine Wohnung ohne Heizung vermietet werden. Dann ist es Sache des Mieters, die Wohnung zu beheizen. Es bedarf hierzu aber klarer und deutlicher Absprachen, da die Beheizung als Vermieterleistung der absolut übliche Weg ist. Eine Besonderheit besteht bei der Wärmeversorgung mittels Fernwärme o. Ä. Hat der Mieter einen eigenen Wärmeversorgungsvertrag abgeschlossen, dann schuldet der Vermieter nur die ordnungsgemäße Funktion der Heizkörper. Für die Wärmeanlieferung ist er nicht verantwortlich.

Die Heizung muss nicht das ganze Jahr über betrieben werden. Maßgeblich sind zunächst einmal die mietvertraglichen Abreden. Ansonsten ist es üblich, die Heizung während der Heizperiode ungefähr von Mitte September bis Mitte Mai zu betreiben. Das bedeutet aber nicht, dass außerhalb dieser Zeiträume eine Beheizung niemals erfolgen muss. Sinkt die Außentemperatur über einen längeren Zeitraum (ca. drei Tage) unter 12 Grad Celsius oder die Raumtemperatur unter 18 Grad Celsius, ist die Heizung wieder einzuschalten. Raumtemperaturen unter 16 Grad Celsius muss der Mieter nie hinnehmen. Insofern kann er ggf. sogar eine einstweilige Verfügung gegen den Vermieter beantragen. Eine Nachtabsenkung ist aber zulässig und stellt keinen Mangel dar. Tagsüber wird eine Temperatur von ca. 22 Grad Celsius geschuldet, nachts (ca. 24.00 Uhr bis 6.00 Uhr) von ca. 18 Grad Celsius.

Rechtsprechungsübersicht:

0 % Heizungsgeräusche im gewöhnlichen Umfang (AG Köln – 14.3.2005 – 206C 161/04)

0 % Rauchentwicklung aus älteren Heizungsanlagen der Nachbarhäuser (AG Münster – 24.7.2007 – 3C 3832/06 – WuM 2007, 505)

0 % notwendige Raumtemperatur wird nur bei voll aufgedrehten Thermostatventilen erreicht (AG Münster – 7.3.1984 – 6C 218/81 – WuM 1984, 198)

0 % Heizungsausfall im Sommer (LG Wiesbaden – 29.9.1989 – 8S 135/89 – WuM 1990, 71)

0 % höhere Heizkosten durch leer stehende Nachbarwohnungen (AG Frankfurt (Oder) – 24.11.2004 – 2.5 C 1002/04 – ZMR 2005, 131 = WuM 2005, 766)

5 % rauschende und knackende Heizungsanlage im April (AG Hamburg – 8.1.1987 – 49C 836/86 – WuM 1987, 271)

5 % Nichtbenutzbarkeit eines offenen Kamins im Wohnzimmer wegen starker Rauchentwicklung (Oktober bis Mai) (LG Karlsruhe – 10.7.1987 – 9S 66/87 – WuM 1987, 382)

5 % Ausfall einer Heizungsanlage im Winter, wodurch nur eine Raumtemperatur von 18 Grad erreicht wird (LG Berlin – 7.7.1992 – 63S 142/92 – GE 1992, 1043)

10 % rauschende und knackende Heizungsanlage von Dezember bis März (AG Hamburg – 8.1.1987 – 49C 836/86 – WuM 1987, 271)

10 % Lärm aus dem unter der Wohnung liegenden Heizungsraum (LG Hamburg – 5.3.2009 – 307S 130/08 – ZMR 2009, 532)

10 % Überdimensionierung des Heizkessels, dadurch entsteht ein Energiemehrverbrauch von ca. 60 % (OLG Düsseldorf – 4.11.1982 – 10U 109/82 – WuM 1984, 54 = MDR 1983, 229 = ZMR 1983, 377)

12 % Klopfgeräusche der Heizung (LG Münster – 2.11.2000 – 8S 167/00 – WuM 2000, 691)

20 % Heizungsausfall im Schlafzimmer im Winter (LG Hannover – 19.12.1979 – 11S 296/79 – WuM 1980, 130)

25 % Ausfall der Heizung für zwei Drittel des Monats Oktober bei Außentemperaturen von 9,5 °C (AG Hamburg – 22.3.1973 – 46C 191/72 – MDR 1974, 404)

30 % mangelnde Beheizbarkeit während der Wintermonate (AG Görlitz – 3.11.1997 – 1C 1320/96 – WuM 1998, 180)

50 % Ausfall der Heizung in den Wintermonaten (LG Bonn – 2.11.1981 – 6S 396/81 – WuM 1982, 170)

70 % Ausfall der Heizungsanlage im Winter (LG Berlin – 29.7.2002 – 61S 37/02 – MM 2002, 480)

75 % völlige Unbeheizbarkeit einer Wohnung während der Wintermonate (LG Berlin – 10.1.1992 – 64S 291/91 – ZMR 1992, 302 = GE 1993, 263)

100 % unterbrochene Gasversorgung, dadurch betroffen sind Heizung, Herd und Warmwasser (LG Berlin – 20.10.1992 – 65S 70/92 – WuM 1993, 185 = GE 1992, 1213)

Hochwasser

Ob die Beeinträchtigungen durch Hochwasser zu einer Minderung der Miete führen oder den Mieter zum Schadensersatz berechtigen, ist eine Frage des Einzelfalles. In Betracht kommt der Ausnahmetatbestand des § 536b BGB. Weiß der Mieter, dass die Räume in einem Hochwassergebiet liegen, das regelmäßig überflutet wird, oder verschließt er sich dieser Kenntnis grob fahrlässig, dann mindert sich die Miete nach dieser Vorschrift gerade nicht. Verschweigt der Vermieter demgegenüber arglistig einem Mieter, der erkennbar von Hochwassergefährdung nichts weiß, die Gefährdungssituation, so mindert sich die Miete und der Mieter kann Schadensersatz verlangen. Der Vermieter ist verpflichtet, die erforderlichen und üblichen Maßnahmen gegen Hochwasser zu treffen.

Hinsichtlich der Schadensersatzansprüche muss unterschieden werden. Sind die Schäden aufgrund eines von Anfang an vorliegenden Mangels eingetreten, so haftet der Vermieter ohne eigenes Verschulden. Beruhen die eingetretenen Schäden auf einem vorwerfbaren Verhalten des Vermieters (z. B. Unterlassung von Wartungs- und Kontrollarbeiten), so haftet der Vermieter auch für später auftretende Mängel. Liegt kein anfänglicher Mangel vor und hat der Vermieter den Mangel nicht zu vertreten, so haftet er nur für die eventuelle

Vergrößerung des Schadens, wenn er mit der Schadensbeseitigung in Verzug ist.

Beispiel: *Es ist ein Sturmschaden am Dach entstanden, den der Vermieter nicht zu vertreten hat. Der Vermieter lässt die Dachreparatur aber trotz Mahnung nicht durchführen, sodass beim nächsten Regen ein Wasserschaden entsteht.*

Rechtsprechungsübersicht:

5 % eingeschränkt nutzbarer Kellerraum wegen Hochwassergefahr (LG Kassel – 13.6.1996 – 1S 128/96 – NJW-RR 1996, 1355)

100 % Unbewohnbarkeit der Wohnung durch Hochwasser (AG Friedberg – 3.5.1995 – C 1326/94-11 – WuM 1995, 393)

Holzschutzmittel

Rechtsprechungsübersicht:

0 % PCP-Belastung durch Holzschutzmittel, die unter den vorgegebenen Grenzwerten liegt (LG Traunstein – 4.8.1994 – 1S 2198/94 – NJW-RR 1994, 1423)

30 % Gesundheitsbelastung durch Holzschutzmittel (AG Rheinbach – 11.1.1989 – 3C 454/88 – VuR 1990, 212)

30 % Gesundheitsgefährdung durch Holzschutzmittel (AG Bielefeld – 25.10.1990 – 15C 591/88 – VuR 1991, 123)

100 % Gesundheitsgefahr durch Holzschutzmittelbelastung in der Wohnung (AG Mainz – 15.2.1996 – 10C 671/95 – DWW 1996, 216)

100 % Gesundheitsbelastung durch Holzschutzmittel (AG Stade – 14.3.2000 – 63C 437/98 – WuM 2000, 417)

Hund

→ *Tiere*

Immaterieller Schaden

Im Schadensersatzrecht wird zwischen den materiellen Schäden, auch *Vermögensschäden* genannt, und den immateriellen Schäden unterschieden. Den Vermögensschaden ermittelt man mittels eines Vermögensvergleichs. Dabei ist die tatsächliche Vermögenssituation mit derjenigen zu vergleichen, die hypothetisch bestehen würde, wenn das schädigende Ereignis nicht stattgefunden hätte. Die Differenz ist der Vermögensschaden. Immaterielle Schäden sind so nicht ermittelbar. Bei ihnen handelt es sich um körperliche oder seelische Beeinträchtigungen. Sie werden durch die Zahlung von Schmerzensgeld ausgeglichen. Dieses ist bei der Verletzung höchstpersönlicher Rechtsgüter wie Leben, Körper oder Gesundheit zu zahlen. Es kommt auch bei mietrechtlichen Ansprüchen in Betracht, z. B. wegen einer Erkrankung aufgrund des gesundheitsgefährdenden Zustandes der Mietwohnung oder einer Verletzung aufgrund eines Mangels in der Wohnung, z. B. eines Sturzes wegen eines nicht befestigten Geländers o. Ä. Ferner kommt es in Betracht bei Persönlichkeitsrechtsverletzungen, z. B. bei schweren Beleidigungen.

Individualvereinbarung

Die Individualvereinbarung ist von Allgemeinen Geschäftsbedingungen abzugrenzen. Das ist deshalb wichtig, weil die enge Klauselkontrolle nur für allgemeine Geschäftsbedingungen gilt und Individualvereinbarungen immer vorgehen. Nach § 305 Abs. 1 BGB muss eine Individualvereinbarung im Einzelnen zwischen den Vertragsparteien ausgehandelt sein. Die Einzelheiten sind hier häufig strittig. Es reicht nicht aus, dass der Mieter zwischen zwei Varianten auswählen kann. Erforderlich ist die Bereitschaft, den Inhalt zur Disposition zu stellen. Eine Klausel liegt demgegenüber vor, wenn sie für eine Vielzahl von Fällen vorformuliert wurde. Es genügt, wenn die Klausel für drei Fälle vorgesehen war (BGH NJW 2002, 138).

Inklusivmiete

→ *Mietstruktur*

Instandhaltung

Instandhaltung bedeutet die Aufrechterhaltung eines ordnungs- und vertragsgemäßen Zustandes des Mietobjektes. Es ist also noch kein Ausfall des Bauteils eingetreten. Es handelt sich um vorausschauende Maßnahmen, wie z. B. Wartungsmaßnahmen.

Instandsetzung

Demgegenüber ist die Instandsetzung die Behebung von baulichen Mängeln, insbesondere von Mängeln, die infolge Abnutzung, Alterung, Witterungseinflüssen oder Einwirkungen Dritter entstanden sind, durch Maßnahmen, die in den Wohnungen den zum bestimmungsgemäßen Gebrauch geeigneten Zustand wiederherstellen.

Irrtum

→ *Anfechtung*

Istbeschaffenheit

Unter *Istbeschaffenheit* versteht man den tatsächlichen Zustand der Mietsache. Weicht dieser vom vereinbarten Zustand (Sollbeschaffenheit) ab, liegt ein Mangel vor.

Bei der Ermittlung der Wohnfläche muss zunächst entschieden werden, nach welchen Regeln die Fläche zu ermitteln ist. Dabei hat nach der Rechtsprechung des BGH (BGH Urt. v. 22.4.2009 – VIII ZR 86/08 – NZM 2009, 477 = NJW 2009, 2295 = MietPrax-AK § 536 BGB Nr. 23) eine dreistufige Prüfung zu erfolgen:

- Haben die Parteien eine Berechnungsart vereinbart?

Istbeschaffenheit

- Ist eine bestimmte Berechnungsart ortsüblich?
- Wenn keine der vorherigen Fragen mit Ja beantwortet werden kann, dann gelten auch im preisfreien Wohnungsbau die zum Zeitpunkt des Abschlusses des Mietvertrages geltenden Regeln für den öffentlich geförderten Wohnungsbau (BGH Urt. v. 24.3.2004 – VIII ZR 44/03 – NZM 2004, 454 = NJW 2004, 2230 = MietPrax-AK § 536 BGB Nr. 2).

Dies können die §§ 42 bis 44 II. BV sein oder die Vorschriften der WohnflächenVO. Ist z. B. davon auszugehen, dass die Parteien eines Wohnraummietvertrages sich (stillschweigend) auf eine Wohnflächenberechnung nach den Vorschriften der §§ 42 bis 44 II. BV bzw. der WohnflächenVO geeinigt haben, ist für eine Anwendung der DIN 283 auch dann kein Raum, wenn diese bei der Ermittlung der Wohnfläche im Einzelfall zu einem anderen Ergebnis führt. Nach der DIN 283 ist die Wohnfläche nur dann zu berechnen, wenn die Parteien dies vereinbart haben oder sie als Berechnungsmethode ortsüblich oder nach der Art der Wohnung naheliegender ist (BGH Urt. v. 23.5.2007 – VIII ZR 231/06 – NZM 2007, 595 = NJW 2007, 2624 = MietPrax-AK § 536 BGB Nr. 18). Soweit in § 44 II. BV vorgesehen ist, dass Balkone und bestimmte Freiflächen mit „bis zu 50 %" anzurechnen sind, kommt es hierfür nicht auf die Qualität des konkreten Balkons an. Vielmehr kann der Vermieter einseitig bestimmen, mit welchem Prozentsatz der Balkon anzurechnen ist (BGH Urt. v. 22.4.2009 – VIII ZR 86/08 – NZM 2009, 477 = NJW 2009, 2295 = MietPrax-AK § 536 BGB Nr. 23). Freisitze sind nur Flächen, die direkt am Haus liegen, also Terrassen (BGH Urt. v. 8.7.2009 – VIII ZR 218/08 – NJW 2009, 2880 = NZM 2009, 659 = MietPrax-AK § 536 BGB Nr. 25). Dürfen einzelne Flächen aufgrund von öffentlich-rechtlichen Nutzungsbeschränkungen gar nicht genutzt werden, so sind diese Flächen so lange bei der Flächenberechnung mit zu berücksichtigen, wie die Behörde nicht eingeschritten ist (BGH Urt. v. 16.9.2009 – VIII 275/08 – NJW 2009, 3421 = MietPrax-AK § 536 BGB Nr. 26).

Jazzlokal
→ *Lärm*

K

Käfer

→ *Ungeziefer*

Kakerlaken

→ *Ungeziefer*

Karneval

Rechtsprechungsübersicht:
0 % *Lärm bis tief in die Nacht am Rosenmontag in Köln (AG Köln – 14. 3. 1997 – 532OWI 183/96 – DWW 1997, 157)*

Katzen

→ *Tiere*

Keller

Rechtsprechungsübersicht:
0 % *fehlende Kellerbeleuchtung, wenn natürliches Licht einfällt (AG Pinneberg – 15.3.1979 – 35C 521/78 – WuM 1980, 63)*

> **0 %** mündlich zugesicherter zweiter Kellerraum fehlt (LG Köln – 4.8.2005 – 6S 26/05)
>
> **3 %** Keller ist nach Demontage der Kellertreppe nur noch über die Straße erreichbar (AG Hamburg – 21.3.2000 – 46C 46/99 – NZM 2001, 234)
>
> **5 %** Entzug der Mitbenutzungsmöglichkeit von Wasch- und Trockenraum (AG Dortmund – 6.12.1994 – 125C 12632/94)
>
> **5 %** zur Wohnung gehörender, aber fehlender Keller (LG Berlin – 10.7.1998 – 64S 21/98 – GE 1998, 1151)
>
> **8 %** Feuchtigkeitsschäden im Souterrain-Zimmer (AG Köln – 14.3.2005 – 206C 161/04)

Kenntnis

Positive Kenntnis von einem Zustand schließt i.d.R. die Geltendmachung von Ansprüchen aus. So bestimmt § 536b BGB, dass dem Mieter bestimmte mietrechtliche Gewährleistungsansprüche nicht zustehen, wenn er den Mangel bei Vertragsschluss kannte. Kennt er den Mangel bei Übergabe der Mietsache, muss er sich seine Rechte ausdrücklich vorbehalten, anderenfalls verliert er seine Ansprüche.

Kinderlärm

→ *Lärm*

> **Rechtsprechungsübersicht:**
>
> **0 %** Lärm durch Kinder (Lachen, Weinen, Schreien) (AG Starnberg – 3.6.1992 – 1C 1021/91 – WuM 1992, 471)
>
> **0 %** Kinderlärm von einem nahe gelegenen Spielplatz (LG Berlin – 11.1.1993 – 66S 114/92 – GE 1993, 423)
>
> **0 %** Lärmstörungen von Nachbarskindern (z. B. Babygeschrei) auch während der Ruhezeiten (LG Köln – 24.9.1996 – 12S 6/96 – KM 35 Nr. 12)
>
> **0 %** Kinderlärm im Treppenhaus (LG München – 24.2.2005 – 31S 20796/04 – NZM 2005, 39 = NJW-RR 2005, 598)

0 % vermehrter Kinderlärm durch die Umwandlung einer Vorschule in einen Kinderhort mit Ganztagsbetreuung (AG Spandau – 10.7.2007 – 7C 162/07 – MM 2008, 298)

10 % vermeidbarer Lärm von Kindern innerhalb der allgemeinen Ruhezeit (AG Neuss – 1.7.1988 – 36C 232/88 – WuM 1988, 264)

11 % Lärm durch Nachbarsfamilie mit vier minderjährigen Kindern (LG Köln – 24.11.1970 – 12S 389/70 – MDR 1971, 396 = WuM 1971, 96)

Klageantrag

Das Gericht ist gem. § 308 ZPO an die Klageanträge im Zivilprozess gebunden. Es darf weder mehr noch etwas anderes zusprechen als beantragt. Lediglich für den Bereich des Schmerzensgeldes ist es zulässig, einen unbezifferten Klageantrag zu stellen. Der Klageantrag muss so formuliert sein, dass er vollstreckungsfähig ist. Bei Zahlungsanträgen ist dies unproblematisch. Schwieriger ist dies bei Klagen auf Mangelbeseitigung oder Herausgabe von Unterlagen. Diese müssen so formuliert sein, dass das Vollstreckungsorgan, i.d.R. der Gerichtsvollzieher, aber zum Teil auch das Vollstreckungsgericht oder das erkennende Gericht, später ermitteln kann, was geschuldet wurde und ob ggf. Erfüllung eingetreten ist. Der Mieter darf bei Mangelbeseitigungsklagen oder der zur Zug-um-Zug-Verurteilung führenden Geltendmachung des Zurückbehaltungsrechts dem Vermieter nicht vorschreiben, wie er den Mangel zu beseitigen hat. Es darf sich aus dem Antrag nur das Ergebnis, also „Beheizung auf mindestens 22 Grad Celsius" oder „Versorgung der Wohnung mit Warmwasser" ergeben. Es ist dann Sache des Vermieters zu entscheiden, wie er den Zustand herstellt, also z. B. durch Austausch eines Gerätes oder Reparatur.

Klingel

Rechtsprechungsübersicht:

0 % Klingel ist zu leise (AG Büdingen – 1.8.1997 – 20C 372/97 – WuM 1998, 281)

3 % defekte Klingel (LG Berlin – 14.9.2006 – 62S 90/06 – GE 2006, 1407)

> 5 % Klingel- und Türöffnungsanlage defekt (AG Potsdam – 9.3.1995 – 26C 406/94 – WuM 1996, 760)
>
> 10 % gleichzeitiger Ausfall der Türklingel und der Wechselsprechanlage (AG Rostock – 30.9.1998 – 41C 183/98 – WuM 1999, 64)

Kostenmiete

Für den bis 2002 geförderten Wohnraum darf der Vermieter, soweit landesgesetzlich inzwischen nichts anderes geregelt wurde (siehe → *Föderalismusreform*), immer noch nur die Kostenmiete nach den Vorschriften des WoBindG, der NMV, der II. BV und des II. WoBauG verlangen. Dies setzt eine Wirtschaftlichkeitsberechnung voraus, in die nur die entsprechend den gesetzlichen Vorgaben festgelegten Kostenansätze übernommen werden dürfen. Dieses System unterscheidet sich grundlegend vom Prinzip der ortsüblichen Vergleichsmiete. Maßstab für die vom Mieter zu zahlende Miete sind dort die ggf. pauschaliert in Ansatz gebrachten Kosten der Errichtung und Bewirtschaftung des Gebäudes und der Wohnung. Für die mietrechtliche Gewährleistung, insbesondere die Minderung der Miete, macht es aber keinen Unterschied, ob es sich um preisgebundenen oder preisfreien Wohnungsbau handelt.

Küche

> **Rechtsprechungsübersicht:**
>
> 0 % mangelhafter Wasserhahn in der Küche (LG Berlin – 14.9.2006 – 62S 90/06 – GE 2006, 1407)
>
> 0 % fehlende Hängeschränke in der Küche (LG Berlin – 14.9.2006 – 62S 90/06 – GE 2006, 1407)
>
> 20 % die vom Vermieter zu stellende Kücheneinrichtung fehlt (LG Dresden – 5.5.1998 – 15S 603/97 – WuM 2001, 336)

Kündigung

Bei der Kündigung ist zu unterscheiden zwischen der ordentlichen und der außerordentlichen Kündigung. Letztere gibt es als fristlose und fristgerechte Kündigung. Der Mieter kann, wenn kein Kündigungsausschluss vereinbart wurde und wenn es sich nicht um einen

Kündigung

Zeitmietvertrag handelt, das Mietverhältnis immer mit dreimonatiger Frist kündigen, § 573c Abs. 1 BGB.

Der Vermieter kann wegen eines Mangels der Mietsache das Mietverhältnis weder ordentlich noch außerordentlich kündigen. Der Vermieter muss für eine ordentliche Kündigung immer ein berechtigtes Interesse haben, § 573 Abs. 1 BGB. Dazu zählt vor allem Eigenbedarf, eine schuldhafte Pflichtwidrigkeit des Mieters oder die Absicht der wirtschaftlichen Verwertung des Grundstücks. Ein außerordentliches Kündigungsrecht des Vermieters gibt es ebenfalls nicht.

Der Vermieter kann das Mietverhältnis gemäß § 543 Abs. 2 Nr. 3 BGB fristlos kündigen, wenn der Mieter entweder für zwei aufeinanderfolgende Termine mit der Entrichtung der Miete oder eines nicht unerheblichen Teils der Miete in Verzug ist oder in einem Zeitraum, der sich über mehr als zwei Termine erstreckt, mit der Entrichtung der Miete in Höhe eines Betrages in Verzug ist, der die Miete für zwei Monate erreicht. Maßgeblich ist im Fall der Minderung die jeweils geminderte Miete. Beträgt die Bruttowarmmiete 500 € und ist die Miete um 20 % wegen vorhandener Mängel zu mindern, dann kann der Vermieter kündigen, wenn der Mieter entweder an zwei aufeinanderfolgenden Terminen insgesamt 400,01 € nicht gezahlt hat oder wenn er über einen Zeitraum, der mehr als zwei Termine umfasst, insgesamt 800 € nicht gezahlt hat.

Der Mieter kann wegen eines Mangels der Mietsache außerordentlich fristlos nach Fristsetzung gem. § 543 Abs. 2 BGB kündigen. Bei gesundheitsgefährdendem Zustand der Mietsache kommt auch eine Kündigung gemäß § 569 Abs. 1 BGB in Betracht. Auch hierfür ist grundsätzlich zuvor eine Fristsetzung erforderlich (BGH Urt. v. 18.4.2007 – VIII ZR 182/06 – WuM 2007, 319 = NZM 2007, 439). Das Recht zur außerordentlichen fristlosen Kündigung wegen gesundheitsgefährdender Beschaffenheit der Miträume steht grundsätzlich auch dem Zwischenmieter im Verhältnis zum Hauptvermieter zu (BGH Urt. v. 17.12.2003 – XII ZR 308/00 – NZM 2004, 222 = WuM 2004, 206).

→ *Mieterkündigung*

Laminat

Der Einbau von Laminat führt immer wieder zu Beschwerden durch die Mieter der darunterliegenden Wohnung. Ob tatsächlich ein Mangel vorliegt, ist eine Frage des Einzelfalls. Entscheidend ist dabei die Frage, welchen Zustand der Vermieter nach dem abgeschlossenen Mietvertrag schuldete. Für die Beurteilung der Frage, ob eine Mietwohnung Mängel aufweist, ist in erster Linie die von den Mietvertragsparteien vereinbarte Beschaffenheit der Wohnung, nicht die Einhaltung bestimmter technischer Normen maßgebend. Fehlt es an einer Beschaffenheitsvereinbarung, so ist die Einhaltung der maßgeblichen technischen Normen geschuldet. Dabei ist nach der Verkehrsanschauung grundsätzlich der bei Errichtung des Gebäudes geltende Maßstab anzulegen. Nimmt der Vermieter bauliche Veränderungen vor, die zu Lärmimmissionen führen können, so kann der Mieter erwarten, dass Lärmschutzmaßnahmen getroffen werden, die den Anforderungen der zur Zeit des Umbaus geltenden DIN-Normen genügen (BGH NZM 2005, 60 = NJW 2005, 218 = MietPrax-AK § 535 BGB Nr. 13). Anders ist der Fall aber zu beurteilen, wenn ein Mieter bauliche Veränderungen vornimmt, also z. B. Laminat einbaut. Eine Mietwohnung in einem älteren Gebäude weist, wenn nicht vertraglich etwas anderes vereinbart ist, in schallschutztechnischer Hinsicht keinen Mangel auf, sofern der Trittschallschutz den zur Zeit der Errichtung des Gebäudes geltenden DIN-Normen entspricht. Das gilt auch dann, wenn während der Mietzeit in der Wohnung darüber der Fußbodenbelag ausgetauscht wird und sich dadurch der Schallschutz gegenüber dem Zustand bei Anmietung der Wohnung verschlechtert, aber immer noch die ursprünglichen Grenzen, die bei Errichtung des Gebäudes galten, einhält (BGH NJW 2009, 2441 = NZM 2009, 580 = MietPrax-AK § 536 BGB Nr. 24). Ein Mieter kann auch nicht ohne Weiteres erwarten, dass der Vermieter Veränderungen am Gebäude, die durch die Nutzungsbedürfnisse anderer Mieter erforderlich werden, unterlässt, wenn dies zwar zu einer Steigerung der Geräuschimmissionen führt, die Belastung aber auch nach der Veränderung noch den technischen Normen genügt, deren Einhaltung der Vermieter schuldet (BGH NZM 2009, 855 = NJW 2010, 1133 = MietPrax-AK § 535 BGB Nr. 39).

Lärm

Auch übermäßiger Lärm kann einen Mangel darstellen, wobei es im Prinzip unerheblich ist, ob der Lärm durch andere Hausbewohner verursacht wird oder durch Bauarbeiten im Haus oder auf dem Nachbargrundstück. Auch ein Verschulden des Vermieters ist nicht erforderlich. In der Praxis liegt das Problem darin, zunächst zu ermitteln, wann übermäßiger Lärm vorliegt, also die Grenze der Sollbeschaffenheit festzulegen und dann nachzuweisen, dass diese Grenze tatsächlich überschritten wurde.

Das Bewohnen einer Wohnung geschieht nicht völlig losgelöst in einem Vakuum. Zum Leben gehört Kommunikation in jeder Form, also sowohl die Unterhaltung, wie eine Feier oder Fernseh- oder Radioempfang, aber auch das Musizieren oder die Ausübung sonstiger ggf. geräuschvoller Hobbys. Die Vorstellungen davon, was dabei der Nachbarschaft zugemutet werden darf, sind sehr unterschiedlich. Das Gebot der Rücksichtnahme ist in Teilen der Bevölkerung leider nicht mehr so ausgeprägt wie in früheren Zeiten. Hinzu kommt, dass immer häufiger verschiedene Kulturen auf engstem Raum aufeinandertreffen, die jeweils ganz andere Vorstellungen davon haben, wie öffentlich das eigene Leben ist.

Was ist Lärm? Rechtlich maßgeblich ist die **TA Lärm**. Danach ist Lärm der Schall oder das Geräusch, das den Nachbarn oder Dritte stören, gefährden, erheblich benachteiligen oder erheblich belästigen kann. Maßgeblich ist also nicht die Sicht des Verursachers, sondern die des Gestörten.

An technischen Normen sind ggf. auch maßgeblich:

- DIN 4109 (Schallschutz im Hochbau)

Lärm

- DIN 18005 Teil 1 (Schutz gegen Verkehrslärm)
- VDI Richtlinie 2058

Nach der TA Lärm Ziff. 6.1 gelten in reinen Wohngebieten folgende Grenzwerte:

- tagsüber zwischen 6.00 und 22.00 Uhr: 50 dB(A)
- nachts zwischen 22.00 und 6.00 Uhr: 35 dB(A)

In allgemeinen Wohngebieten und Kleinsiedlungsgebieten gelten folgende Grenzwerte:

- tagsüber zwischen 6.00 und 22.00 Uhr: 55 dB(A)
- nachts zwischen 22.00 und 6.00 Uhr: 40 dB(A)

Gegebenenfalls können auch die Regeln der **Landesimmissionsgesetze** einschlägig sein. Nach § 3 LImschG NRW hat sich z. B. jeder so zu verhalten, dass schädliche Umwelteinwirkungen vermieden werden, soweit das nach den Umständen des Einzelfalles möglich und zumutbar ist. Nach § 9 LImschG NRW sind zwischen 23.00 und 6.00 Uhr Betätigungen verboten, welche die Nachtruhe zu stören geeignet sind.

Schall wird in dB(A) gemessen. Die Lärmskala ist in logarithmischen Zehnerschritten aufgebaut. Eine Zunahme um 10 Dezibel entspricht also einer Verdoppelung der empfundenen Lautstärke. Jeweils 10 dB(A) mehr bedeuten deshalb eine Verdopplung des wahrgenommenen Lärms.

- Bei 35 dB(A) wird das zentrale und vegetative Nervensystem aktiviert, es kommt zu Schlafstörungen und zur Störung der Entspannungsphasen.
- Bei 55 dB(A) wird die Kommunikation beeinträchtigt. Man muss lauter reden.
- Bei 65 dB(A) tritt eine Störung bei konzentrationsaufwendigen Arbeiten ein.
- Bei 80 dB(A) tritt eine Schädigung und schließlich Zerstörung der Sinneszellen im Innenohr ein.

Maßstab für die Frage, ob störender oder gar unzulässiger Lärm vorliegt, ist nicht das Empfinden des die Geräusche Produzierenden, sondern das Empfinden des sich gestört Fühlenden. Dieser kann auch aufgrund temporärer Ereignisse besonders lärmempfindlich sein,

z. B. wegen eines Trauerfalls oder auch wegen eines kirchlichen Feiertags.

Die üblichen Wohngeräusche sind hinzunehmen und stellen keinen Mangel dar. Maßstab ist hierfür grundsätzlich die sog. **Zimmerlautstärke**. Leider gibt es kein Messgerät, das uns anzeigt, wann die Zimmerlautstärke überschritten wird. Mit diesem Grenzwert ist natürlich nicht gemeint, dass keinerlei Geräusche aus einer Wohnung herausdringen dürfen. Die Zimmerlautstärke wird dann überschritten, wenn Bewohner anderer Wohnungen gestört werden. Dies hängt neben der Dauer der Geräuschentwicklung natürlich auch von ihrer Intensität, aber auch von der Art der Geräusche ab. Die Bewohner eines Mehrfamilienhauses müssen den unvermeidbaren Lärm wie Kindergeschrei, Musikausübung, Radioübertragungen, Begehen der Wohnungen mit Straßenschuhen, gelegentliches Kindergetrampel oder gelegentliches Fallenlassen von Gegenständen hinnehmen.

Im Streitfall muss derjenige, der sich gestört fühlt und daraus Rechte wie Mietminderung oder Kündigung herleitet, die konkrete Störungen durch Lärm darlegen und beweisen. Deshalb ist zu empfehlen, ein sog. **Störtagebuch** zu führen. Dabei kann es sinnvoll sein, zur verbalen Umschreibung ansonsten nur schwer beschreibbarer Lautstärken begriffliche Umschreibungen vorzunehmen (nach: Pfeifer, Lärmstörungen – Gutachten und Lärmlexikon, 8. Aufl., S. 28):

- Hörbarkeit in der eigenen Wohnung
- Notwendigkeit, die eigenen Fenster zu schließen
- Notwendigkeit, die eigene Stimme zu heben
- Tages- oder Nachtzeit
- sonstige Ruhezeiten
- Maskierung durch Hintergrundgeräusche
- Störung des Einschlafens oder Weckreaktion
- Störung konzentrierten Lesens oder Arbeitens
- Störung eigenen Musikhörens
- Tonhaltigkeit (schrill oder heulend)
- Impulshaltigkeit (Bässe)
- Auf- und Abschwellen

Lärm

- Wechsel von Sprache und Musik
- Informationsgehalt
- Dauer
- Wiederholungen
- Erwartungshaltung
- Mutwilligkeit
- soziale Akzeptanz.

Diese Liste kann nur ein Hilfsmittel sein, ohne dass starre Regeln aufgestellt werden können, welche Beeinträchtigung hingenommen werden muss und welche unterbunden werden kann. Sie hilft aber, das subjektive Empfinden über Geräusche zu verbalisieren und damit auch, wenn auch sehr eingeschränkt, reproduzierbar zu machen. Sinnvoll ist es dabei, wenn mehrere Zeugen unabhängig voneinander solche Störtagebücher mit entsprechenden Bewertungen führen.

Der Vermieter schuldet grundsätzlich nur einen **Schallschutz**, der dem Zustand zum Zeitpunkt der Errichtung bzw. umfassenden Sanierung des Gebäudes entspricht. Den Bauvorschriften genügender Schallschutz im Mehrfamilienhaus schließt die Wahrnehmbarkeit üblicher, unvermeidlicher Belästigungen durch Hausbewohner nicht aus. Diese Beeinträchtigungen sind im Mietverhältnis hinzunehmen. Lärmbelästigungen durch Mitmieter in Altbauten, die sich im Rahmen des normalen Wohngebrauchs der Mitmieter bewegen, führen nicht zu einer Minderung der Miete (AG München NZM 2004, 499). Der Vermieter kann deshalb anderen Mietern im Haus weder Laufgeräusche noch das Türenschließen, weder Fernseh- und Radiogeräusche noch das Geschirrklappern verbieten, ebenso können nicht abendliches Herumlaufen mit Straßenschuhen oder Gästebesuche verboten werden. Solche Lärmbeeinträchtigungen halten sich im Rahmen des normalen Wohngebrauchs. Der vertragsgemäße Gebrauch kann z. B. dann überschritten sein, wenn Bürotätigkeiten in einer Wohnung oberhalb einer Wohnung im oberen Preissegment hauptsächlich erst nach 22.00 Uhr nachts ausgeübt werden und hierdurch die Nachtruhe, insbesondere durch Tippgeräusche von Computer- bzw. Schreibmaschinentastaturen, gestört wird.

Zum zulässigen Mietgebrauch gehört auch das **Musizieren**. Damit ist aber nicht die schrankenlose Ausübung gemeint. Auch hier gilt der Grundsatz der gegenseitigen Rücksichtnahme. Soweit in den Mietverträgen bestimmte Zeiten zum Musizieren ausdrücklich zugelassen sind, bedeutet dies nicht, dass während der gesamten Zeit musiziert werden darf. In der Regel dürften ca. ein bis maximal zwei Stunden am Tag zu gestatten sein. Diese Zeiten stehen aber nicht jedem in der Wohnung lebenden musizierenden Mieter zu, sondern beziehen sich auf die von der Wohnung ausgehenden Musikgeräusche. Zum Musizieren gehört selbstverständlich auch das Erlernen eines Instrumentes mit den damit für Zuhörer meist verbundenen Beeinträchtigungen. Bei Überschreiten der Grenzen kann der Vermieter aufgrund der ihm obliegenden Fürsorgepflicht verpflichtet sein, gegen den die Grenzen überschreitenden Mitmieter, selbst wenn er im Nebenhaus wohnt, vorzugehen.

Kinderlärm wird in der Rechtsprechung zu Recht großzügiger behandelt als sonstige Lärmquellen. Grundsätzlich können auch Lärmbelästigungen durch Kinder einen Mangel der Mietsache darstellen. Allerdings müssen Geräusche, die naturgemäß dem Bewegungs- und Spieldrang von kleinen Kindern entsprechen, von den übrigen Mietern eines Mehrfamilienhauses als vertragsgemäßer Gebrauch hingenommen werden. Schreie und Rufe von Kindern sind Teil des Entwicklungsprozesses und stehen daher unter einem allgemeinen Toleranzgebot. Selbst häufige und über das übliche Maß hinausgehende Lauf- und Spielgeräusche müssen grundsätzlich als sozialadäquat hingenommen werden. Das Spielen von Kindern auf dem Hof – außerhalb der Ruhezeiten – muss von den übrigen Bewohnern des Hauses ebenso hingenommen werden, solange sich das Spielen in einem sozialadäquaten Rahmen hält, wie das Spielen von Kindern der Hausbewohner auch mit Freunden auf den Grünflächen. Regelungen in der Hausordnung sind hier jedoch möglich. Selbst die Einhaltung einer Mittagspause oder die Rücksichtnahme auf Nachbarn mit atypischen Arbeitszeiten (Schichtdienst, Nachtdienst) soll von Kindern nicht gefordert werden können. Eltern müssen aber dafür sorgen, dass die allgemeinen Ruhezeiten von 22.00 bis 7.00 Uhr eingehalten werden. Weint, schreit oder lacht ein Baby oder Kleinkind aber in dieser Zeit, muss das hingenommen werden, es sei denn, die Eltern hätten das Schreien zu vertreten. Das Gleiche gilt für die normale Unruhe aufgrund des Spiel- und Bewegungstriebs der Kinder. Das Spiel mit und im Aufzug ist aber untersagt. Gibt es in einer Wohnanlage einen Bereich, der vertragsgemäß zum Spielen und Sporttreiben genutzt wird, können die Mieter deshalb nicht die Miete mindern. Verbote, fremde Kinder mitspielen zu lassen, sind unwirksam.

Grenze des hinzunehmenden Lärms ist das **Schikaneverbot**. Jeder absichtlich erzeugte Lärm ist zu unterlassen, dazu gehört auch Kinderlärm. Für die Beurteilung, ob Lärm von Kinderspielplätzen vom Mieter hinzunehmen ist, ist die Richtlinie über die von Freizeitanlagen verursachten Geräusche heranzuziehen.

Rechtsprechungsübersicht:

0 % normaler Nachbarlärm bei mangelnder Schallisolierung (AG Schöneberg – 19.9.1989 – 16C 383/89 – GE 1990, 663)

0 % Mitklopfen der Mitmieter aufgrund lauten Klavierspiels (AG Tiergarten – 4.10.1989 – 7C 269/88 – NJW-RR 1990, 398 = MM 1990, 160)

0 % Zunahme des Verkehrslärms (AG Lüneburg – 18.4.1991 – 6S 114/90 – WuM 1991, 683)

0 % Hausmusik durch Nachbarn bei persönlicher Überempfindlichkeit (AG Münster – 5.7.1991 – 4C 83/91 – WuM 1991, 545)

0 % Geräusche durch normalen Innenstadtlärm (LG Wiesbaden – 12.10.1992 – 1S 37/92 – WuM 1994, 430)

0 % Lärmbelästigung durch die Rollläden des Nachbarn (AG Oranienburg – 19.11.2001 – 29C 262/01 – GE 2001,1678)

0 % Hundegebell in der Nachbarwohnung (AG Hamburg – 6.3.2005 – 49C 165/05)

0 % mangelnder Trittschallschutz, wobei dieser den zur Zeit der Errichtung des Gebäudes geltenden DIN-Normen entspricht (BGH – 17.6.2009 – VIII ZR 131/08 – MietPrax-AK § 536 BGB Nr. 24 = NJW 2009, 2441 = WuM 2009, 457 = GE 2009, 973 = NZM 2009, 580 = MDR 2009, 975 = DWW 2009, 256)

5 % Lärmbelästigung durch Ladetätigkeiten für ein Lebensmittelgeschäft im Hofbereich des Hauses (LG Berlin – 27.2.1992 – 61S 259/91 – GE 1992, 1095)

5 % Lärmbelästigung durch eine Skaterbahn in der Nachbarschaft (AG Emmerich – 5.5.2000 – 9C 72/00 – WuM 2000, 302 = NZM 2000, 544 = NJW-RR 2000, 1250)

5 % Lärmbelästigung durch Streitgespräche der Nachbarn, vor allem nachts (AG Bergisch Gladbach – 24.7.2001 – 64C 125/00 – WuM 2003, 29)

8 % Öffnung einer Sackgasse für den Durchgangverkehr (AG Köpenick – 17.1.2006 – 3C 262/05 – WuM 2006, 145)

10 % Lärmbelästigung durch Waschmaschine oder Wäschetrockner der Nachbarn zur Mittagszeit oder nachts (OLG Frankfurt – 26.9.1985 – 8W 25/85 – WuM 1986, 19)

10 % Unter der Wohnung übt eine Musikgruppe zweimal wöchentlich ab 20.00 Uhr ca. drei Stunden. (AG Neuss – 16.10.1987 – 36C 674/86 – NJW-RR 1989, 206)

10 % Lärmbelästigung durch das Einwerfen von Flaschen in einen Altglascontainer bis spät in die Nacht (AG Rudolstadt – 20.5.1999 – 1C 914/98 – WuM 2000, 19)

10 % Belästigung durch Urinstrahlgeräusche durch Stehpinkler in der Nachbarwohnung (LG Berlin – 20.4.2009 – 67S 335/08 – GE 2009, 779)

13 % Lärm durch Wasserspülung, Laufenlassen von Wasser, Fensteröffnen und -schließen des Nachbarn (AG Hamburg – 9.2.1996 – 43b C 1068/94 – WuM 1996, 760)

15 % Lärmstörungen durch einen Supermarkt in der Nachbarschaft (Oktober bis April) (AG Gifhorn – 7.3.2001 – 33C 426/00 – WuM 2002, 215)

20 % mangelhafte Schallisolierung zwischen zwei Doppelhaushälften (AG Trier – 22.5.2002 – 5C 346/01 – WuM 2002, 308)

30 % nistende Tauben vor Wohn- und Schlafzimmerfenster (AG Pforzheim – 9.3.2000 – 2C 160/98 – WuM 2000, 302)

30 % nächtliche Lärmstörung durch einen im Dachbereich nistenden Marder (AG Hamburg-Barmbek – 24.1.2003 – 815C 238/02 – ZMR 2003, 582)

50 % überlaute Lärmbelästigung, vor allem Musik, durch eine Wohngemeinschaft im Haus (AG Braunschweig – 3.8.1989 – 113C 168/89 – WuM 1990, 147)

80 % Lärm und Einschränkung der Wohnung durch Trockengeräte nach Schimmelbefall sowie eingeschränkte Wohnfläche durch Abrücken der Möbel (LG Köln – 29.3.2012 – 1S 176/11 – ZMR 2012, 625)

Lindan

100 % dauerhafter Lärmpegel durch ein Trockengerät in der Wohnung, wodurch Feuchtigkeitsschäden beseitigt werden sollen (AG Schöneberg – 10.4.2008 – 109C 256/07 – WuM 2008, 477)

Licht

Rechtsprechungsübersicht:

0 % fehlende Hofbeleuchtung (AG Bremerhaven – 26.5.1992 – 59C 1214/91 – WuM 1992, 601)

0 % defekter Treppenlichtschalter an der Hauseingangstür (AG Bremerhaven – 26.5.1992 – 59C 1214/91 – WuM 1992, 601)

0 % Lichteinfall durch eine Leuchtreklame in der Großstadt (LG Berlin – 19.12.2003 – 64S 353/03 – GE 2004, 352 = ZMR 2004, 583)

0 % Belästigung durch Scheinwerferlicht aufgrund einer Verkehrsumleitung (AG Fürth – 17.10.2006 – 310C 1727/06 – WuM 2007, 317)

20 % veraltete Elektroanlage; Verteilerdosen und Steckdosen durchgebrannt, defekte Lichtschalter (LG Potsdam – 4.8.1997 – 6S 192/96 – GE 1997, 1397 = WuM 1997, 677 = NZM 1998, 760)

Lindan

→ Umweltmangel

Rechtsprechungsübersicht:

0 % PCP- und Lindanbelastung ohne Überschreitung der festgelegten Grenzwerte (AG Kerpen – 3.7.2002 – 23C 225/98 – KM 35 Nr. 58)

50 % PCP- und Lindanbelastung im Schlaf- und Kinderzimmer (LG Kiel – 22.6.1995 – 10S 24/95 – WuM 1997, 674)

M

Mahnung

Eine Mahnung ist ein ernsthaftes Verlangen, eine bestimmte Handlung vorzunehmen. Das Wort *Mahnung* muss nicht enthalten sein. Eine Form ist in der Regel nicht erforderlich, sodass auch eine mündliche Mahnung ausreichend ist. Aus Gründen der Beweissicherung ist davon aber abzuraten. Die Mahnung sollte deshalb sinnvollerweise immer schriftlich erfolgen.

Mangan

→ *Umweltgifte*

Mangel

Der Begriff des Mangels ist der zentrale Begriff des mietrechtlichen Gewährleistungsrechts. Erst beim Vorliegen eines Mangels kommt eine Minderung der Miete in Betracht oder kann der Mieter die weiteren Gewährleistungsrechte geltend machen.

Ein Mangel liegt vor, wenn der tatsächliche Zustand der Mietsache von dem Zustand, den die Parteien bei Abschluss des Vertrages als vertragsgemäß vereinbart haben, zum Nachteil des Mieters abweicht. Es kommt also nicht auf objektive Standards an, sondern auf die subjektive Vereinbarung der Parteien. Man spricht deshalb vom *subjektiven Mangelbegriff*. Es ist also möglich, dass eine Mietsache mit völlig gleicher Beschaffenheit in einem Mietverhältnis mangelhaft ist und im anderen nicht. So ist eine Wohnung an einer normal befahrenen Straße regelmäßig vertragsgemäß. Wurde aber im Mietvertrag vereinbart, dass es sich um eine besonders ruhige Wohnung handelt, dann wird sie als mangelhaft einzustufen sein. Das Gleiche gilt auch bei Wohnflächenabweichungen: Haben die Parteien im Mietvertrag keine – oder ausnahmsweise die richtige – Wohnfläche vereinbart, ist die Wohnung regelmäßig vertragsgemäß, während eine identische Wohnung mangelhaft ist, wenn die Parteien im Mietvertrag eine um mindestens 10 % größere Wohnfläche vereinbart haben.

1. Sollbeschaffenheit

Deshalb kommt der Feststellung der vereinbarten Beschaffenheit, die auch als *Sollbeschaffenheit* bezeichnet wird, eine besondere Bedeutung zu.

Für die Beurteilung der Frage, ob eine Mietwohnung Mängel aufweist, ist in erster Linie die von den Mietvertragsparteien vereinbarte Beschaffenheit der Wohnung, nicht die Einhaltung bestimmter technischer Normen maßgebend (BGH Urt. v. 6.10.2004 – VIII ZR 355/03 – NZM 2005, 60 = NJW 2005, 218 = MietPrax-AK § 535 BGB Nr. 13). Solche ausdrücklichen Vereinbarungen kommen in der Praxis insbesondere bei der Wohnungsgröße vor. Möglich ist es aber auch, dass weitere Beschaffenheiten im Mietvertrag vereinbart werden. Aus dem Zusatz hinter der Anschrift der Wohnung „Wohnung über Gaststätte" o. Ä. ergibt sich z. B., dass Störungen, die üblicherweise von einer Gaststätte ausgehen, als vertragsgemäß vereinbart werden und deshalb keinen Mangel darstellen. Nur bei untypischen Mängeln stehen dem Mieter Rechte zu, z. B. weil es sich um einen „Technoschuppen" und keine normale Gaststätte handelt. Welche Störungen durch solche Beschreibungen als vertragsgemäß vereinbart wurden, ist jeweils durch Auslegung zu ermitteln. Es kann auch ein über das Normale hinausgehender Standard vereinbart werden, z. B. durch die Formulierung „besonders ruhige Wohnung". Die Vereinbarung bestimmter Standards kann auch konkludent erfolgen. Nach einer Entscheidung des BayObLG (NJW 1987, 1951) kann z. B. die Vereinbarung einer besonders niedrigen Miete im Einzelfall bedeuten, dass die Parteien den schlechten und/oder renovierungsbedürftigen Zustand einer Wohnung als vertragsgemäß vereinbart haben. Dies gilt nach einem Urteil des BGH (ZMR 1965, 340) auch dann, wenn die Parteien im Mietvertrag den schlechten Zustand oder den bestimmten Mangel (z. B. Lärm oder Gerüche) ausdrücklich beschrieben und vereinbart haben.

Mithin ist es weitgehend eine Frage der konkreten Vertragsgestaltung und damit des Einzelfalls, ob eine Mietsache mangelhaft ist. Generalisierende Regeln lassen sich dazu nur in engen Grenzen aufstellen. Als derartige Regel kann gelten, dass nach allgemeiner Meinung nicht nur Fehler in der Substanz der Mietsache selbst, sondern auch andere tauglichkeitsmindernde Verhältnisse der Mietsache, z. B. Immissionen von außen her oder Gefahrenquellen in der Umgebung, Mietmängel sein können. Da ein individuell vereinbarter vertragsgemäßer Gebrauch aber häufig nicht festgestellt werden kann, ist auch hier dann häufig auf den gewöhnlichen oder üblichen Gebrauch abzustellen.

Insbesondere in der Wohnraummiete werden häufig keine besonderen Standards vereinbart. Dann stellt sich die Frage, was der **vereinbarte Standard** ist. Hier kommt es auf die Verkehrsanschauung an, die durch Auslegung zu ermitteln ist. Bedeutsam ist dabei die Frage, auf welchen Baustandard abzustellen ist. Nach der Verkehrsauffassung kann ein Mieter, der eine Altbauwohnung anmietet, in der Regel nur erwarten, dass die Wohnung die zum Zeitpunkt der Errichtung geltenden Vorgaben erfüllt (BGH Urt. v. 6.10.2004 – VIII ZR 355/03 – NZM 2005, 60 = NJW 2005, 218 = MietPrax-AK § 535 BGB Nr. 13). Dies gilt insbesondere für den Schall- und Wärmeschutz sowie die Elektroinstallation, aber auch für alle anderen Gewerke. Deshalb weist eine Mietwohnung in einem älteren Gebäude, wenn nicht vertraglich etwas anderes vereinbart ist, in schallschutztechnischer Hinsicht keinen Mangel auf, sofern der Trittschallschutz den zur Zeit der Errichtung des Gebäudes geltenden DIN-Normen entspricht. Das gilt auch dann, wenn während der Mietzeit in der Wohnung darüber der Fußbodenbelag ausgetauscht wird und sich dadurch der Schallschutz gegenüber dem Zustand bei Anmietung der Wohnung verschlechtert (BGH Urt. v. 17.6.2009 – VIII ZR 131/08 – NJW 2009, 2441 = MietPrax-AK § 536 BGB Nr. 24). Etwas anderes kann sich aber daraus ergeben, dass eine Altbauwohnung als modernisiert oder renoviert angeboten wird. Hier kann der Mieter erwarten, dass die zum Zeitpunkt der Modernisierungsmaßnahme geltenden technischen Regeln für die tatsächlich durchgeführten Maßnahmen alle eingehalten wurden. Dies gilt auch, wenn der Vermieter bauliche Veränderungen vornimmt, die zu Lärmimmissionen führen können. Dann kann der Mieter erwarten, dass Lärmschutzmaßnahmen getroffen werden, die den Anforderungen der zur Zeit des Umbaus geltenden DIN-Normen genügen. So entsteht an der in einem älteren Gebäude befindlichen Mietwohnung, die vor der Aufstockung im obersten Wohngeschoss gelegen war, ein Mangel, wenn das Wohnhaus nachträglich um ein weiteres Wohngeschoss aufgestockt wird und wenn die Trittschalldämmung der darüber errichteten Wohnung nicht den Anforderungen der im Zeitpunkt der Aufstockung geltenden DIN-Norm an normalen Trittschallschutz genügt (BGH Urt. v. 6.10.2004 – VIII ZR 355/03 – NZM 2005, 60 = NJW 2005, 218 = MietPrax-AK § 535 BGB Nr. 13).

Da ein weiter Mangelbegriff die Gefahr der Ausuferung birgt, fehlt es nicht an **Einschränkungsversuchen**. So wird gefordert, dass die Umweltverhältnisse die Gebrauchstauglichkeit der Mietsache „unmittelbar" beeinträchtigen müssten (BGH NJW 1981, 2405). Speziell in Bezug auf Umweltgefahren wird verlangt, dass ihre Verwirklichung „nicht fernliegend" sei (so RG JW 1921, 334 f. im Fall einer Grundstücksbeeinträchtigung durch Grundwasser). Auszuscheiden seien auch Gefahrenquellen, bei denen eine Schadenseinwirkung zwar möglich, zur Zeit des Vertragsschlusses aber nicht voraussehbar und darüber hinaus kein Anhaltspunkt dafür gegeben sei, dass eine solche Einwirkung befürchtet werden müsse (so BGH NJW 1971, 424 (425) in einem Fall von Überschwemmungsgefahr). Eine Rolle spielt dies heute regelmäßig bei Beeinträchtigungen durch Baumaßnahmen in der Nachbarschaft. Grundsätzlich muss nämlich in Wohngebieten mit Altbaubestand mit Bauarbeiten in der Nachbarschaft gerechnet werden; dies gilt aber nicht bei einer völligen Entkernung des Nachbargebäudes (LG Berlin Urt. v. 2.4.2007 – 62 S 82/06 – GE 2007, 1188).

Häufig wird ein Mangel schon dann angenommen, wenn die Mietsache „nur in der Befürchtung einer Gefahr benutzt werden könne". Das OLG Hamm (ZMR 1987, 267) hatte sich hierzu einmal mit der Frage zu beschäftigen, ob es für die Annahme eines Mangels i.S.d. § 536 BGB ausreicht, dass sich das Mietobjekt auf durch giftige Chemikalien verseuchtem Untergrund befindet, wobei sich eine Gefahr für die Gesundheit der Bewohner nach den heutigen wissenschaftlichen Kenntnissen zwar nicht nachweisen, andererseits aber auch nicht ausschließen ließ. In der Entscheidung heißt es: *„Eine Mietsache mit Beziehung zu einer Gefahrenquelle gilt nicht erst dann als mangelhaft, wenn der Mieter wirklich Schaden erleidet, sondern schon dann und deshalb, wenn und weil er sie nur in der Befürchtung der Gefahrverwirklichung benutzen kann."*

Die Bedeutung der **Unmittelbarkeit der Beeinträchtigung** spielt vor allem auch bei Zugangsbeschränkungen oder ähnlichen Umfeldfehlern eine Rolle. Letztendlich geht es immer um eine Risikoverteilung zwischen dem vom Mieter selbst zu tragenden allgemeinen Lebensrisiko und dem speziellen Risiko des Einstehenmüssens für Umfeldmängel, welches das Gesetz in § 536 BGB dem Vermieter zugewiesen hat. Das Gesetz enthält hier außer der Bagatellgrenze in § 536 Abs. 1 S. 3 BGB keine ausdrückliche Regelung. Für die Risikoverteilung bei Umfeldmängeln kommt als Abgrenzungskriterium zunächst die **Zweckbestimmung** des Mietobjekts in Betracht. Die Zweckbestimmung regelt auf der einen Seite die Art und den Umfang der Nutzungsmöglichkeiten des Mieters und auf der anderen Seite den Leistungsumfang des Vermieters, den dieser auch hinsichtlich der Rahmenbedingungen zu erbringen hat, damit das Objekt für den vereinbarten Zweck geeignet ist:

1. Maßgeblich für die Risikoverteilung sind dabei zunächst die ausdrücklich oder konkludent getroffenen Vereinbarungen über den vertragsgemäßen geschuldeten Zustand. So kann sich – wie oben bereits dargestellt – aus der Höhe der vereinbarten Miete im Einzelfall auch die Vereinbarung eines schlechten Zustandes als vertragsgemäß ergeben.

2. Liegen solche nicht vor, dann kommt es auf den üblichen Zustand an, den eine Mietsache dieser Art aufzuweisen hat.

3. Das reine Verwendungsrisiko liegt beim Mieter. Dieses für die Geschäftsraummiete entwickelte Kriterium bedeutet bei der Wohnraummiete zunächst nur, dass der Mieter tatsächlich eine Wohnung benötigt und die Miete selbst dann zahlen muss, wenn er inzwischen bei einem Lebensabschnittsgefährten untergekommen, beruflich an einen anderen Ort verzogen oder so schwer erkrankt ist, dass er die Mietsache nicht mehr nutzen kann. Auch die Veränderung der Rahmenbedingungen in der Stadt fällt in den Risikobereich des Mieters. Außerdem gehören zum Verwendungsrisiko des Mieters die üblichen Beeinträchtigungen, die beim Zusammenleben von Menschen auftreten können. Dies sind zunächst die Einflüsse, die nur mittelbar auf die Mietsache einwirken.

> **Beispiele:**
> - Die Stadt schließt aus Kostengründen das örtliche Theater oder eine in der Nachbarschaft gelegene Kindertagesstätte.
> - Mehrere Geschäfte in der Nachbarschaft schließen, weil ein Einkaufszentrum auf der grünen Wiese eröffnet wurde.
> - Das örtliche Personennahverkehrsunternehmen ändert die Fahrtstrecke einer Buslinie, sodass die bisher nächstgelegene Haltestelle entfällt.

Anders ist es aber bei Einflüssen, die zwar auch von außen auf die Mietsache einwirken, aber den Gebrauch der Mietsache zum Wohnen beeinträchtigen.

> **Beispiele:**
> - Einrichtung einer U-Bahn-Baustelle vor der Haustür
> - Bau einer Skaterbahn, die auch abends zwischen 20.00 und 22.00 Uhr von Jugendlichen, und zwar zum Teil mit ihren Ghettoblastern, besucht wird (AG Emmerich NZM 2000, 544)

Die Risikoverteilung wird besonders deutlich bei Zugangsbeschränkungen durch Bauarbeiten.

> **Beispiele:**
> - Ist ein Betreten des Geschäfts nicht möglich, weil direkt vor dem Eingang des Geschäfts die Straße aufgerissen wurde und ein Zugang nicht möglich ist, liegt ein unmittelbarer Eingriff vor, der den Mieter zur Minderung berechtigt (KG Urt. v. 12.11.2007 – 8 U 194/06 – GuT 2007, 436; OLG Düsseldorf Urt. v. 14.12.2004 – 10 U 150/04 – DWW 2008, 60). Unerhebliche sind aber gelegentliche Bauarbeiten von begrenzter Dauer. Damit müssen auch Mieter rechnen (OLG Düsseldorf a.a.O.).
> - Erfolgen die Bauarbeiten aber einige Hundert Meter entfernt und erschweren sie „nur" die Zufahrt zu der Straße, an der das Geschäft liegt, kann man das Geschäft aber problemlos betreten, wenn man – irgendwie – an der Baustelle vorbeigekommen ist, dann fehlt es an der Unmittelbarkeit des Mangels und die Miete mindert sich nicht (OLG Düsseldorf NJW-RR 1998, 1236).

Für die Beurteilung des objektiven Zustandes wird häufig auf DIN-Normen oder VDI-Richtlinien abgestellt. DIN-Normen stellen Empfehlungen dar, ohne rechtliche Verbindlichkeit. Haben die Parteien aber keine ausdrückliche Beschaffenheitsvereinbarung getroffen, dann sind die den Vertragsschluss herbeiführenden Willenserklärungen nach dem maßgeblichen objektiven Empfängerhorizont so auszulegen, dass der Zustand als vereinbart gilt, der sich bei Vertragsschluss als üblich ergibt. Und genau dieser übliche Zustand wird sich häufig – aber nicht immer – aus den technischen Regeln wie DIN-Normen ergeben (BGH Urt. v. 6.10.2004 – VIII ZR 355/03 – NZM 2005, 60 = MietPrax-AK § 535 BGB Nr. 13). Dies ist nicht zwingend, da solche Normen nicht unbedingt den Stand der Technik zum jeweils entscheidenden Zeitpunkt wiedergeben müssen. Dabei ist zunächst die Norm in der Fassung, die bei Errichtung des Gebäudes oder zu einem späteren Zeitpunkt, zu dem das Gebäude ggf. renoviert wurde, galt zu ermitteln. Aber auch dann können diese Normen hinter dem jeweiligen schon erreichten Stand der Technik zurückbleiben (so z. B. BGH Urt. v. 14.6.2007 – VII ZR 45/06 – NJW 2007, 2983 zum Schallschutz nach DIN 4109).

Im Mietrecht und insbesondere in der Wohnraummiete muss zwischen den verschiedenen Wohnungsbeständen unterschieden werden. Nicht alles, was bei Neubauten zwischenzeitlich üblich geworden ist, kann auch bei Altbauten als üblich angesehen werden.

Bei Neubauten geht die Vorstellung der Parteien dahin, dass der heute gültige Standard eingehalten wurde. Das kann mehr sein, als sich aus den einschlägigen DIN-Normen und sonstigen technischen Regeln ergibt. Dies gilt insbesondere dann, wenn diese technischen Regeln schon älter sind und sich der Stand der Technik fortentwickelt hat. Hinter den einschlägigen Normen darf der Zustand aber regelmäßig ohne ausdrückliche Vereinbarung nicht zurückbleiben, da die technischen Regeln keinen Oberwert festlegen, sondern regelmäßig den einzuhaltenden üblichen Standard beschreiben.

Beim unsanierten Altbau gehen die Parteien demgegenüber davon aus, dass die Wohnung den Standard ausweist, der zum Zeitpunkt der Errichtung des Gebäudes galt. Eine Nachbesserungspflicht gibt es im Mietrecht grundsätzlich nicht. Dies hat auch damit zu tun, dass der Vermieter bei Abschluss des Vertrages erkennen muss, welche Leistungen er schuldet. Deshalb muss ein Mieter einer als nicht modernisiert angebotenen Altbauwohnung auch mit knarrendem Parkett rechnen, unabhängig davon, ob dies eine Folge normaler Abnutzung oder einer unfachmännisch durchgeführten Reparatur ist.

Beim sanierten Altbau ist eine generalisierende Betrachtung schwieriger. Hier sind die Fallgestaltungen in der Praxis durchaus unterschiedlich. Es kommt dabei auf den Umfang der Sanierung und die Kenntnis des Mieters an. Hat der Vermieter die Wohnung als „saniert" angeboten, dann kann der Mieter davon ausgehen, dass die zum Zeitpunkt der Sanierung geltenden technischen Regeln alle eingehalten wurden. Hat nur eine Sanierung einzelner Gewerke stattgefunden, dann gilt dies grundsätzlich nur für diese Gewerke, wobei zu beachten ist, dass nach zahlreichen Bauvorschriften umfangreiche Baumaßnahmen auch Nachbesserungspflichten bei anderen Gewerken auslösen. Auf die Einhaltung dieser Vorschriften darf der Mieter sich verlassen.

Neben dem Zeitpunkt der Errichtung oder der Sanierung der Wohnung kommt es auch auf den **Zeitpunkt der Vermietung** an. So kann für einen Mieter, der von Anfang an im Haus wohnt, der Neubaustandard aus dem Jahr der Errichtung des Gebäudes gelten, während für später einziehende Mieter der Altbaustandard gilt. Im ersten Fall hat der Vermieter diesen Zustand über die Mietzeit zu gewährleisten, muss also bei allen Abweichungen eine Instandsetzung vornehmen, im zweiten Fall sind die bis zur Vermietung eingetretenen Gebrauchsspuren und Abnutzungen bereits vom vertragsgemäßen Zustand abgedeckt, sodass u. U. kein Nachbesserungsanspruch in Betracht kommt. Dies gilt aber nicht für Gefahrenquellen und Verstöße gegen die Verkehrssicherungspflicht. Dies sind Mängel, die beseitigt werden müssen, selbst wenn sie seit Vertragsschluss vorliegen. Umgekehrt kann bei der Vermietung einer sanierten Wohnung ein höherer Standard geschuldet werden als bei den übrigen, nicht sanierten Wohnungen im Haus.

Nach der Rechtsprechung des Bundesgerichtshofes (BGH Urt. v. 26.7.2004 – VIII ZR 281/03 – NJW 2004, 3174 = NZM 2004, 736 = MietPrax-AK § 536 BGB Nr. 7) kann aber auch bei der Vermietung von Altbauwohnungen ein Mangel vorliegen, wenn *Mindeststandards* nicht eingehalten wurden. Ausgangspunkt ist, wie oben bereits angesprochen, der Zweck des Vertrages, nämlich die Vermietung zum „Wohnen". Für diesen Zweck muss die Wohnung geeignet sein. Auch wenn die Vorstellungen, was zum Wohnen notwendig ist, durchaus äußerst unterschiedlich sein können, so soll es nach Ansicht des BGH einen bestimmten Mindeststandard geben, der einzuhalten ist. Der Mieter einer Wohnung kann nach der allgemeinen Verkehrsanschauung erwarten, dass die von ihm angemieteten Räume einen Wohnstandard aufweisen, der der üblichen Ausstattung vergleichbarer Wohnungen entspricht. Hierbei sind insbesondere das Alter, die Ausstattung und die Art des Gebäudes, aber auch die Höhe der Miete und eine eventuelle Ortssitte zu berücksichtigen. Nicht alles, was bei Neubauten und im modernen Wohnungsbau zwischenzeitlich üblich geworden ist, kann auch bei Altbauten als üblich angesehen oder zum Maßstab gemacht werden.

Ein solcher Mindeststandard ist nicht objektiv und einheitlich für alle Wohnungen zu bestimmen. Auch bei Altbauten muss man noch differenzieren. So gibt es teilweise sicher noch Substandard-Wohnungen, z. B. mit Toiletten im Treppenhaus. Dies entspricht sicher nicht mehr dem heute üblichen Standard. Trotzdem wird man kaum sagen können, dass den Vermieter hier eine Nachbesserungspflicht trifft, wonach er die Wohnung mit Innentoiletten ausstatten muss. Es handelt sich eben auch bei diesen, den objektiven heutigen Mindeststandard unterschreitenden Wohnungen, um einen eigenen Wohnungsteilmarkt. Auch nach der Rechtsprechung des BGH ist der Mindeststandard wohnungsteilmarktabhängig festzustellen. Konkret hat der BGH einen solchen Mindeststandard für den Bereich der Elektroinstallation entschieden. Der Mieter könne aufgrund des technischen und wirtschaftlichen Fortschritts grundsätzlich erwarten, dass der vertragsgemäße Gebrauch einer Wohnung jedenfalls eine solche Lebensweise zulässt, die seit Jahrzehnten üblich ist und dem allgemeinen Lebensstandard entspricht (BGH Urt. v. 26.7.2004 – VIII ZR 281/03 – NJW 2004, 3174 = NZM 2004, 736 = MietPrax-AK § 535 BGB Nr. 7).

Achtung:
Dies gilt aber nur für Neuabschlüsse von Mietverträgen. Hier kann der Mieter, der nicht auf etwas anderes hingewiesen wurde, erwarten, dass der zum Zeitpunkt des Vertragsschlusses geltende Mindeststandard eingehalten wird. Bei Bestandsmietverhältnissen gilt das jedoch nicht.

2. Istbeschaffenheit

Der Istzustand ist regelmäßig leichter feststellbar. Allenfalls wenn es um Bewertungen geht, kann zuvor die Rechtsfrage zu entscheiden sein, welche Bewertungsregeln anzuwenden sind. Dies gilt z. B. für die Wohnflächenermittlung. Hier hat nach der Rechtsprechung des BGH (BGH Urt. v. 22.4.2009 – VIII ZR 86/08 – NZM 2009, 477 =

NJW 2009, 2295 = MietPrax-AK § 536 BGB Nr. 23) eine dreistufige Prüfung zu erfolgen:

- Haben die Parteien eine Berechnungsart vereinbart?
- Ist eine bestimmte Berechnungsart ortsüblich?
- Wenn keine der vorherigen Fragen mit Ja beantwortet werden kann, dann gelten auch im preisfreien Wohnungsbau die zum Zeitpunkt des Abschlusses des Mietvertrages geltenden Regeln für den öffentlich geförderten Wohnungsbau (BGH Urt. v. 24.3.2004 – VIII ZR 44/03 – NZM 2004, 454 = NJW 2004, 2230 = MietPrax-AK § 536 BGB Nr. 2).

Dies können die §§ 42 bis 44 II. BV oder die Vorschriften der WohnflächenVO sein. Ist z. B. davon auszugehen, dass die Parteien eines Wohnraummietvertrages sich (stillschweigend) auf eine Wohnflächenberechnung nach den Vorschriften der §§ 42 bis 44 II. BV bzw. der WohnflächenVO geeinigt haben, ist für eine Anwendung der DIN 283 auch dann kein Raum, wenn diese bei der Ermittlung der Wohnfläche im Einzelfall zu einem anderen Ergebnis führt. Nach der DIN 283 ist die Wohnfläche nur dann zu berechnen, wenn die Parteien dies vereinbart haben oder sie als Berechnungsmethode ortsüblich oder nach der Art der Wohnung naheliegender ist (BGH Urt. v. 23.5.2007 – VIII ZR 231/06 – NZM 2007, 595 = NJW 2007, 2624 = MietPrax-AK § 536 BGB Nr. 18). Soweit in § 44 II. BV vorgesehen ist, dass Balkone und bestimmte Freiflächen mit „bis zu 50 %" anzurechnen sind, kommt es hierfür nicht auf die Qualität des konkreten Balkons an. Vielmehr kann der Vermieter einseitig bestimmen, mit welchem Prozentsatz der Balkon anzurechnen ist (BGH Urt. v. 22.4.2009 – VIII ZR 86/08 – NZM 2009, 477 = NJW 2009, 2295 = MietPrax-AK § 536 BGB Nr. 23). Freisitze sind auch nur Flächen, die direkt am Haus liegen, also Terrassen (BGH Urt. v. 8.7.2009 – VIII ZR 218/08 – NJW 2009, 2880 = NZM 2009, 659 = MietPrax-AK § 536 BGB Nr. 25). Dürfen einzelne Flächen aufgrund von öffentlich-rechtlichen Nutzungsbeschränkungen gar nicht genutzt werden, so sind diese Flächen so lange bei der Flächenberechnung mit zu berücksichtigen, wie die Behörde nicht eingeschritten ist (BGH Urt. v. 16.9.2009 – VIII 275/08 – NJW 2009, 3421 = MietPrax-AK § 536 BGB Nr. 26).

Mangelanzeige

Der Mieter ist näher an der Mietsache dran als der Vermieter. Deshalb bemerkt er den Mangel eher als der Vermieter. Das Gesetz hat ihm deshalb die Obliegenheit auferlegt, einen während des Bestandes des Mietverhältnisses auftretenden Mangel dem Vermieter anzuzeigen, § 536c BGB. Dies gilt nicht für Mängel, die der Vermieter positiv kennt oder die er auch bei Kenntnis nicht beseitigen kann, z. B. U-Bahn-Baustelle vor der Haustür. Unterlässt der Mieter die Mängelanzeige, so kann der Mieter keine Minderung der Miete geltend machen und keinen Schadensersatz verlangen. Die Miete mindert sich erst ab Mängelanzeige. Der Mieter macht sich auch schadensersatzpflichtig. Er muss dem Vermieter den Schaden ersetzen, der durch die unterlassene Mängelanzeige entstanden ist, also i.d.R. für die Vergrößerung des Schadens einstehen.

Mäuse

→ *Ungeziefer*

Materieller Schaden

Der materielle Schaden (auch → *Vermögensschaden* genannt) ist vom immateriellen Schaden abzugrenzen (→ *Immaterieller Schaden*). Der materielle Schaden ist durch einen hypothetischen Vergleich des Vermögens mit und ohne schädigendes Ereignis zu ermitteln. Die Differenz ist der materielle Schaden, der vom Ersatzpflichtigen zu ersetzen ist.

Mieter

Wer Mieter ist, ergibt sich aus dem Mietvertrag. Unklarheiten können bei der Vermietung an Eheleute auftreten, wenn die Angaben im Mietvertragskopf nicht identisch sind mit den Personen, die den Mietvertrag unterschrieben haben. In der Regel wird die den Mietvertrag unterschreibende Partei die andere Partei vertreten haben. Hat der Vermieter die Wohnung an Eheleute vermietet und den Mietvertrag mit beiden Ehegatten geschlossen, so sind beide Eheleute Mieter, selbst wenn die Eheleute getrennt leben und einer der beiden Ehegatten ohne einverständliche Aufhebung des mit ihm bestehenden Mietverhältnisses aus der Mietwohnung ausgezogen ist. Ein Ehepartner kann sich nicht einseitig aus seiner vertraglichen

Verpflichtung lösen. Haben nämlich Eheleute gemeinsam einen Mietvertrag auf der Mieterseite abgeschlossen, so bedarf derjenige Ehegatte, der sich allein aus dem Mietverhältnis lösen will, hierzu nicht nur des Einverständnisses des Vermieters, sondern ebenso des Einverständnisses seines im selben Schuldverhältnis stehenden Ehegatten. Gemäß § 1568a BGB kann aber ein Ehegatte vom anderen verlangen, dass ihm nach der Scheidung die Wohnung überlassen wird. Mit Zugang der Erklärung beider Ehegatten oder mit Rechtskraft der Endentscheidung im Wohnungszuweisungsverfahren tritt dann der so bestimmte Ehegatte anstelle des ursprünglich mietenden Ehegatten in ein von diesem eingegangenes Mietverhältnis ein oder setzt ein von beiden Ehegatten eingegangenes Mietverhältnis allein fort. Der Vermieter kann das Mietverhältnis innerhalb eines Monats, nachdem er von dem endgültigen Eintritt in das Mietverhältnis Kenntnis erlangt hat, außerordentlich mit der gesetzlichen Frist kündigen, wenn in der Person des eintretenden oder allein den Vertrag fortsetzenden Ehegatten ein wichtiger Grund vorliegt.

Mieterbenachteiligung

→ *Nachteilige Vereinbarung*

Mieterkündigung

Der Mieter kann das Mietverhältnis unter den Voraussetzungen des § 543 Abs. 2 S. 1 Nr. 1 BGB fristlos kündigen, wenn der Vermieter ihm den vertragsmäßigen Gebrauch der Mietsache ganz oder z. T. nicht rechtzeitig gewährt oder ihm dieser entzogen wird. Es muss also ein Mangel der Mietsache vorliegen. Eine fristlose Kündigung nach § 543 Abs. 2 S. 1 Nr. 1 BGB erfordert nicht, dass der Mieter darlegt, warum ihm die Fortsetzung des Mietverhältnisses nicht zumutbar ist. Für die Wirksamkeit einer Kündigung genügt es vielmehr grundsätzlich, wenn einer der in § 543 Abs. 2 S. 1 Nr. 1 bis 3 BGB aufgeführten Tatbestände vorliegt (BGH Urt. v. 29.4.2009 – VIII ZR 142/08 – NZM 2009, 431 = NJW 2009, 2297 = MietPrax-AK § 543 BGB Nr. 14). Deshalb kann der Mieter z. B. fristlos kündigen, wenn die Wohnung mehr als 10 % kleiner ist als im Mietvertrag vereinbart (BGH a.a.O.).

Voraussetzung für die Ausübung des Kündigungsrechts ist eine Fristsetzung zur Abhilfe gegenüber dem Vermieter. Diese ist nur dann überflüssig, wenn sie offensichtlich keinen Erfolg verspricht – z. B.

bei Flächenabweichungen – oder eine besondere Eilbedürftigkeit gegeben ist. Unschädlich ist es, wenn der Mieter dem Vermieter in der Fristsetzung zunächst androht, nach Ablauf der Frist Mangelbeseitigung zu verlangen, und stattdessen kündigt (BGH Urt. v. 13.6.2007 – VIII ZR 281/06 – NZM 2007, 561 = NJW 2007, 2474 = MietPrax-AK § 543 BGB Nr. 8).

Eine Kündigung ist gem. § 569 Abs. 1 BGB ebenfalls möglich, wenn die Benutzung der Räume mit einer erheblichen Gefährdung der Gesundheit verbunden ist. Auch in diesem Fall ist grundsätzlich eine Fristsetzung erforderlich (BGH Urt. v. 18.4.2007 – VIII ZR 182/06 – NZM 2007, 439 = NJW 2007, 2177 = MietPrax-AK § 569 BGB Nr. 5).

Die Kündigung muss schriftlich erfolgen. Der Mieter muss seine Kündigung gem. § 568 Abs. 4 BGB begründen.

Mietstruktur

Neben der Höhe der Miete ist die Mietstruktur von besonderer Bedeutung. Vereinfach gesagt gibt es vier verschiedene Mietstrukturen:

		Kalte Betriebskosten	
		In der Miete enthalten	In der Miete nicht enthalten
Heizkosten	In der Miete nicht enthalten	Bruttokaltmiete	Nettokaltmiete
	In der Miete enthalten	Bruttowarmmiete	Nettowarmmiete

Daneben sind noch alle möglichen Zwischenformen möglich, die i. d. R. als *Teilinklusivmiete* bezeichnet werden. Damit werden solche Mieten bezeichnet, bei denen nicht alle gem. § 2 BetriebskostenVO umlegbaren, aber im Haus tatsächlich anfallenden Betriebskostenpositionen auf den Mieter umgelegt werden.

Miete i.S.d. Gesetzes ist die Bruttomiete. Wenn die Parteien also nichts vereinbart haben, muss der Mieter keine Betriebskosten – und zwar weder als Pauschale noch als Vorauszahlung – zahlen.

Hinsichtlich der **Heizkosten** sind die Vorschriften der Heizkostenverordnung zwingendes Recht. Wenn also keiner der gesetzlich normierten Ausnahmetatbestände gem. § 11 HeizKV vorliegt, muss der Vermieter verbrauchsabhängig abrechnen. Entgegenstehende mietvertragliche Abreden sind unwirksam.

Hinsichtlich der kalten Betriebskosten bestimmt § 556 Abs. 1 BGB, dass die Parteien vereinbaren können, dass der Mieter die Betriebskosten trägt. Das bedeutet letztendlich, dass die Miete i. S. d. § 535 BGB aufgeteilt wird in einen Grundmieteanteil und einen Anteil für die **Betriebskosten**. Dieser Teil kann dann entweder als nicht abzurechnende Pauschale gezahlt werden oder es werden Vorauszahlungen geleistet, über die der Vermieter jährlich abzurechnen hat. Die Zahlung über Vorauszahlungen und Abrechnung ändert aber nichts daran, dass die Grundmiete zuzüglich der Betriebskostenvorauszahlungen und der Nachzahlung bzw. abzüglich des Guthabens aus der Jahresabrechnung zusammen die Miete für die Wohnung darstellen. Deshalb ist die Minderung auch von der Bruttomiete zu berechnen. Die Betriebskostenvorauszahlungen sind kein „durchlaufender Posten" auf Vermieterseite. Es ist eben nur eine besondere Form der Berechnung des Preises für die Gebrauchsüberlassung.

In der Wohnraummiete dürfen nur die in § 2 Nr. 1–17 BetrKV aufgeführten Betriebskosten auf den Mieter umgelegt werden. Darüber hinausgehende Vereinbarungen sind unwirksam. Dies gilt z. B. für Verwaltungskosten oder Erbbauzinsen. Zulässig ist aber, die Grundmiete aufzuschlüsseln, also festzulegen, was davon als Verwaltungskosten oder Schönheitsreparaturanteil enthalten ist. Das ändert aber nichts daran, dass es sich um die Grundmiete handelt, die auch nur nach den Vorschriften über die Erhöhung der Grundmiete erhöht werden darf. Voraussetzung ist aber auf jeden Fall eine klare und eindeutige vertragliche Vereinbarung. Unklarheiten gehen zulasten des Vermieters. Bezüglich der Betriebskostenarten 1–16 gem. § 2 BetrKV ist es zulässig, im Mietvertrag auf diese Norm zu verweisen, wobei eine solche Verweisung i. d. R. als statische Verweisung auszulegen ist. Es wird also die Betriebskostenverordnung bzw. die Vorgängerregelung in Anlage 3 zu § 27 II. BV in der zum Zeitpunkt des Vertragsschlusses geltenden Fassung vertraglich vereinbart. Hinsichtlich der Betriebskostenart Nr. 17 „Sonstige Betriebskosten" genügt aber ein Verweis auf die Betriebskostenverordnung oder die Vorgängervorschriften nicht. Diese Positionen müssen gesondert vereinbart werden.

Darüber hinaus können bei der Vereinbarung der Miete auch weitere Leistungen des Vermieters honoriert werden. Dabei kann es sich um die Miete für eine Garage oder einen Stellplatz oder den Garten handeln. Zuschläge sind auch üblich und zulässig für die Überlassung von Möbeln oder die Gestattung einer teilgewerblichen Nutzung der Wohnung oder die Gestattung der Untervermietung. Soweit hier zulässigerweise keine getrennten Verträge abgeschlossen wurden, handelt es sich letztendlich auch nur um eine Aufschlüsselung der Grundmiete. Erhöht werden können hier auch keine einzelnen Mietbestandteile, sondern nur die Miete insgesamt.

Mietrechtsreform

Das Mietrecht des BGH stammt aus dem Jahre 1900. Es gab in der Folgezeit immer wieder größere und kleinere Änderungen. Mit *Mietrechtsreform* ist die Änderung aus dem Jahre 2001 gemeint. Damals ist vor allem der Aufbau des Gesetzes völlig geändert worden. Ferner gab es auch einige inhaltliche Änderungen. Die maßgeblichen Vorschriften des Gewährleistungsrechts wurden wie folgt verschoben:

BGB bis 31.8.2001	BGB ab 1.9.2001
§ 536	§ 535
§ 537	§ 536
§ 538	§ 536a
§ 539	§ 536b
§ 540	§ 536d
§ 541	§ 536 Abs. 3
§ 541a	§ 554 Abs. 1; § 578 Abs. 2
§ 541b	§ 554 Abs. 2–5; § 578 Abs. 2
§ 542	§ 543
§ 543	§ 543; § 569
§ 544	§ 569; § 578 Abs. 2
§ 545	§ 536c

Mietvertrag

Durch den Mietvertrag verpflichtet sich der Vermieter, dem Mieter den Gebrauch einer Sache gegen Zahlung der vereinbarten Miete zur

Verfügung zu stellen. Das sind auch die vier wesentlichen Punkte, die ein Mietvertrag enthalten muss. Wer vermietet was, an wen, zu welchem Preis? Eine Form ist für einen Mietvertrag grundsätzlich nicht vorgeschrieben. Wenn Vermieter und Mieter sich über die vier Punkte einig sind, ist deshalb auch bei einer mündlichen Vereinbarung ein Mietvertrag zustande gekommen. Allenfalls bei Mietverträgen über Wohnräume und Gewerberäume mit einer Laufzeit von mehr als einem Jahr müssen alle Vereinbarungen schriftlich niedergelegt werden. Fehlt es daran, ist der Vertrag auch nicht nichtig, sondern nur kündbar, § 550 BGB. Wenn die Parteien, nachdem sie sich mündlich auf den Abschluss des Vertrages geeinigt haben, vereinbaren, dass der Vertrag schriftlich fixiert werden soll, ist der Vertrag gem. § 154 Abs. 2 BGB im Zweifel auch noch nicht wirksam geschlossen worden. Die Parteien können im Mietvertrag auch noch weitere Punkte regeln, z. B. die Fälligkeit der Miete, die Frage, ob der Mieter Vorauszahlungen auf die Betriebskosten zu zahlen hat, welche Betriebskosten der Mieter zu zahlen hat, wer die Schönheitsreparaturen durchzuführen hat usw. Individualvertraglich sind die Grenzen dabei weit. Soweit die Vereinbarungen nicht gegen ein gesetzliches Verbot, § 134 BGB, gegen die guten Sitten, § 138 BGB, oder gegen ein Nachteilsverbot verstoßen, ist die Vereinbarung wirksam. Bei Formularverträgen sind außerdem die Bestimmungen der §§ 305 ff. BGB einzuhalten.

Mietzahlung

Der Mieter schuldet die Zahlung der vereinbarten Miete zum vereinbarten Fälligkeitstermin. Haben die Parteien keinen Fälligkeitstermin vereinbart, ist die monatlich zu zahlende Miete bei Mietverträgen, die vor dem 1.9.2001 geschlossen wurden, am Ende des Monats zu zahlen und bei Mietverträgen, die ab dem 1.9.2001 geschlossen wurden, bis zum dritten Werktag des Monats. Liegt ein Mangel vor, ist die Miete unter den Voraussetzungen des § 536 BGB automatisch gemindert.

→ *Fälligkeit*

Minderung

Das BGB geht davon aus, dass die vom Mieter zu zahlende Miete dem Wert der Wohnung entspricht. Wie hoch der Wert der Wohnung ist, handeln Mieter und Vermieter bei Abschluss des Mietvertrages aus.

Anschließend muss man sich das Ganze am Bild einer Waage verdeutlichen: In der einen Waagschale ist die Wohnung, in der anderen die zu zahlende Miete. Nach den Vorstellungen des Gesetzgebers soll diese Waage immer ausgeglichen sein. Nimmt also der Wert der Wohnung aufgrund eines Mangels ab, dann hat der Mieter auch nur eine geringere Miete zu zahlen, damit die Waage weiterhin ausgeglichen bleibt. Die Miete mindert sich also automatisch, wenn die Wohnung einen Mangel aufweist. Der Mieter muss weder, wie z. B. im Kauf- oder Werkvertragsrecht, ausdrücklich erklären, ob er nun mindern oder die Miete ungemindert weiterzahlen will, noch handelt es sich bei der Minderung um einen Anspruch i.S.d. § 194 BGB (BGH Urt. v. 11.2.2009 – XII ZR 114/06 Tz 24 – NJW 2009, 1488 = NZM 2009, 358 = MietPrax-AK § 204 BGB Nr. 1). Dies ergibt sich aus § 536 Abs. 1 BGB. Juristen sprechen vom *Äquivalenzprinzip*.

Bei der Minderung handelt es sich nicht um einen Anspruch oder ein Recht des Mieters. Es ist deshalb nicht erforderlich, den „Anspruch auf Minderung" geltend zu machen. Anders als beim Kauf- und Werkvertrag tritt die Minderung bei der Miete also automatisch, d. h. ohne Weiteres, kraft Gesetzes ein, sobald und solange die Gebrauchstauglichkeit der Sache durch einen Mangel aufgehoben oder herabgesetzt ist.

Liegt ein Mangel i.S.d. § 536 BGB vor, dann tritt die teilweise oder vollständige Befreiung von der Mietzahlungspflicht ein, solange die Gebrauchstauglichkeit der Sache herabgesetzt oder aufgehoben ist, ohne dass sich der Mieter darauf berufen muss. Die Minderung gem. § 536 Abs. 1 S. 1 BGB ist also weder ein Gestaltungsrecht noch ein Anspruch und kann daher nicht verjähren. Aus demselben Grund kann sich der Mieter gegenüber der Zahlungsklage des Vermieters noch nachträglich auf die Minderung wegen früherer Mängel berufen, sofern kein Ausschlusstatbestand eingreift.

Minderungsquote

Nach dem Gesetzeswortlaut mindert sich die Miete bei einer Beeinträchtigung der Gebrauchstauglichkeit *angemessen*. In der Praxis ist es durchaus üblich, die Minderungsquote mit einem Prozentwert anzugeben. Das ist nicht zwingend und kann zu weiteren Problemen bei der Betriebskostenabrechnung führen, wenn man die Minderung von der Bruttomiete berechnet. Deshalb sollte die Minderung in einem konkreten Eurobetrag angegeben werden. Hierdurch wird aber jede Vergleichbarkeit von Minderungsquoten erschwert. Deshalb bietet es sich an, im Hintergrund mit Prozentsätzen zu arbeiten, aber nach außen nur absolute Eurowerte zu kommunizieren.

Die Minderung ist **von der Bruttomiete** zu berechnen (für die Wohnraummiete: BGH MietPrax-AK § 536 BGB Nr. 10 = WuM 2005, 573 = NJW 2005, 2773 = NZM 2005, 699; für die Gewerberaummiete: BGH MietPrax-AK § 536 BGB Nr. 8 = WuM 2005, 384, = NZM 2005, 455 = NJW 2005, 1713). Das bedeutet, dass die Minderung zwar von der Bruttomiete berechnet wird, dass aber die Vorauszahlungen in vereinbarter Höhe in die Abrechnung eingestellt werden müssen. Anderenfalls würde der Mieter die geminderte Miete – teilweise – als Betriebskostennachzahlung nachzahlen müssen.

Beispiel:

Grundmiete:	500,00 €	
Betriebskostenvorauszahlung:	50,00 €	
Heizkostenvorauszahlung:	50,00 €	
Bruttowarmmiete:	600,00 €	
Beeinträchtigung der Gebrauchstauglichkeit:	20 %	
Minderung der Miete absolut:	120,00 €	(= 20 % von 600,00 €)
Zu buchen		
Grundmiete:	380,00 €	
Betriebskostenvorauszahlung:	50,00 €	
Heizkostenvorauszahlung:	50,00 €	
Geminderte Bruttowarmmiete	480,00 €	

Die Berechnung der Beeinträchtigung des Gebrauchs ist im Einzelfall schwierig. Das liegt zum einen daran, dass Wohnungen und die dafür zu zahlenden Mieten selten identisch sind und dass auch jeder Mangel etwas anders ist und selbst bei gleichen Mängeln zu unterschiedlichen Beeinträchtigungen führt. Zum anderen sind auch Wertungsfragen zu entscheiden. Es kommt immer auf die objektiven und nicht auf subjektive Beeinträchtigungen an.

Minderungsquote

> **Beispiele:**
> - *Bei einem Heizungsausfall (im Winter) mindert sich die Miete bei allen betroffenen Mietern gleich, egal ob sie zu dem Zeitpunkt im Urlaub sind oder im Haus frieren.*
> - *Kommt es zu Lärmbeeinträchtigungen – z. B. durch Bauarbeiten auf dem Nachbargrundstück –, mindert sich die Miete der betroffenen Wohnungen in gleichem Maße unabhängig davon, ob in der Wohnung ein Schichtarbeiter wohnt, der tagsüber schlafen muss, ein schwerhöriger Mieter, der die Beeinträchtigungen gar nicht mitbekommt, oder ein Mieter, der tagsüber zu Hause ist.*

Für die Berechnung der Gebrauchsbeeinträchtigung haben sich verschiedene Ermittlungsmethoden herausgebildet:

1. Schätzung

In der Praxis ist insbesondere bei kleineren Mängeln die Schätzung (bei Gericht gem. § 287 ZPO) üblich. Sie ist preiswert und bei kleineren Mängeln führt sie i.d.R. auch nicht zu größeren Abweichungen im Vergleich zu anderen Methoden. Ihr Ergebnis ist nicht nachvollziehbar für Dritte.

2. Minderungstabellen

Demgegenüber führt die Anwendung von Minderungstabellen (wie sie in diesem Buch auch bei einzelnen Stichworten abgedruckt sind) zu einer Vergleichbarkeit von Fällen. Die Gefahr besteht darin, dass man mehr nach vergleichbaren Fällen sucht, als die konkrete Beeinträchtigung in der vorliegenden Wohnung zu ermitteln. Eine ausführliche Minderungstabelle, sortiert nach diversen Kriterien und mit originalen Urteilstexten, finden Sie bei: Börstinghaus, Mietminderungstabelle, 3. Auflage, 2013. Minderungstabellen erlauben es zumindest, einen Rahmen zu ermitteln, innerhalb dessen Gerichte bei einem ähnlichen oder vergleichbaren Mangel eine Minderung angenommen haben. Sie sind deshalb ein wichtiges Werkzeug.

3. Nutzwertanalyse

Kamphausen (ZMR 1994, 445) hat die Nutzwertanalyse, die auch auf dem Zielbaumverfahren basiert, entwickelt. Das Verfahren verlangt mindestens folgende drei Schritte:

- Ermittlung der Sollbeschaffenheit anhand der vertraglichen Vereinbarung

- Gewichtung der einzelnen Bestandteile der Mietsache

- Ermittlung des Grades der Beeinträchtigung (Abweichung der Ist- von der Sollbeschaffenheit)

Das Verfahren wird von Sachverständigen angewandt. Es ist wegen seiner Komplexität für den „Otto-Normal-Verbraucher" eher ungeeignet. Vor allem aber bei größeren Mängeln und hohen Mieten, z. B. in der Gewerberaummiete, ist es das zu empfehlende Verfahren.

4. Vereinfachte Nutzwertanalyse

In der mietrechtlichen Praxis hat sich eine vereinfachte Nutzwertanalyse durchgesetzt. Auch hierbei wird versucht, den Nutzwert der einzelnen Räume und Flächen zu ermitteln und die Gebrauchsbeeinträchtigung für die einzelnen Räume zu bewerten. Eine ausführliche Darstellung und ein Excel-Berechnungsprogramm finden Sie bei: Börstinghaus, Mietminderungstabelle, 3. Aufl., 2013.

Mindeststandard

Nach der Rechtsprechung des BGH (BGH, NJW 2004, 3174 = NZM 2004, 736 = MietPrax-AK § 536 BGB Nr. 7) kann bei der Vermietung von Altbauwohnungen ein Mangel vorliegen, wenn Mindeststandards nicht eingehalten wurden. Die Wohnung muss zum Wohnen entsprechend heutigen Vorstellungen geeignet sein. Auch wenn die Vorstellungen, was zum Wohnen notwendig ist, durchaus äußerst unterschiedlich sein können, so soll es nach Ansicht des BGH einen bestimmten Mindeststandard geben, der einzuhalten ist. Der Mieter einer Wohnung kann nach der allgemeinen Verkehrsanschauung erwarten, dass die von ihm angemieteten Räume einen Wohnstandard aufweisen, der der üblichen Ausstattung vergleichbarer Wohnungen entspricht. Hierbei sind insbesondere das Alter, die Ausstattung und die Art des Gebäudes, aber auch die Höhe der Miete und eine eventuelle Ortssitte zu berücksichtigen. Nicht alles, was bei Neubauten und im modernen Wohnungsbau zwischenzeitlich üblich geworden ist, kann auch bei Altbauten als üblich angesehen oder zum Maßstab gemacht werden.

Ein solcher Mindeststandard ist nicht objektiv und einheitlich für alle Wohnungen zu bestimmen. Auch bei Altbauten muss man noch differenzieren. So gibt es teilweise sicher noch Substandard-Wohnungen z. B. mit Toiletten im Treppenhaus. Dies entspricht nicht mehr dem heute üblichen Standard. Trotzdem wird man kaum sagen können, dass den Vermieter hier eine Nachbesserungspflicht trifft, wonach er die Wohnung mit Innentoiletten ausstatten muss. Es handelt sich eben auch bei diesen den objektiven heutigen Mindeststandard unterschreitenden Wohnungen um einen eigenen Wohnungsteilmarkt. Auch nach der Rechtsprechung des BGH ist der Mindeststandard wohnungsteilmarktabhängig festzustellen. Konkret hat der BGH einen solchen Mindeststandard für den Bereich der Elektroinstallation entschieden. Der Mieter könne aufgrund des technischen und wirtschaftlichen Fortschritts grundsätzlich erwarten, dass der vertragsgemäße Gebrauch einer Wohnung jedenfalls eine solche Lebensweise zulässt, die seit Jahrzehnten üblich ist und dem allgemeinen Lebensstandard entspricht (BGH NJW 2004, 3174 = NZM 2004, 736 = MietPrax-AK § 535 BGB Nr. 7). Der Mieter hat grundsätzlich Anspruch auf eine Elektrizitätsversorgung, die zumindest den Betrieb eines größeren Haushaltsgeräts, wie einer Waschmaschine, und gleichzeitig weiterer haushaltsüblicher Geräte, wie z. B. eines Staubsaugers, ermöglicht. Auf eine unterhalb dieses Mindeststandards liegende Beschaffenheit kann der Mieter nur bei eindeutiger Vereinbarung verwiesen werden. Dem genügt eine Formularklausel, nach der der Mieter in der Wohnung Haushaltsmaschinen nur im Rahmen der Kapazität der vorhandenen Installationen aufstellen darf, nicht (BGH WuM 2010, 235 = MietPrax-AK § 536 BGB Nr. 30).

Mitverschulden

Ein Schadensersatzanspruch kann gem. § 254 BGB gemindert sein, wenn der Geschädigte bei der Entstehung des Schadens schuldhaft mitgewirkt hat. Dies kann z. B. der Fall sein, wenn er eigene Sorgfaltspflichten nicht beachtet hat.

> **Beispiele:**
> - *Aufbewahrung feuchtigkeitsempfindlicher Gegenstände in einem erkennbar feuchten Keller*
> - *nicht ausreichendes Lüften in einer nicht ausreichend gedämmten Wohnung*
>
> Das Mitverschulden kann im Extremfall dazu führen, dass der Schadensersatzanspruch bis auf Null reduziert wird.

Mitwirkungspflicht

Teilweise trifft den Mieter nur eine Duldungs-, teilweise auch eine Mitwirkungspflicht. Bei Instandhaltungs- oder Modernisierungsmaßnahmen muss der Mieter diese gem. § 554 BGB grundsätzlich dulden. Er muss allenfalls private Gegenstände beiseite räumen. Er muss den Handwerker zur Durchführung von Mangelbeseitigungsarbeiten in die Wohnung lassen. Tut er dies nicht, verliert er seine Gewährleistungsrechte, da der Vermieter in diesem Fall die von ihm geschuldete Leistung tatsächlich angeboten hat.

Mobilfunkantenne

Rechtsprechungsübersicht:

0 %   Mobilfunkantenne auf dem Dach, ohne konkrete Anzeichen einer Gesundheitsgefahr (LG Hamburg – 21.6.2007 – 307S 15/07 – WuM 2007, 692)

20 %   Befürchtung einer Gesundheitsgefahr durch eine Mobilfunkantenne auf dem Flachdach des Mieters im OG (AG München – 1.4.1998 – 432C 7381/95 – WuM 1999, 111 = GE 2000, 1692)

Modernisierung

Eine Modernisierung liegt vor, wenn die Mietsache durch eine bauliche Maßnahme angenehmer, sicherer oder bequemer benutzt werden kann. Zu den Modernisierungsmaßnahmen zählen ferner auch alle Maßnahmen zur Einsparung von Energie und Wasser. Abzugrenzen ist die Modernisierungsmaßnahme von Instandhaltungs- und Instandsetzungsmaßnahmen. Der Mieter muss Modernisierungsmaßnahmen unter den Voraussetzungen des § 554 Abs. 2, 3 BGB dulden. Gehen von den baulichen Maßnahmen der Modernisierung Beeinträchtigungen aus, so führt dies zur Minderung der Miete, wenn nicht nur unerhebliche Gebrauchsbeeinträchtigungen vorliegen. Dabei ist es egal, ob die Beeinträchtigungen durch Modernisierungsmaßnahmen in der eigenen Wohnung oder in einer Nachbarwohnung oder sonst wo im oder am Haus oder auf dem Nachbargrundstück verursacht werden. Anders als bei Instandsetzungsarbeiten kann der Vermieter nach einer Modernisierung die Miete unter den Voraussetzungen des § 559 BGB erhöhen. In der Regel können 11 % der auf die Wohnung aufgewandten Kosten zum Gegenstand einer Mieterhöhung gemacht werden. In der Praxis werden Instandsetzungsarbeiten häufig mit Modernisierungsarbeiten verbunden. Man spricht dann von einer *modernisierenden Instandsetzung*. In diesem Fall müssen die für die Instandsetzung erforderlichen Kosten von dem Gesamtaufwand abgezogen werden, um die anrechenbaren Modernisierungskosten zu ermitteln.

Rechtsprechungsübersicht:

10 % *Dachgeschossausbauten im Mietshaus (LG Berlin – 12.4.1994 – 63S 439/93 – MM 1994, 396)*

10 % *nicht abgeschlossene Renovierung nach Einbau einer neuen Heizungsanlage (LG Berlin – 29.7.2002 – 61S 37/02 – MM 2002, 480)*

20 % *Modernisierungsmaßnahmen, vor allem die Verlegung neuer Leitungen, im Mietshaus (AG Neukölln – 15.9.1993 – 17C 87/93 – MM 1994, 23)*

30 % *Ausbau des Dachgeschosses (AG Osnabrück – 11.10.1996 – 44C 345/96 – WuM 1996, 754 = NJW-RR 1997, 774)*

50 % *Lärmbelästigung durch umfangreiche Bau- und Sanierungsarbeiten im Mietshaus (AG Weißwasser – 18.4.1994 – 3C 701/93 – WuM 1994, 601)*

Motten

→ *Ungeziefer*

Müll

Rechtsprechungsübersicht:

0 % *Außerbetriebsetzung der Müllschluckeranlage (AG Hamburg – 31.1.1984 – 37a C 344/83 – WuM 1985, 260)*

5 % *Mülltonne ist ständig überfüllt (AG Potsdam – 9.3.1995 – 26C 406/94 – WuM 1996, 760)*

5 % *zu wenige Mülltonnen führen zu einer Verwahrlosung des Müllplatzes und zu einer Geruchsbelästigung (AG Lichtenberg – 16.3.2004 – 6C 234/03 – MM 2004, 339)*

5 % Reduzierung der Müllabfuhr auf die Hälfte trotz höheren Bedarfs und Verwahrlosung des Gartens (LG Berlin – 14.12.2006 – 67S 389/06 – GE 2007, 719)

Musik

→ *Lärm*

Rechtsprechungsübersicht:

0 % Mitklopfen der Mitmieter aufgrund lauten Klavierspiels (AG Tiergarten – 4.10.1989 – 7C 269/88 – NJW-RR 1990, 398 = MM 1990, 160)

0 % Hausmusik durch Nachbarn bei persönlicher Überempfindlichkeit (AG Münster – 5.7.1991 – 4C 83/91 – WuM 1991, 545)

0 % Lärmbelästigung durch Kindergeschrei, Musikausübung, Radioübertragungen, Begehen der Wohnungen mit Straßenschuhen, gelegentliches Kindergetrampel oder gelegentliches Fallenlassen von Gegenständen durch Nachbarn (AG Trier – 17.1.2001 – 5C 194/00 – WuM 2001, 237)

5 % Lärmbelästigung durch einen Jazzkeller, auch nachts (LG Berlin – 3.3.2005 – 67S 238/02 – GE 2005, 869)

10 % Unter der Wohnung übt eine Musikgruppe zweimal wöchentlich ab 20.00 Uhr ca. drei Stunden. (AG Neuss – 26.10.1987 – 36C 674/86 – NJW-RR 1989, 206)

10 % Lärmbelästigung durch einen Phonoladen im Haus (AG Köln – 22.7.1992 – 207C 164/91 – WuM 1994, 200)

20 % Lärm durch im Haus befindliche Tanzschule nach 22.00 Uhr (AG Köln – 16.7.1987 – 208C 545/86 – WuM 1988, 56)

30 % Lärmbelästigung durch eine Diskothek im Mietshaus (AG Schöneberg – 15.5.1998 – 17C 562/97 – MM 1999, 79)

50 % überlaute Lärmbelästigung, vor allem Musik, durch eine Wohngemeinschaft im Haus (AG Braunschweig – 3.8.1989 – 113C 168/89 – WuM 1990, 147)

N

Nachbarn

Störungen, die von Nachbarn ausgehen, können ebenfalls zu einer Gebrauchsbeeinträchtigung führen. Das können z. B. Beeinträchtigungen durch Lärm, Gerüche, Beleidigungen, Bedrohungen o. Ä. sein. Auch wenn der Vermieter diese Beeinträchtigungen nicht zu vertreten hat, können sie zu einer Mietminderung führen. Entscheidend ist, dass hierdurch der Gebrauch der Mietsache nicht unerheblich beeinträchtigt wird. Dafür wird von der Rechtsprechung u. a. das Unmittelbarkeitskriterium herangezogen. Wenn die Störungen unmittelbar die Wohnung und ihre Nutzung betreffen, z. B. auch die Benutzung des Treppenhauses, dann liegt ein Mangel i. S. d. § 536 BGB vor. Handelt der störende Mieter schuldhaft, so muss er dem Vermieter den Mietausfall durch die Minderung als Schadensersatz ersetzen. In der Praxis empfiehlt sich bei dieser Prozesssituation eine Streitverkündung, um divergierende Gerichtsentscheidungen zu vermeiden.

Rechtsprechungsübersicht:

0 % *Geräusche aus der Nachbarwohnung (Wasserspülung, Laufenlassen von Wasser und Öffnen oder Schließen der Fenster) (AG Münster – 18.1.1983 – 28C 539/82 – WuM 1983, 236)*

0 % *gelegentlicher Kinderlärm aus der Nachbarwohnung (AG Hannover – 30.5.1984 – 523C 4320/84 – WuM 1987, 218)*

0 %   Lärmbelästigung durch Tragen von Hausschuhen durch den Vermieter (AG Münster – 26.6.1984 – 28C 397/84 – WuM 1985, 260)

0 %   Lärm durch Kinder (Lachen, Weinen, Schreien) (AG Starnberg – 3.6.1992 – 1C 1021/91 – WuM 1992, 471)

0 %   Lärmbelästigung durch einen Hund, wenn die Mieter trotz Kenntnis den Mietzins länger als sechs Monate gezahlt haben (AG Rostock – 20.9.1995 – 41C 75/95 – WuM 1996, 31)

0 %   Lärmbelästigung durch die Rollläden des Nachbarn (AG Oranienburg – 19.11.2001 – 29C 262/01 – GE 2001, 1678)

0 %   Asylbewerber in der Nachbarschaft (AG Lünen – 16.12.1987 – Zw14 C 182/86 – NJW-RR 1988, 1041 = DWW 1988, 283 = WuM 1988, 348)

5 %   Trittschallgeräusche aus der darüberliegenden Wohnung (LG Hannover – 15.4.1994 – 9S 211/93 – WuM 1994, 463)

10 %   Eindringen von Zigarettenrauch aus der Nachbarwohnung (AG Charlottenburg – 17.3.2008 – 211C 3/07 – GE 2008, 1061)

10 %   Lärmbelästigung durch Waschmaschine oder Wäschetrockner der Nachbarn zur Mittagszeit oder nachts (OLG Frankfurt – 26.9.1985 – 8W 25/85 – WuM 1986, 19)

15 %   Belästigung durch streunende Katzen, die vom Nachbarn angelockt und gefüttert werden (AG Bonn – 27.11.1985 – 5C 175/85 – WuM 1986, 212 = NJW-RR 1986, 1114)

25 %   Taubenhaltung auf dem Nachbargrundstück (AG Dortmund – 14.9.1979 – 121C 151/79 – WuM 1980, 6)

Nachteilige Vereinbarung

Nach § 536 Abs. 4 BGB ist bei einem Mietverhältnis über Wohnraum eine zum Nachteil des Mieters abweichende Regelung über die Mietminderung unwirksam. Dabei ist es unerheblich, ob sich die Vereinbarung in einer Individualvereinbarung befindet oder formularvertraglich vereinbart wurde. Bei Formularvereinbarungen kann sich die Unwirksamkeit zusätzlich aus den §§ 305 ff. BGB ergeben.

Daraus folgt, dass auch Klauseln, die nicht ausdrücklich das Mietminderungsrecht ausschließen, jedoch das Recht beschränken oder die Geltendmachung erschweren, unwirksam sind. Solche Klauseln sind grundsätzlich restriktiv auszulegen.

Einzelfälle:

- Die Bestimmung in einem Mietvertrag, nach welcher der Mieter die Miete nicht mindern darf, soweit er Ausbesserungs- und Baumaßnahmen des Vermieters dulden muss, ist unwirksam (OLG Düsseldorf OLGRp Düsseldorf 1992, 78).

- Die Bestimmung in einem Mietvertrag, nach welcher eine Minderung nur zulässig ist, wenn der Mieter sich mit seinen bisherigen Zahlungsverpflichtungen nicht im Rückstand befindet, ist unwirksam (OLG Düsseldorf OLGRp Düsseldorf 1992, 78).

- Das Minderungsrecht darf auch nicht von einer vorherigen Ankündigung abhängig sein (LG Berlin MDR 1986, 938; LG Hamburg WuM 1980, 126; AG Koblenz WuM 1987, 19).

- Das Minderungsrecht darf auch nicht von der Einhaltung irgendwelcher Fristen abhängig gemacht werden (LG Hamburg WuM 1980, 126).

Zulässig ist es aber, vor Beginn einer Sanierungsmaßnahme die Mieter darauf hinzuweisen, dass bei den Mietern, die wegen der Beeinträchtigungen durch die Bauarbeiten die – zulässige – Minderung nicht vornehmen, eine anschließende Mieterhöhung in geringerem Umfang erfolgen wird (BGH Urt. v. 14.10.2009 – VIII ZR 159/08 – NZM 2010, 121 = MietPrax-AK § 558 BGB Nr. 24).

Nachtruhe

→ *Lärm*

Nachtspeicherofen

Rechtsprechungsübersicht:

0 % *asbesthaltiger Nachtspeicherofen ohne Besorgnis einer Gesundheitsgefahr (AG Wermelskirchen – 28.4.2004 – 2a C 2/02 – KM 35 Nr. 72)*

> **16 %** *asbesthaltige Nachtspeicheröfen (AG Hof – 4.4.1997 – 15C 2065/95 – WuM 1998, 281)*
>
> **17 %** *asbesthaltige Nachtspeicheröfen (AG Heidelberg – 8.5.1996 – 62C 63/95 – NJWE-MietR 1996, 267)*
>
> **18 %** *asbesthaltige Nachtspeicheröfen (LG Hannover – 30.5.1997 – 8S 203/96 – WuM 1997, 434)*
>
> **50 %** *Gesundheitsgefahr durch Asbestfasern ausgehend von einem Elektro-Nachtspeicherofen (LG Dortmund – 16.2.1994 – 11S 197/93 – ZMR 1994, 410 = WuM 1996, 141)*
>
> **50 %** *Durch asbesthaltige Nachtspeicheröfen liegt die Asbestfaserkonzentration in der Luft um 100 % über dem Grenzwert. (AG München – 16.9.1996 – 463C 8808/94 – WuM 1996, 762)*

Nebenkosten

→ *Betriebskosten*

Nettomiete

→ *Mietstruktur*

Neubau

→ *Sollbeschaffenheit*

Neue Bundesländer

Die mietrechtlichen Gewährleistungsregeln gelten ohne jede Einschränkung auch in den neuen Bundesländern. Der geschuldete Sollzustand entspricht inzwischen auch dem Standard in den alten Bundesländern.

Nichtgewährung des Gebrauchs

Die Nichtgewährung des Gebrauchs stellt unabhängig davon, ob sie gleich zu Beginn des Mietverhältnisses oder erst während des Mietverhältnisses eintritt, einen Mangel dar, der nicht zur Minderung der Miete (in der Regel bei vollständiger Gebrauchsentziehung von 100 %), aber zur Kündigung nach Fristsetzung berechtigt. Der

Mangel berechtigt den Mieter unter den Voraussetzungen des § 536a Abs. 1 BGB zum Schadensersatz und unter den Voraussetzungen des § 536 Abs. 2 BGB zum Aufwendungsersatzanspruch.

Nichtraucher

→ *Zigaretten*

Niederschlag

Rechtsprechungsübersicht:

0 %   unerheblich undichte Fenster, sodass bei Schlagregen etwas Wasser eindringen kann (AG Neuss – 22.1.1997 – 36C 152/96 – DWW 1997, 47 = ZMR 1997, 303 = NZM 1998, 35)

0 %   Überschwemmungsschaden am Teppichboden durch einen Jahrhundertregen (AG Friedberg – 20.4.1983 – C 1170/82 – WuM 1983, 236)

0 %   herabspritzendes Regenwasser von einem höher liegenden Balkon und aus der Dachrinne (AG Münster – 21.12.2005 – 59C 2601/05 – WuM 2006, 192)

0 %   Rückstau im städtischen Abwasserkanalnetz bei äußerst starken und nur sehr selten so vorkommenden Niederschlägen (OLG München – 12.7.1991 – 21U 5745/90 – WuM 1991, 681)

5 %   Feuchtigkeit im Keller bei Niederschlag (AG Düren – 16.12.1981 – 8C 465/81 – WuM 1983, 30)

5 %   mangelhafte Fensterabdichtung, wodurch Wind und Regen eindringen können (LG Berlin – 14.12.2006 – 67S 389/06 – GE 2007, 719)

5 %   eindringendes Regenwasser (AG Potsdam – 7.4.1994 – 26C 281/93 – WuM 1994, 376)

10 %   defekte Regenrinne (BGH – 6.4.2005 – XII ZR 225/03 – WuM 2005, 384 = NJW 2005, 1713 = ZMR 2005, 524 = GE 2005, 666)

10 %   beschädigter Parkettfußboden (2 m²) aufgrund von eindringendem Regenwasser durch undichte Fenster (LG Berlin – 4.12.2006 – 67S 223/06 – GE 2007, 851)

Nitrat

→ Umweltmangel

Nutzungsbedingtes Fehlverhalten

→ Verschulden des Mieters

Nutzungsbeschränkung

Rechtsprechungsübersicht:

0 % nicht gestattete Gartennutzung trotz mündlicher Vereinbarung (AG Trier – 20.8.2007 – 8C 279/07 – WuM 2007, 544)

0 % Änderung der Hausordnung (Trockenraumbenutzung), solange hierdurch keine Beeinträchtigung der Nutzungsmöglichkeit der Wohnung erfolgt (AG Steinfurt – 14.4.1983 – 4C 490/82 – WuM 1983, 235)

2 % Keller wird vorenthalten (LG Berlin – 8.11.1994 – 64S 189/94 – GE 1996, 471)

2 % Nutzungsentzug des Trockenraums (LG Saarbrücken – 7.6.1996 – 13 B S 13/96 – WuM 1996, 468)

2,5 % Entzug des zur Mitbenutzung zugesicherten Fahrradkellers (AG Menden – 7.3.2007 – 4C 407/06 – WuM 2007, 190 = NZM 2007, 883)

5 % Vorenthalten einer Waschküche (AG Köln – 23.9.1982 – 210C 25/82 – WuM 1983, 122)

5 % Widerruf der Gartennutzung durch den Vermieter (AG Bergisch Gladbach – 9.2.1989 – 60C 602/88 – WuM 1989, 498)

5 % Entzug der Mitbenutzungsmöglichkeit von Wasch- und Trockenraum (AG Dortmund – 6.12.1994 – 125C 12632/94)

10 % Entzug der Nutzungsmöglichkeit von Gemeinschaftswaschmaschinen und -wäschetrockner (AG Osnabrück – 6.5.1988 – 44C 57/88 – WuM 1990, 147)

10 % eingeschränkte Nutzungsmöglichkeit des Badezimmers wegen Sanierungsarbeiten (AG Köln – 5.9.2000 – 208C 505/99 – KM 35 Nr. 44)

19 % Unbenutzbarkeit des Balkons im Juni wegen Bauarbeiten (LG Berlin – 25.1.1996 – 62S 321/95 – GE 1997, 555)

20 % Entziehung der Mitbenutzung von Wasch- und Trockenraum sowie des Gartens (LG Köln – 29.6.1993 – 12S 426/92 – WuM 1993, 670)

20 % Unbenutzbarkeit des Bads für drei Tage wegen Mängelbeseitigung im Bad (LG Berlin – 10.7.1998 – 64S 21/98 – GE 1998, 1151)

23 % Gebrauch der Badewanne wird nur für wenige Stunden in der Woche gestattet (AG Helmstedt – 10.2.1987 – 3C 672/86 – WuM 1989, 564 = ZMR 1988, 67)

50 % Toilette und Küche sind nicht benutzbar; Ersatzräume in einer anderen Wohnung des Hauses können genutzt werden (LG Berlin – 11.3.1982 – 61S 359/81 – GE 1984, 47 = MM 1983 Heft 10, 14)

100 % Der Wohnungsschlüssel muss immer bei den Adoptiveltern der Vermieterin abgeholt werden, damit diese Besucher kontrollieren und insbesondere dem Lebensgefährten der Vermieterin den Zugang zur Mietwohnung verweigern können. (LG Gießen – 1.3.2000 – 1S 443/99 – ZMR 2000, 385 = NJW-RR 2001, 8 = NZM 2001, 232)

100 % Mitbenutzung der Wohnung durch fremde Personen (LG Berlin – 22.10.1992 – 67S 192/92 – GE 1993, 479)

Nutzungsentschädigung

Wenn das Mietverhältnis gekündigt ist, der Mieter aber noch nicht geräumt hat, dann steht dem Vermieter gegen den Mieter gem. § 546a BGB ein Anspruch auf Nutzungsentschädigung zu. Der Nutzungsentschädigungsanspruch nach Beendigung des Mietverhältnisses gem. § 546a Abs. 1 BGB ist kein Schadensersatzanspruch, sondern ein vertraglicher Anspruch eigener Art. Die Nutzungsentschädigung ist mindestens in Höhe der zuletzt geschuldeten Miete zu zahlen. Schuldete der Mieter wegen des Bestehens von Mängeln nur eine geminderte Miete, so hat er auch nur diese geminderte Miete als Nutzungsentschädigung zu zahlen. Nach Beseitigung des Mangels ist aber Nutzungsentschädigung in Höhe der ungeminderten Miete zu zahlen. Wenn der Mangel erst nach Beendigung des Mietverhältnisses eintritt, mindert sich die Nutzungsentschädigung grundsätzlich nicht.

Obhutspflicht

Den Mieter trifft die Obhutspflicht bezüglich der Wohnung, aber auch aller Teile des Hauses, die für ihn zugänglich sind. Er muss pfleglich mit der Wohnung und allen An- und Einbauten umgehen und jeden Schadenseintritt zu vermeiden versuchen. Der Mieter muss auch dafür sorgen, dass seine Mitbewohner und alle Besucher mit der Mietsache pfleglich umgehen. Im Zusammenhang mit der Obhutspflicht besteht die Verpflichtung, Mängel, aber auch schon drohende Schäden, dem Vermieter unverzüglich anzuzeigen.

Obliegenheit

Unter *Obliegenheiten* werden vertragliche Pflichten verstanden, die zwar nicht selbstständig eingeklagt werden können, deren Verletzung aber Rechtsfolgen, meist Schadensersatzansprüche, nach sich zieht. Zu den Obliegenheiten im Mietrecht zählt z. B. die Schadensminderungspflicht.

Opfergrenze

→ *Unmöglichkeit*

Optischer Mangel

Optische Mängel sind von Bau-, Versorgungs- oder Rechtsmängeln abzugrenzen. Es ist lediglich das Ansehen der Mietsache betroffen.

So stellt ein ungepflegtes Treppenhaus einen optischen Mangel dar, der im Einzelfall auch zur Minderung der Miete führt. Auch Graffitischmierereien an der Hauswand stellen einen optischen Mangel dar. Optische Mängel können auch zusammen mit baulichen Mängeln auftreten, z. B. der Schimmelfleck in der Wohnung. Er stellt zum einen eine optische Gebrauchsbeeinträchtigung dar, von ihm geht aber u. U. auch eine Gesundheitsgefährdung aus.

Rechtsprechungsübersicht:

0 % Im Badezimmer ist ein Quadratmeter der Wand nicht verputzt und der Fußboden nicht vollständig malermäßig behandelt (AG Schöneberg – 17.10.1989 – 16C 508/89 – GE 1990, 661)

0 % nicht vollständige Abdichtung der Fugenverfliesung im Bad (LG Berlin – 20.11.1980 – 61S 200/80 – GE 1981, 673)

0 % Haarrisse an der Zimmerdecke (LG Berlin – 16.5.1988 – 61S 433/87 – WuM 1988, 301 = GE 1988, 731 = MDR 1988, 779)

0 % andersfarbige Neuverfliesung einer ganzen Wand nach einem Wasserrohrbruch im Badezimmer (AG Köln – 8.9.1994 – 215C 256/93 – WuM 1997, 41)

0 % minimale Rostflecken auf dem Balkon (AG Lüdinghausen – 26.6.1996 – 4C 609/95 – WuM 1998, 690)

0 % Kabelkanäle im Wohnzimmer liegen auf Putz (AG Büdingen – 1.8.1997 – 20C 372/97 – WuM 1998, 281)

0 % auf Putz liegende Wasserleitungen (AG Büdingen – 1.8.1997 – 20C 372/97 – WuM 1998, 281)

0 % Farbunterschiede im Parkettboden nach einer Mängelbeseitigung (AG Köln – 22.1.2001 – 211C 405/00 – KM 35 Nr. 42)

0 % geringfügige Dellen und rein optische Mängel des Parkettbodens (AG Bergisch Gladbach – 14.8.2002 – 62C 321/01 – KM 35 Nr. 55)

0 % abgescheuerte Treppenstufen (LG Berlin – 14.9.2006 – 62S 90/06 – GE 2006, 1407)

PAK

→ *Umweltmangel*

Parkett

Rechtsprechungsübersicht:

0 % *Farbunterschiede im Parkettboden nach einer Mängelbeseitigung (AG Köln – 22.1.2001 – 211C 405/00 – KM 35 Nr. 42)*

10 % *beschädigter Parkettfußboden (2 m²) aufgrund von eindringendem Regenwasser durch undichte Fenster (LG Berlin – 4.12.2006 – 67S 223/06 – GE 2007, 851)*

25 % *Durch schadhafte Abflussrohre tritt Wasser aus, wodurch ein Parkettboden schadhaft wird und in mehreren Zimmern die Wände durchfeuchten (LG Düsseldorf – 2.11.1994 – 24S 242/94 – DWW 1996, 282)*

Parkplatz

Rechtsprechungsübersicht:

0 % *angemieteter Parkplatz wird von anderen Fahrzeugen blockiert (AG Aachen – 30.8.2007 – 80C 18/07 – ZMR 2008, 383)*

0 %   Veränderung der Einparkmöglichkeiten in der Tiefgarage (AG Köln – 22.1.2007 – 206C 284/04)

5 %   Lärmbelästigung und Abgase durch einen neu errichteten Parkplatz in der Nähe der Wohnung (AG Spandau – 5.1.2000 – 6C 526/99 – WuM 2000, 178)

7,4 %   Errichtung eines Parkplatzes auf der bei Anmietung der Wohnung vorhandenen Grünfläche (Minderung für den Mieter einer in der 1. Etage gelegenen Wohnung mit Balkon) (AG Köpenick – 11.7.2007 – 6C 71/07 – MM 2007, 299)

10 %   Pkw-Stellplatz wird durch einen allgemein zugänglichen Parkplatz ca. 500 m vom Haus entfernt ersetzt (AG Köln – 9.1.1989 – 213C 295/86 – WuM 1990, 146)

PCB

→ Umweltmangel

PCP

→ Umweltmangel

PER

→ Umweltmangel

Positive Kenntnis

→ Kenntnis

Preisfreier Wohnungsbau

In der Wohnraummiete muss zwischen dem freifinanzierten und dem öffentlich finanzierten Wohnungsbau unterschieden werden. Bedeutung hat diese Unterscheidung vor allem für die Berechnung der Miete und der Betriebskosten sowie deren Erhöhung. Im freifinanzierten Wohnungsbau können die Mietvertragsparteien im Rahmen der Vertragsfreiheit bei Abschluss des Vertrages und auch später über die Miethöhe Vereinbarungen treffen. Diese werden allenfalls über § 5 WiStG einer Preiskontrolle unterzogen. Darüber hinaus hat der

Vermieter unter bestimmten gesetzlich festgelegten Voraussetzungen einen Anspruch entweder auf Zustimmung zu einer Mieterhöhung (§§ 558 ff. BGB) oder er kann einseitig die Miete wegen bestimmter baulicher Maßnahmen (§§ 559 ff. BGB) oder Veränderungen bei den Betriebskosten (§ 560 BGB) erhöhen. Für die Gewährleistung kommt es auf diese Unterscheidung nicht an.

Preisgebundener Wohnungsbau

Unter dem Begriff *preisgebundener Wohnungsbau* werden verschiedene Wohnungsbestände verstanden:

Für bestimmten geförderten Wohnraum darf der Vermieter nur die Kostenmiete nach den Vorschriften des WoBindG, der NMV, der II. BerechnungsVO und des II. WoBauG verlangen. Dies setzt eine Wirtschaftlichkeitsberechnung voraus, in die nur die entsprechend den gesetzlichen Vorgaben festgelegten Kostenansätze übernommen werden dürfen. Maßstab für die vom Mieter zu zahlende Miete sind die ggf. pauschaliert in Ansatz gebrachten Kosten der Errichtung und Bewirtschaftung des Gebäudes und der Wohnung, die unabhängig von der Marktlage und der Person des Mieters auch bei einer Neuvermietung die Höhe der Miete bestimmen. Mieterhöhungen kann der Vermieter einseitig gem. § 10 WoBindG vornehmen. Das Recht des öffentlich geförderten Wohnungsbaus ist in den letzten Jahren mehrfach geändert worden.

Zunächst hat der Gesetzgeber das Wohnraumförderungsgesetz geschaffen. Das Gesetz gilt für alle Förderungen ab dem 1.1.2002 und hat das alte Wohnungsbaurecht ersetzt. Nach Übertragung der ausschließlichen Gesetzgebungszuständigkeit für den Bereich der Wohnraumförderung durch das Gesetz zur Überleitung der sozialen Wohnraumförderung auf die Länder – Wohnraumförderungs-Überleitungsgesetz (WoFÜG) – im Rahmen der Föderalismusreform zum 1.9.2006 haben einige Bundesländer abweichende Regelungen erlassen. Soweit keine abweichende landesgesetzliche Regelung getroffen wurde, gilt das WoFG gem. Art. 125a GG in den übrigen Bundesländern weiter. Die Regelungen des II. WoBauG, des WoBindG, der NMV und der II. BV gelten aber für vor dem 1.1.2002 geförderte Bestände weiter. Das WoFG und einige Landesgesetze ordnen jetzt nicht mehr eine bestimmte Fördermethode an. Stattdessen legen die Länder im Rahmen des jeweils anwendbaren Gesetzes die Fördervoraussetzungen fest. Dies kann durch Förderprogramme oder -richtlinien erfolgen. Die Förderung im Einzelfall wird geregelt in der Förderzusage gem. § 13 WoFG. In dieser werden alle maßgeblichen Bestimmungen festgelegt. Die Förderzusage erfolgt öffentlich-rechtlich durch Verwaltungsakt oder durch öffentlich-rechtlichen Vertrag. In der Förderzusage wird eine höchstzulässige Miete bestimmt. Möglich ist dies auch für Mieterhöhungen nach Modernisierung. Diese höchstzulässige Miete ist aber nur eine Obergrenze. Die Mieterhöhung selbst erfolgt nach den Vorschriften des BGB. Es müssen also alle Voraussetzungen des § 558 BGB erfüllt sein, damit der Vermieter einen Anspruch auf Zustimmung zur Mieterhöhung hat. Es erfolgt keine einseitige Mieterhöhung mehr wie früher nach dem WoBindG. Der Mieter kann sich gegenüber dem Vermieter auf die Bestimmungen der Förderzusage berufen. Ihm steht deshalb gem. § 28 Abs. 5 WoFG ein Auskunftsanspruch zu. Von der Förderzusage abweichende Vereinbarungen sind gem. § 28 Abs. 6 WoFG unwirksam.

Diese beiden Bundesregelungen gelten aber nur, soweit im jeweiligen Bundesland keine abweichende landesgesetzliche Regelung gilt.

Die differenzierten Regelungen über die Miethöhe und Mieterhöhung haben aber keinen Einfluss auf die Gewährleistungsrechte des Mieters.

Prostitution

Rechtsprechungsübersicht:

0 % *Lärmbelästigung durch den Türsummer eines Bordells im Haus (LG Berlin – 21.4.2008 – 63S 210/07 – GE 2009, 453)*

0 % *bordellartiges Gewerbe in der 6. Etage, ohne dass Mieter in der 4. Etage konkret belästigt werden (AG Schöneberg – 8.12.1986 – 13C 626/86 – GE 1987, 139)*

0 % *Fensterbordell im Haus (AG Hamburg – 22.2.2002 – 47C 666/00 – WuM 2002, 264)*

10 % *Bordellbetrieb in der Erdgeschosswohnung des Mietshauses (AG Neukölln – 9.3.2007 – 5C 141/06 – GE 2008, 606)*

10 % *Bordellbetrieb im Haus (LG Berlin – 4.3.2008 – 65S 131/07 – GE 2008, 671)*

20 % *Belästigung durch Prostitution in der Nachbarwohnung (AG Wiesbaden – 10.2.1998 – 92C 3285/97 – WuM 1998, 315)*

Prostitution

21,7 % *Ausübung von Prostitution in der Nachbarwohnung (AG Regensburg – 20.6.1990 – 3C 1146/90 – WuM 1990, 386)*

Qualifizierte Abmahnung

→ *Abmahnung*

R

Ratten

→ *Ungeziefer*

Raucher

→ *Zigaretten,* → *Geruch*

Rechtsmangel

Nach § 536 Abs. 3 BGB mindert sich die Miete auch dann, wenn dem Mieter der vertragsgemäße Gebrauch der Mietsache durch das Recht eines Dritten ganz oder zum Teil entzogen wird. Man spricht dann von einem Rechtsmangel. Es muss sich um dingliche oder schuldrechtliche Rechte Privater handeln, die zu einer Gebrauchsentziehung führen. Dies ist z. B. bei einer Doppelvermietung der Fall. Zu beachten ist aber, dass allein das Bestehen eines Rechtes eines Dritten noch keinen Rechtsmangel darstellt. Erforderlich ist, dass der Dritte sein Recht auch wirklich geltend macht (BGH Urt. v. 12.6.2006 – XII ZR 178/03 – NZM 2006, 699 = MietPrax-AK § 536 BGB Nr. 16). Öffentlich-rechtliche Beschränkungen wie z. B. Abbruchverfügung oder Zweckentfremdungsgebot stellen demgegenüber keinen Rechtsmangel, sondern einen Sachmangel dar.

Restaurant

→ *Gaststätte*

Risikosphäre

Die Risikosphäre spielt im Rahmen der Beweislast eine Rolle. Jede Partei muss darlegen und beweisen, dass der Mangel nicht aus seiner Sphäre stammt. Das bedeutet z. B. bei der Frage, ob der Feuchtigkeitsschaden auf einem nutzerbedingten Fehlverhalten beruht, dass der *Vermieter* darlegen und beweisen muss, dass Ursache des Mangels kein Baumangel ist, und dass anschließend der *Mieter* darlegen und beweisen muss, dass ihm kein Fehlverhalten vorzuwerfen ist.

Risse

Rechtsprechungsübersicht:

0 %   Rissbildungen in einem Plattenbau (KG Berlin – 11.3.2002 – 8U 6289/00 – GE 2002, 796)

0,5 %   Risse in der Wohnzimmerdecke (LG Berlin – 13.1.2004 – 64S 334/03 – WuM 2004, 233)

2 %   Setzrisse in der Küche bei hochpreisigen Wohnungen (LG Berlin – 22.9.1998 – 64S 53/98 – GE 1998, 1275 = MM 1998, 441 = WuM 1998, 725 = NZM 1999, 405)

5 %   Riss an der Wohnzimmerdecke (LG Berlin – 14.12.2006 – 67S 389/06 – GE 2007, 719)

15 %   durchgehender Riss im Außenmauerwerk durch Bergschäden (AG Bergheim – 19.6.1998 – 22C 634/97 – WuM 2000, 435)

Rollladen

Rechtsprechungsübersicht:

0 %   defekter Rollladen an einem Fenster (AG Köln – 14.3.2005 – 206C 161/04)

3 %   defekte Jalousetten in der unteren Wohnebene (LG Berlin – 14.9.2006 – 62S 90/06 – GE 2006, 1407)

5 %   mangelhafte Rollläden (AG Warendorf – 28.3.2000 – 5C 472/99 – WuM 2000, 379)

Rost

Rechtsprechungsübersicht:

0 % minimale Rostflecken auf dem Balkon (AG Lüdinghausen – 26.6.1996 – 4C 609/95 – WuM 1998, 690)

10 % rostverfärbtes Leitungswasser (LG Köln – 25.3./1986 – 12S 488/85 – WuM 1987, 122)

10 % unzulässig hoher Eisengehalt oder Rost im Warmwasser (LG Berlin – 14.9.2005 – 64S 77/05 – GE 2005, 1489)

20 % rostverfärbtes Wasser (AG Görlitz – 15.5.1997 – 3C 1347/96 – WuM 1998, 180, 315)

S

Sachmangel

Der Sachmangel ist zu unterscheiden vom Rechtsmangel und vom Umwelt- oder Umfeldmangel. Vielfach wird der Ver- oder Entsorgungsmangel auch noch als eigener Typ von Mängeln betrachtet, also wenn die Müllbeseitigung nicht funktioniert. Gerade die fehlende Beheizung oder Wasserversorgung zeigt aber die Nähe von Versorgungsmängeln zu Sachmängeln. Ein Sachmangel ist ein Mangel des Bauteils. Für die mietrechtliche Gewährleistung ist es im Prinzip unerheblich, wie man den Mangel qualifiziert. Entscheidend ist, dass von ihm eine Gebrauchsbeeinträchtigung ausgeht.

Sado-Maso-Café

> **Rechtsprechungsübersicht:**
>
> 0 %   *Sado-Maso-Café im Haus mit separatem Eingang (AG Hamburg – 23.3.2006 – 49C 474/05)*

Sanitäranlagen

→ *Badezimmer,* → *Toilette*

Schaben

→ *Ungeziefer*

Schadensersatz

Der Mieter kann unter bestimmten Voraussetzungen aufgrund eines Mangels auch Schadensersatzansprüche gegen den Vermieter haben. Gemäß § 536a Abs. 1 BGB kommt ein solcher Anspruch unter folgenden drei alternativen Voraussetzungen in Betracht:

- wenn der Mangel von Anfang an vorhanden war, unabhängig davon, ob der Vermieter den Mangel zu vertreten hat (Garantiehaftung)

- bei einem nach Übergabe eintretenden Mangel, wenn der Vermieter ihn zu vertreten hat

- bei einem nachträglich entstandenen Mangel, den der Vermieter nicht zu vertreten hat, wenn der Vermieter mit der Mangelbeseitigung in Verzug ist.

Für einen Mangel, der bei Vertragsschluss bereits vorlag, haftet der Vermieter ohne Rücksicht auf ein eigenes Verschulden auf Schadensersatz. Dabei ist es nicht erforderlich, dass der Mangel schon bei Vertragsschluss sichtbar hervorgetreten ist – es genügt, wenn der Mangel latent vorhanden war, z. B. als verborgener Baumangel, wie z. B. eine unfachmännisch zugemauerte Wandöffnung (BGH Urt. v. 7.6.2006 – XII ZR 34/04 – NZM 2006, 626 = NJW 2006, 2918 = MietPrax-AK § 536 BGB Nr. 15).

Der Vermieter hat einen Mangel zu vertreten, wenn er seiner Erhaltungspflicht gem. § 535 Abs. 1 S. 2 BGB nicht nachgekommen ist. Dabei hat der Vermieter für das Verschulden seiner Erfüllungsgehilfen, wie z. B. des Hausmeisters, der Handwerker und der Putzfrau, gemäß § 278 BGB einzustehen.

Die Höhe des Schadensersatzes richtet sich nach dem Interesse des Mieters an der Erfüllung des Vertrages. Dabei muss eine Vergleichsrechnung zwischen der Vermögenslage des Mieters mit und ohne das schädigende Ereignis durchgeführt werden. Werden durch den Mangel der Mietsache Gegenstände des Mieters beschädigt, z. B. Feuchtigkeitsschäden an Möbeln oder Kleidungsstücken des Mieters, so muss dieser Sachschaden ersetzt werden. Kann der Mieter seiner Arbeit nicht nachgehen, kommt auch Verdienstausfall in Betracht. Bei Gesundheitsbeeinträchtigung kann ggf. gem. § 253 Abs. 2 BGB auch die Zahlung von Schmerzensgeld geschuldet werden.

Anstelle des Schadensersatzanspruchs kann der Mieter in bestimmten Fällen auch Aufwendungsersatz verlangen.

→ *Aufwendungsersatz,* → *Immaterieller Schaden*

Schallschutz

→ *Lärm*

Rechtsprechungsübersicht:

0 % Schallschutz entspricht nicht den aktuellen Normen (AG Karlsruhe – 16.12.2004 – 8C 240/04 – DWW 2005, 71)

0 % mangelhafter Schallschutz nach Verschärfung technischer Normen (LG Berlin – 18.6.1999 – 64S 63/99 – ZMR 2000, 532)

10 % unzureichender Schallschutz (LG Berlin – 14.9.2005 – 64S 77/05 – GE 2005, 1489)

20 % starke Hellhörigkeit des Hauses (AG Wedding – 22.5.1985 – 6C 211/85 – MM 1986, Nr. 2, 48)

20 % erhebliche Lärmbelästigung durch benachbarte Gaststätte und Werkstatt bei mangelhaftem Schallschutz der Wohnung (AG Gelsenkirchen – 22.12.1975 – 3C 29/75 – WuM 1978, 66 = ZMR 1978, 238)

Schimmel

Schimmelschäden in Wohnungen stellen heute einen der Hauptmängel in der Praxis dar. Ursache für Schimmelbildung in der Wohnung ist zu hohe Raumfeuchtigkeit. Da diese Feuchtigkeit in der Regel nicht von außen kommt, also durch Risse oder undichte Dächer – was immer ein Mangel ist – ist der Hauptstreitpunkt immer der, ob die Ursache der Raumfeuchtigkeit in einem Mangel des Bauwerks oder einem Fehlverhalten des Mieters zu sehen ist.

→ *Feuchtigkeit*

Rechtsprechungsübersicht:

0 % Schimmelpilzbildung durch falsches Lüftungsverhalten des Mieters (AG Halle – 8.11.1990 – 2C 178/90 – DWW 1991, 220)

5 % Feuchtigkeitsflecken und Schimmel, die nur durch extremes Lüften vermieden werden könnten (LG Hamburg – 29.8.1997 – 311S 88/96 – NZM 1998, 571 = NJW-RR 1998, 1309)

8 % Schimmelpilzbildung in Küche und Flur ohne Verschulden des Mieters (AG Tempelhof-Kreuzberg – 23.12.2008 – 9C 14/08 – GE 2009, 331)

10 % Feuchtigkeitsschäden und Schimmel in der ganzen Wohnung nach Einbau neuer Fenster (AG Gotha – 24.3.2003 – 2C 116/02 – WuM 2003, 601)

15 % Schimmelpilz im Wohn- und Kinderzimmer (LG Berlin – 10.8.2006 – 62S 101/06 – GE 2007, 151)

20 % Schimmelpilzbefall der Wohnung wegen mangelhafter Wärmedämmung (AG Osnabrück – 4.7.2005 – 14C 385/04 – NZM 2006, 224 = NJW-RR 2006, 515)

20 % Schimmelbefall wegen falschen Wohnverhaltens ohne Belehrung nach Einbau von Isolierglasfenstern (LG Gießen – 12.4.2000 – 1S 63/00 – GE 2000, 1256 = ZMR 2000, 537 = MDR 2000, 761)

25 % Feuchtigkeitsschäden mit gesundheitsschädlicher Schimmelbildung in der Wohnung in einem Altbau, der ohne Heizungsausstattung überlassen wurde (AG Marbach – 24.5.2007 – 3C 462/06 – WuM 2007, 385)

40 % Schimmelbefall im Schlafzimmer sowie in der Küche (AG Oldenburg – 5.2.2008 – 23C 378/07 – NZM 2008, 803)

80 % Küche, Wohn- und Schlafzimmer sind ständig durchfeuchtet, modrig und von Schimmel befallen; Aufenthalt nur in einem kleinen Zimmer als untergeordneter Teil der Wohnung möglich (LG Berlin – 8.1.1991 – 65S 205/89 – GE 1991, 625)

100 % Schimmelbefall in der Wohnung, der zu lebensgefährlichen Erkrankungen geführt hat (LG Berlin – 20.1.2009 – 65S 345/07 – GE 2009, 845)

Schloss

→ *Haustür*

Schmerzensgeld

→ *Immaterieller Schaden*

Schriftform

Die gesetzliche Schriftform erfordert gem. § 126 BGB eine Unterschrift. Für eine dem Schriftformerfordernis genügende Unterschrift ist erforderlich, aber auch genügend, das Vorliegen eines die Identität des Unterschreibenden ausreichend kennzeichnenden Schriftzugs, der individuelle und entsprechend charakteristische Merkmale aufweist, die die Nachahmung erschweren, sich als Wiedergabe eines Namens darstellt und die Absicht einer vollen Unterschriftsleistung erkennen lässt, selbst wenn er nur flüchtig niedergelegt und von einem starken Abschleifungsprozess gekennzeichnet ist. Im Mietrecht ist die Schriftform nur für die Kündigung gem. § 568 BGB vorgeschrieben. Langfristige Mietverträge sind lediglich kündbar, wenn sie nicht schriftlich abgeschlossen wurden, § 550 BGB.

Daneben gibt es gem. § 127 BGB noch die gewillkürte Schriftform, also die, die die Parteien selbst vereinbart haben. Hier genügt z. B. auch ein Fax zur Einhaltung der Form.

Schwarzfärbung

→ *Fogging*

Selbstständiges Beweisverfahren

Das selbstständige Beweisverfahren ist sowohl ein Instrument zur Prozessvermeidung als auch zur vorprozessualen Sachaufklärung. Auch im mietrechtlichen Gewährleistungsrecht hat es deshalb seine Bedeutung. Dabei dient das selbstständige Beweisverfahren je nach aktuellem Verfahrensstand unterschiedlichen Zwecken, nämlich

- der Beweissicherung,
- der Prozessvermeidung oder
- der Prozessbeschleunigung.

Zeitlich kommt das selbstständige Beweisverfahren bei Mängeln in der Wohnung vor allem vor Rechtshängigkeit einer eventuellen Zahlungs-, Räumungs- oder Mängelbeseitigungsklage in Betracht.

In Einzelfällen mag das Verfahren auch während eines solchen Prozesses notwendig werden, wenn der Verlust des Beweismittels z. B. durch Baumaßnahmen droht.

Bei den Voraussetzungen des selbstständigen Beweisverfahrens ist danach zu differenzieren, ob das Verfahren nach § 485 Abs. 1 ZPO oder nach § 485 Abs. 2 ZPO betrieben werden soll:

Gemäß § 485 ZPO ist das selbstständige Beweisverfahren zulässig, wenn neben den allgemeinen Sachentscheidungsvoraussetzungen folgende besonderen Verfahrensvoraussetzungen alternativ gegeben sind:

- Der Gegner muss dem Verfahren zugestimmt haben; die Zustimmung des Antragsgegners ist eine Prozesshandlung und muss dem Gericht gegenüber abgegeben werden.

- Es muss die Besorgnis des Verlustes des Beweismittels oder der erschwerten Benutzung eines Beweismittels bestehen. Die Besorgnis des Verlustes oder der erschwerten Benutzung des Beweismittels kommt insbesondere dann in Betracht, wenn der vermeintliche Mangel beseitigt werden soll, also wenn Instandsetzungsarbeiten oder Schönheitsreparaturen in der Wohnung durchgeführt werden.

- Es muss um die Feststellung des Zustandes oder Wertes einer Sache, der Ursache eines Sachschadens oder Sachmangels sowie des Aufwandes für die Beseitigung eines solchen Schadens oder Mangels gehen.

Gemäß § 485 Abs. 2 ZPO kann eine Partei die schriftliche Begutachtung durch einen Sachverständigen u. a. beantragen, wenn sie ein rechtliches Interesse daran hat, dass

- der Zustand oder Wert der Mietsache,

- die Ursache eines Mangels oder Schadens oder

- der Aufwand für die Beseitigung eines Schadens oder Mangels

festgestellt werden soll.

Dem Sachverständigen kann die Feststellung von Mängeln der Mietsache, der deshalb vorliegenden Gebrauchsbeeinträchtigung und des Kostenaufwandes zur Mängelbeseitigung übertragen werden. Umstritten ist, ob der Sachverständige auch mit der Ermittlung der Minderungsquote beauftragt werden darf. Dafür sprechen pragmatische Gründe. Jedoch ist die Beurteilung einer evtl. Mietminderung eine Rechtsfrage, die dem Gericht obliegt.

Selbstbeseitigungsrecht

Gerät der Vermieter mit der Beseitigung eines Mangels in Verzug, so kann der Mieter den Mangel gem. § 536a Abs. 2 BGB selbst beseitigen und Ersatz der erforderlichen Aufwendungen verlangen. Voraussetzung hierfür ist, dass

- entweder der Vermieter mit der Mangelbeseitigung in Verzug ist oder

- eine umgehende Beseitigung des Mangels zur Erhaltung oder Wiederherstellung des Bestands der Mietsache notwendig ist.

Die Kosten für eine ohne Inverzugsetzung durchgeführte Instandsetzungsmaßnahme bekommt der Mieter weder nach § 536a Abs. 2 BGB noch nach irgendeiner anderen Norm erstattet (BGH Urt. v. 16.1.2008 – VIII ZR 222/06 – WuM 2008, 147 = MietPrax-AK § 536a BGB Nr. 4).

Silberfischchen

→ *Ungeziefer*

Sittenwidrigkeit

Sittenwidrige Rechtsgeschäfte sind gem. § 138 BGB nichtig. Sittenwidrig sind Vereinbarungen, die gegen das Anstandsgefühl aller billig und gerecht Denkenden verstoßen. Maßgeblich ist dabei sowohl die Art und Weise des Zustandekommens des Vertrages wie auch der Inhalt des Vertrages. In der Praxis haben sich verschiedene Fallgruppen herausgebildet. Hierzu zählen z. B. Knebelverträge oder auch der Wucher. Für das Mietrecht hat der Gesetzgeber besondere Regelungen, nämlich die Mietpreisüberhöhung in § 5 WiStG und den Mietwucher in § 291 StGB geschaffen. Eine Mietpreisüberhöhung liegt vor, wenn der Vermieter unter Ausnutzung einer Mangellage eine Miete fordert, die die ortsübliche Miete um mehr als 20 % übersteigt.

Sollbeschaffenheit

Unter *Sollbeschaffenheit* versteht man den Zustand, den die Mietsache nach den ausdrücklichen oder konkludent getroffenen Vereinbarungen haben soll. Weicht dieser Zustand vom tatsächlichen Zustand (Istbeschaffenheit) ab, spricht man von einem Mangel.

Für die **Ermittlung der Sollbeschaffenheit** ist in erster Linie die von den Mietvertragsparteien vereinbarte Beschaffenheit der Wohnung, nicht die Einhaltung bestimmter technischer Normen maßgebend (BGH Urt. v. 6.10.2004 – VIII ZR 355/03 – NZM 2005, 60 = NJW 2005, 218 = MietPrax-AK § 535 BGB Nr. 13). Solche ausdrücklichen Vereinbarungen kommen in der Praxis insbesondere bei der Wohnungsgröße vor. Möglich ist es aber auch, dass weitere Beschaffenheiten im Mietvertrag vereinbart werden. Aus dem Zusatz hinter der Anschrift der Wohnung „Wohnung über Gaststätte" o. Ä. ergibt sich z. B., dass Störungen, die üblicherweise von einer Gaststätte ausgehen, als vertragsgemäß vereinbart werden und deshalb keinen Mangel darstellen. Nur wegen gaststättenuntypischer Mängel kann der Mieter Rechte herleiten, z. B. weil es sich um einen „Technoschuppen" handelt. Welche Störungen durch solche Beschreibungen als vertragsgemäß vereinbart gelten, ist jeweils durch Auslegung zu ermitteln. Es kann auch ein über das Normale hinausgehender Standard vereinbart werden, z. B. durch die Formulierung „besonders ruhige Wohnung". Die Vereinbarung bestimmter Standards kann auch konkludent erfolgen. Nach einer Entscheidung des BayObLG (NJW 1987, 1951) kann z. B. die Vereinbarung einer besonders niedrigen Miete im Einzelfall bedeuten, dass die Parteien den schlechten und/oder renovierungsbedürftigen Zustand einer Wohnung als vertragsgemäß vereinbart haben. Dies gilt nach einem Urteil des BGH (ZMR 1965, 340) auch dann, wenn die Parteien im Mietvertrag den schlechten Zustand oder den bestimmten Mangel (z. B. Lärm oder Gerüche) ausdrücklich beschrieben und vereinbart haben.

Mithin ist es weitgehend eine Frage der konkreten Vertragsgestaltung und damit des Einzelfalls, ob eine Mietsache mangelhaft ist. Generalisierende Regeln lassen sich dazu nur in engen Grenzen aufstellen. Als derartige Regel kann gelten, dass nach allgemeiner Meinung nicht nur Fehler in der Substanz der Mietsache selbst, sondern auch andere tauglichkeitsmindernde Verhältnisse der Mietsache, z. B. Immissionen von außen her oder Gefahrenquellen in der Umgebung, Mietmängel sein können. Da ein individuell vereinbarter vertragsgemäßer Gebrauch aber häufig nicht feststellbar ist, ist auch hier dann häufig auf den gewöhnlichen oder üblichen Gebrauch abzustellen.

Insbesondere in der Wohnraummiete werden häufig keine besonderen Standards vereinbart. Dann stellt sich die Frage, was der **vereinbarte Standard** ist. Hier kommt es auf die Verkehrsanschauung an, die durch Auslegung zu ermitteln ist. Bedeutsam ist dabei die Frage, auf welchen Baustandard abzustellen ist. Nach der Verkehrsauffassung kann ein Mieter, der eine Altbauwohnung anmietet, in der Regel nur erwarten, dass die Wohnung die zum Zeitpunkt der Errichtung geltenden Vorgaben erfüllt (BGH Urt. v. 6.10.2004 – VIII ZR 355/03 – NZM 2005, 60 = NJW 2005, 218 = MietPrax-AK § 535 BGB Nr. 13). Dies gilt insbesondere für den Schall- und Wärmeschutz sowie die Elektroinstallation, aber auch für alle anderen Gewerke. Deshalb weist eine Mietwohnung in einem älteren Gebäude, wenn nicht vertraglich etwas anderes vereinbart ist, in schallschutztechnischer Hinsicht keinen Mangel auf, sofern der Trittschallschutz den zur Zeit der Errichtung des Gebäudes geltenden DIN-Normen entspricht. Das gilt auch dann, wenn während der Mietzeit in der Wohnung darüber der Fußbodenbelag ausgetauscht wird und sich dadurch der Schallschutz gegenüber dem Zustand bei Anmietung der Wohnung verschlechtert (BGH Urt. v. 17.6.2009 – VIII ZR 131/08 – NJW 2009, 2441 = MietPrax-AK § 536 BGB Nr. 24). Etwas anderes kann sich aber daraus ergeben, dass eine Altbauwohnung als modernisiert oder renoviert angeboten wird. Hier kann der Mieter erwarten, dass die zum Zeitpunkt der Modernisierungsmaßnahme geltenden technischen Regeln für die tatsächlich durchgeführten Maßnahmen alle eingehalten wurden. Dies gilt auch, wenn der Vermieter bauliche Veränderungen vornimmt, die zu Lärmimmissionen führen können. Hier kann der Mieter erwarten, dass Lärmschutzmaßnahmen getroffen werden, die den Anforderungen der zur Zeit des Umbaus geltenden DIN-Normen genügen. So entsteht an der Mietwohnung in einem älteren Gebäude, die vor der Aufstockung im obersten Wohngeschoss gelegen war, ein Mangel, wenn das Wohnhaus nachträglich um ein weiteres Wohngeschoss aufgestockt wird, wenn die Trittschalldämmung der darüber errichteten Wohnung nicht den Anforderungen der im Zeitpunkt der Aufstockung geltenden DIN-Norm an normalen Trittschallschutz genügt (BGH Urt. v. 6.10.2004 – VIII ZR 355/03 – NZM 2005, 60 = NJW 2005, 218 = MietPrax-AK § 535 BGB Nr. 13).

Häufig wird ein Mangel schon dann angenommen, wenn die Mietsache „nur in der Befürchtung einer Gefahr benutzt werde könne". Das

OLG Hamm (ZMR 1987, 267) hatte sich hierzu einmal mit der Frage zu beschäftigen, ob es für die Annahme eines Mangels i.S.d. § 536 BGB ausreicht, dass sich das Mietobjekt auf durch giftige Chemikalien verseuchtem Untergrund befindet, wobei sich eine Gefahr für die Gesundheit der Bewohner nach den heutigen wissenschaftlichen Kenntnissen zwar nicht nachweisen, andererseits aber auch nicht ausschließen ließ. In der Entscheidung heißt es: *„Eine Mietsache mit Beziehung zu einer Gefahrenquelle gilt nicht erst dann als mangelhaft, wenn der Mieter wirklich Schaden erleidet, sondern schon dann und deshalb, wenn und weil er sie nur in der Befürchtung der Gefahrverwirklichung benutzen kann."*

Die Bedeutung der Unmittelbarkeit der Beeinträchtigung spielt vor allem auch bei Zugangsbeschränkungen oder ähnlichen Umfeldfehlern eine Rolle. Letztendlich geht es immer um eine **Risikoverteilung** zwischen dem vom Mieter selbst zu tragenden allgemeinen Lebensrisiko und dem speziellen Risiko des Einstehenmüssens für Umfeldmängel, das das Gesetz in § 536 BGB dem Vermieter zugewiesen hat. Das Gesetz enthält hier außer der Bagatellgrenze in § 536 Abs. 1 S. 3 BGB keine ausdrückliche Regelung. Für die Risikoverteilung bei Umfeldmängeln kommt als Abgrenzungskriterium zunächst die *Zweckbestimmung* des Mietobjekts in Betracht. Die Zweckbestimmung regelt auf der einen Seite die Art und den Umfang der Nutzungsmöglichkeiten des Mieters und auf der anderen Seite den Leistungsumfang, den der Vermieter auch hinsichtlich der Rahmenbedingungen zu erbringen hat, damit das Objekt für den vereinbarten Zweck geeignet ist.

- Maßgeblich für die Risikoverteilung sind dabei zunächst die ausdrücklich oder konkludent getroffenen Vereinbarungen über den vertragsgemäßen geschuldeten Zustand. So kann sich – wie oben bereits dargestellt – aus der Höhe der vereinbarten Miete im Einzelfall auch die Vereinbarung eines schlechten Zustandes als vertragsgemäß ergeben.

- Liegen solche Vereinbarungen nicht vor, dann kommt es auf den üblichen Zustand an, den eine Mietsache dieser Art aufzuweisen hat.

- Das reine Verwendungsrisiko liegt beim Mieter. Dieses für die Geschäftsraummiete entwickelte Kriterium bedeutet bei der Wohnraummiete zunächst nur, dass der Mieter tatsächlich eine Wohnung benötigt und die Miete selbst dann zahlen muss, wenn er inzwischen bei einem Lebensabschnittsgefährten untergekommen,

Sollbeschaffenheit

beruflich an einen anderen Ort verzogen oder so schwer erkrankt ist, dass er die Mietsache nicht mehr nutzen kann. Auch die Veränderung der Rahmenbedingungen in der Stadt fällt in den Risikobereich des Mieters. Außerdem gehören zum Verwendungsrisiko des Mieters die üblichen Beeinträchtigungen, die beim Zusammenleben von Menschen auftreten können. Dies sind zunächst die Einflüsse, die nur mittelbar auf die Mietsache einwirken, z. B.:

- Die Stadt schließt aus Kostengründen das örtliche Theater oder eine in der Nachbarschaft gelegene Kindertagesstätte.

- Mehrere Geschäfte in der Nachbarschaft schließen, weil ein Einkaufszentrum auf der grünen Wiese eröffnet wurde.

- Das örtliche Personennahverkehrsunternehmen ändert die Fahrtstrecke einer Buslinie, sodass die bisher nächstgelegene Haltestelle entfällt.

Anders ist es aber bei Einflüssen, die zwar auch von außen auf die Mietsache einwirken, aber den Gebrauch der Mietsache zum Wohnen beeinträchtigen, wie z. B.

- die Einrichtung einer U-Bahn-Baustelle vor der Haustür,

- der Bau einer Skaterbahn, die auch abends zwischen 20.00 und 22.00 Uhr von Jugendlichen, und zwar zum Teil mit ihren Gettoblastern, besucht wird (AG Emmerich NZM 2000, 544).

Die Risikoverteilung wird besonders deutlich bei Zugangsbeschränkungen durch Bauarbeiten:

- Ist ein Betreten des Geschäfts nicht möglich, weil direkt vor dem Eingang des Geschäfts die Straße aufgerissen wurde und ein Zugang nicht möglich ist, liegt ein unmittelbarer Eingriff vor, der den Mieter zur Minderung berechtigt (KG Urt. v. 12.11.2007 – 8 U 194/06 – GuT 2007, 436; OLG Düsseldorf Urt. v. 14.12.2004 – 10 U 150/04 – DWW 2008, 60). Unerhebliche sind aber gelegentliche Bauarbeiten von begrenzter Dauer. Damit müssen auch Mieter rechnen (OLG Düsseldorf a.a.O.).

- Erfolgen die Bauarbeiten aber einige Hundert Meter entfernt und erschweren sie „nur" die Zufahrt zu der Straße, an der das Geschäft liegt, kann man das Geschäft aber problemlos betreten, wenn man – irgendwie – an der Baustelle vorbeigekommen ist, dann fehlt es an der Unmittelbarkeit des Mangels und die Miete mindert sich nicht (OLG Düsseldorf NJW-RR 1998, 1236).

| S | Sollbeschaffenheit

Für die Beurteilung des objektiven Zustandes wird häufig auf DIN-Normen oder VDI-Richtlinien abgestellt. DIN-Normen stellen Empfehlungen ohne rechtliche Verbindlichkeit dar. Haben die Parteien aber keine ausdrückliche Beschaffenheitsvereinbarung getroffen, dann sind die den Vertragsschluss herbeiführenden Willenserklärungen nach dem maßgeblichen objektiven Empfängerhorizont so auszulegen, dass der Zustand als vereinbart gilt, der sich bei Vertragsschluss als üblich ergibt. Und genau dieser übliche Zustand wird sich häufig – aber nicht immer – aus den technischen Regeln wie DIN-Normen ergeben (BGH Urt. v. 6.10.2004 – VIII ZR 355/03, NZM 2005, 60 = MietPrax-AK § 535 BGB Nr. 13). Dies ist nicht zwingend, da solche Normen nicht unbedingt den Stand der Technik zum jeweils entscheidenden Zeitpunkt wiedergeben müssen. Dabei ist zunächst die Norm in der Fassung, die bei Errichtung des Gebäudes oder zu einem späteren Zeitpunkt, zu dem das Gebäude ggf. renoviert wurde, galt, zu ermitteln. Aber auch dann können diese Normen hinter dem jeweiligen schon erreichten Stand der Technik zurückbleiben (so z. B. BGH Urt. v. 14.6.2007 – VII ZR 45/06 – NJW 2007, 2983 zum Schallschutz nach DIN 4109).

Im Mietrecht und insbesondere in der Wohnraummiete muss zwischen den verschiedenen Wohnungsbeständen unterschieden werden. Nicht alles, was bei Neubauten zwischenzeitlich üblich geworden ist, kann auch bei Altbauten als üblich angesehen werden.

Bei Neubauten geht die Vorstellung der Parteien dahin, dass der heute gültige Standard eingehalten wurde. Das kann mehr sein, als sich aus den einschlägigen DIN-Normen und sonstigen technischen Regeln ergibt. Dies gilt insbesondere dann, wenn diese technischen Regeln schon älter sind und sich der Stand der Technik fortentwickelt hat. Hinter den einschlägigen Normen darf der Zustand aber regelmäßig ohne ausdrückliche Vereinbarung nicht zurückbleiben, da die technischen Regeln keinen Oberwert festlegen, sondern regelmäßig den einzuhaltenden üblichen Standard beschreiben.

Beim unsanierten Altbau gehen die Parteien demgegenüber davon aus, dass die Wohnung den Standard ausweist, der zum Zeitpunkt der Errichtung des Gebäudes galt. Eine Nachbesserungspflicht gibt es im Mietrecht grundsätzlich nicht. Dies hat auch damit zu tun, dass der Vermieter bei Abschluss des Vertrages erkennen muss, welche Leistungen er schuldet. Deshalb muss ein Mieter einer als nicht modernisiert angebotenen Altbauwohnung auch mit knarrendem Parkett rechnen, unabhängig davon, ob dies eine Folge normaler Abnutzung oder einer unfachmännisch durchgeführten Reparatur ist.

Beim sanierten Altbau ist eine generalisierende Betrachtung schwieriger. Hier sind die Fallgestaltungen in der Praxis durchaus unterschiedlich. Es kommt dabei auf den Umfang der Sanierung und die Kenntnis des Mieters an. Hat der Vermieter die Wohnung als „saniert" angeboten, dann kann der Mieter davon ausgehen, dass die zum Zeitpunkt der Sanierung geltenden technischen Regeln alle eingehalten wurden. Hat nur eine Sanierung einzelner Gewerke stattgefunden, dann gilt dies grundsätzlich nur für diese Gewerke, wobei zu beachten ist, dass nach zahlreichen Bauvorschriften umfangreiche Baumaßnahmen auch Nachbesserungspflichten bei anderen Gewerken auslösen. Auf die Einhaltung dieser Vorschriften darf der Mieter sich verlassen.

Neben dem Zeitpunkt der Errichtung oder der Sanierung der Wohnung kommt es auch auf den Zeitpunkt der Vermietung an. So kann für einen Mieter, der von Anfang an im Haus wohnt, der Neubaustandard aus dem Jahr der Errichtung des Gebäudes gelten, während für später einziehende Mieter der Altbaustandard gilt. Im ersten Fall hat der Vermieter diesen Zustand über die Mietzeit zu gewährleisten, muss also bei allen Abweichungen eine Instandsetzung vornehmen, im zweiten Fall sind die bis zur Vermietung eingetretenen Gebrauchsspuren und Abnutzungen bereits vom vertragsgemäßen Zustand abgedeckt, sodass u. U. kein Nachbesserungsanspruch in Betracht kommt. Dies gilt aber nicht für Gefahrenquellen und Verstöße gegen die Verkehrssicherungspflicht. Dies sind Mängel, die beseitigt werden müssen, selbst wenn sie seit Vertragsschluss vorliegen. Umgedreht kann bei der Vermietung einer sanierten Wohnung ein höherer Standard geschuldet werden als bei den übrigen nicht sanierten Wohnungen im Haus.

Nach der Rechtsprechung des BGH (BGH, Urt. v. 26.7.2004 – VIII ZR 281/03 – NJW 2004, 3174 = NZM 2004, 736 = MietPrax-AK § 536 BGB Nr. 7) kann aber auch bei der Vermietung von Altbauwohnungen ein Mangel vorliegen, wenn Mindeststandards nicht eingehalten wurden. Ausgangspunkt ist, wie oben bereits angesprochen, der Zweck des Vertrages, nämlich die Vermietung zum „Wohnen". Für diesen Zweck muss die Wohnung geeignet sein. Auch wenn die Vorstellungen, was zum Wohnen notwendig ist, durchaus äußerst unterschiedlich sein können, so soll es nach Ansicht des BGH einen bestimmten Mindeststandard geben, der einzuhalten ist. Der Mieter

S | Sollbeschaffenheit

einer Wohnung kann nach der allgemeinen Verkehrsanschauung erwarten, dass die von ihm angemieteten Räume einen Wohnstandard aufweisen, der der üblichen Ausstattung vergleichbarer Wohnungen entspricht. Hierbei sind insbesondere das Alter, die Ausstattung und die Art des Gebäudes, aber auch die Höhe der Miete und eine eventuelle Ortssitte zu berücksichtigen. Nicht alles, was bei Neubauten und im modernen Wohnungsbau zwischenzeitlich üblich geworden ist, kann auch bei Altbauten als üblich angesehen oder zum Maßstab gemacht werden.

Ein solcher Mindeststandard ist nicht objektiv und einheitlich für alle Wohnungen zu bestimmen. Auch bei Altbauten muss man noch differenzieren. So gibt es teilweise sicher noch Substandard-Wohnungen z. B. mit Toiletten im Treppenhaus. Dies entspricht sicher nicht mehr dem heute üblichen Standard. Trotzdem wird man kaum sagen können, dass den Vermieter hier eine Nachbesserungspflicht trifft, wonach er die Wohnung mit Innentoiletten ausstatten muss. Es handelt sich eben auch bei diesen den objektiven heutigen Mindeststandard unterschreitenden Wohnungen um einen eigenen Wohnungsteilmarkt. Auch nach der Rechtsprechung des BGH ist der Mindeststandard wohnungsteilmarktabhängig festzustellen. Konkret hat der BGH einen solchen Mindeststandard für den Bereich der Elektroinstallation entschieden. Der Mieter könne aufgrund des technischen und wirtschaftlichen Fortschritts grundsätzlich erwarten, dass der vertragsgemäße Gebrauch einer Wohnung jedenfalls eine solche Lebensweise zulässt, die seit Jahrzehnten üblich ist und dem allgemeinen Lebensstandard entspricht (BGH Urt. v. 26.7.2004 – VIII ZR 281/03 – NJW 2004, 3174 = NZM 2004, 736 = MietPrax-AK § 535 BGB Nr. 7).

Achtung:
Dies gilt aber nur für Neuabschlüsse von Mietverträgen. Hier kann der Mieter, der nicht auf etwas anderes hingewiesen wurde, erwarten, dass der zum Zeitpunkt des Vertragsschlusses geltende Mindeststandard eingehalten wird. Bei Bestandsmietverhältnissen gilt das nicht.

Spielplatz

Rechtsprechungsübersicht:

0 %   Kinderlärm durch einen neuen Sandkasten im Hof (AG Aachen – 21.11.1986 – 14C 318/86 – WuM 1987, 83)

0 %   Lärmbelästigung durch benachbarten Kinderspielplatz (AG Wedding – 26.6.2000 – 19C 644/99 – GE 2000, 1330)

5 %   Kinderspielplatz ohne Sandkasten (LG Freiburg – 18.2.1975 – 9S 197/74 – ZMR 1976, 210)

Spinnen

→ *Ungeziefer*

Steckdose

→ *Elektroinstallationen*

Stellplatz

→ *Parkplatz*

Stoßlüftung

Als *Stoßlüften* bezeichnet man das kurzzeitige und vollständige Öffnen von mindestens zwei Fenstern oder auch Außen- oder Terrassentüren einer Wohnung. Es entsteht Durchzug, wodurch die warme feuchte Luft durch kühlere trockene Luft ersetzt wird. Das Stoßlüften sollte im Idealfall drei- bis viermal täglich durchgeführt werden.

Straßenlärm

Rechtsprechungsübersicht:

0 %   Lärmbelästigung durch eine veränderte Verkehrsführung (AG Neukölln – 6.6.2007 – 19C 105/07 – MM 2007, 299)

10 %   Lärmbelästigung durch verstärkten Straßenlärm (LG Berlin – 27.2.1992 – 61S 259/91 – GE 1992, 1095)

Subjektive Unmöglichkeit

→ *Unmöglichkeit*

T

Tapete

Rechtsprechungsübersicht:

10 % keine Neutapezierung nach Entfernung einer verschimmelten Tapete (AG Ibbenbüren – 27.12.2001 – 12C 184/01 – WuM 2002, 216)

10 % abgelöste Tapete (1 m²) im Wohnzimmer und abgebröckelter Putz im Essbereich durch Wasserschaden (LG Düsseldorf – 24.3.1987 – 24S 294/86 – WuM 1987, 150)

10 % Feuchtigkeitsschäden und abgelöste Tapeten aufgrund von Bauwerksmängeln (AG Brühl – 9.1.1981 – 2C 632/79 – WuM 1982, 185)

10 % Nässeschäden an Tapeten und Teppichboden (LG Wuppertal – 27.6.1999 – 16S 55/99 – GuT 2002,19)

10 % Schäden an Tapete und Fußboden nach einem Wassereinbruch (BGH – 6.4.2005 – XII ZR 225/03 – WuM 2005, 384 = NJW 2005, 1713 = ZMR 2005, 524 = GE 2005, 666)

20 % verschimmelte Tapete und Feuchtigkeitsbildung (AG Ibbenbüren – 27.12.2001 – 12C 184/01 – WuM 2002, 216)

Tauben

→ *Ungeziefer*

Teilinklusivmiete

→ *Mietstruktur*

Temperatur

Rechtsprechungsübersicht:

0 % notwendige Raumtemperatur wird nur bei voll aufgedrehten Thermostatventilen erreicht (AG Münster – 7.3.1984 – 6C 218/81 – WuM 1984, 198)

0 % mangehafte Beheizung der Wohnung; es wird bei einer Außentemperatur von –12 °C eine Raumtemperatur von 20 °C erreicht (AG Münster – 31.3.2004 – 5C 4958/03 – WuM 2004, 304)

0 % mangelnde Regulierbarkeit der Fußbodenheizung (LG Berlin – 14.9.2006 – 62S 90/06 – GE 2006, 1407)

0 % Temperaturschwankungen bei der Warmwasserversorgung (LG Berlin – 4.4.1997 – 63S 443/96 – GE 1997, 689)

10 % mangelhafte Beheizung durch falsche Lage des Heizkörpers (AG Bremerhaven – 26.5.1992 – 59C 1214/91 – WuM 1992, 601)

20 % Neubauwohnung heizt sich im Sommer überdurchschnittlich auf (AG Hamburg – 10.5.2006 – 46C 108/04 – WuM 2006, 609)

20 % fehlende Beheizungsmöglichkeit in der Küche (VG Berlin – 11.4.1983 – 14A 234/82 – GE 1983, 767)

50 % mangelhafte Beheizbarkeit der Wohnung während der Heizperiode (LG Berlin – 25.1.1991 – 64S 273/90 – GE 1991, 351)

100 % unterbrochene Gasversorgung; dadurch betroffen sind Heizung, Herd und Warmwasser (LG Berlin – 20.10.1992 – 65S 70/92 – WuM 1993, 185 = GE 1992, 1213)

Terrasse

Rechtsprechungsübersicht:

0 % fehlendes Dach über der Terrassentür (AG Köln – 14.3.2005 – 206C 161/04)

2,5 % nachträgliche Errichtung eines Balkons über der Terrasse der Erdgeschosswohnung (AG Hamburg – 1.9.1999 – 319C 349/99 – NZM 2000, 335)

3 % Terrassentür schließt nicht richtig (AG Köln – 14.3.2005 – 206C 161/04)

7 % Störung der Terrassennutzung aufgrund einer den anderen Mietern eingeräumten Mitbenutzungsmöglichkeit (AG Augsburg – 15.1.1998 – 3C 5191/97 – ZMR 1998, 354)

7,5 % Statt der vertraglich zugesicherten Veranda wird nur ein Freisitz ohne direkte Verbindung zur Terrassentür geschaffen.(LG Heilbronn – 9.8.1996 – 3S 212/96 – WuM 1998, 20)

15 % fehlende Benutzbarkeit der Terrasse wegen vom Vermieter eingeleiteten Bauarbeiten während der Sommermonate (AG Eschweiler – 19.5.1994 – 5C 114/94 – WuM 1994, 427)

15 % Verringerung der Dachterrassenfläche auf weniger als die Hälfte (AG Hamburg – 30.8.2006 – 46C 86/05)

20 % unmittelbar an die Terrasse grenzende Weidefläche (AG Bersenbrück – 30.9.1997 – 4C 372/97 – WuM 2000, 211)

Tiefgarage

→ *Garage*

Toilette

Rechtsprechungsübersicht:

0 % Wasserdrücker der Toilette funktioniert nicht richtig (AG Büdingen – 1.8.1997 – 20C 372/97 – WuM 1998, 281)

5 % defekter Drücker der Toilette nach Frostschäden (LG Saarbrücken – 26.3.1999 – 13 B S 233/98 – NZM 1999, 757)

5 % zu niedriger Wasserdruck der Toilettenspülung (AG Warendorf – 28.3.2000 – 5C 472/99 – WuM 2000, 379)

10 % fehlende Entlüftungsmöglichkeit der Toilette; diese kann nur über die Küche entlüftet werden (AG Schöneberg – 8.5.1990 – 16C 50/90 – MM 1990, 231)

10 % Belästigung durch Urinstrahlgeräusche durch Stehpinkler in der Nachbarwohnung (LG Berlin – 20.4.2009 – 67S 335/08 – GE 2009, 779)

20 % geringer Wasserdruck, sodass die Toilette mit einem Eimer nachgespült werden muss und das Füllen der Badewanne 45 Minuten dauert (LG Berlin – 26.8.2005 – 63S 98/05 – MM 2005, 299)

50 % Toilette und Küche sind nicht benutzbar; Ersatzräume in einer anderen Wohnung des Hauses können genutzt werden (LG Berlin – 11.3.1982 – 61S 359/81 – GE 1984, 47 = MM 1983 Heft 10, 14)

75 % Unbenutzbarkeit der Fäkaliengrube, aber Aufstellen einer Miettoilette (LG Potsdam – 4.8.1997 – 6S 192/96 – GE 1997, 1397 = WuM 1997, 677 = NZM 1998, 760)

100 % Unbenutzbarkeit der Fäkaliengrube (LG Potsdam – 4.8.1997 – 6S 192/96 – GE 1997, 1397 = WuM 1997, 677 = NZM 1998, 760)

Treppe

Rechtsprechungsübersicht:

0 % abgescheuerte Treppenstufen (LG Berlin – 14.9.2006 – 62S 90/06 – GE 2006, 1407)

0 % ungesicherter Treppenabgang (LG Berlin – 4.5.2006 – 32O 281/05 – GE 2006, 913)

Treppenhaus

Rechtsprechungsübersicht:

0 % Madonna im Treppenhaus (AG Münster – 22.7.2003 – 3C 2122/03 – NJW 2004, 1334 = NZM 2004, 299 = WuM 2003, 537)

2 % Verschmutzung des Treppenhauses aufgrund von Renovierungsarbeiten (LG Berlin – 12.4.1994 – 63S 439/93 – MM 1994, 396)

3 % undichtes Glasdach des Treppenhauses (AG Schöneberg – 31.10.1990 – 5C 72/90 – GE 1991, 527)

5 % renovierungsbedürftiges Treppenhaus (AG Hamburg-Altona – 23.2.1995 – 314b C 554/94 – WuM 1996, 535)

10 %   fehlkonstruiertes und somit nicht verkehrssicheres Treppengeländer (AG Jülich – 10.4.2012 – 4C 85/11 – WuM 2012, 552)

10 %   abblätternde Farbe und Verschmierungen im Treppenhaus (AG Schöneberg – 31.10.1990 – 5C 72/90 – GE 1991, 527)

10 %   renovierungsbedürftiges Treppenhaus (AG Köln – 16.4.1997 – 207C 14/97 – WuM 1997, 470)

10 %   ungepflegter, fast verwahrloster Zustand (z.B. Anhäufung von Hundeexkrementen) des Treppenhauses in einem Mehrfamilienhaus bei öffentlich gefördertem Wohnraum (AG Dortmund – 16.10.1997 – 106C 4855/96 – WuM 1998, 570)

Trinkwasser
→ Wasser

Trittschall
→ Lärm

Tür
→ Haustür, → Wohnungstür

Türöffner

Rechtsprechungsübersicht:

5 %   defekte Klingel- und Türöffnungsanlage (LG Berlin – 10.7.1998 – 64S 21/98 – GE 1998, 1151)

5 %   Ausfall der Gegensprechanlage und des Türöffners (LG Berlin – 18.11.2004 – 67S 173/04 – MM 2005, 75)

Umfeldmangel

→ *Umweltmangel*

Umweltmangel

Ein Umwelt- oder Umfeldmangel liegt vor, wenn die Mietsache gebrauchstauglich ist, die Situation im Umfeld des Mietobjektes jedoch den Mietgebrauch beeinträchtigt. Das kann z. B. der Fall sein, wenn der Zugang zum Gebäude aufgrund von Straßenbauarbeiten beeinträchtigt ist. Auch Beeinträchtigungen durch Hochwasser stellen einen Umweltmangel dar. Umweltmängel können auch von anderen Nutzern in der Nachbarschaft, wie z. B. Bordellen oder Fixerstuben und den Kunden dieser Einrichtungen, ausgehen.

Umweltgifte

Sämtliche äußere Gefahrenquellen und Immissionen, durch die der Mieter in dem vertragsgemäßen Gebrauch gestört oder beeinträchtigt wird, stellen einen Mangel der Mietsache dar. Sogar die Befürchtung einer Gefahr bei Benutzung der Sache soll ausreichen. Die Frage, ob ein Fehler vorliegt oder nicht, kann deshalb nicht absolut für eine Wohnung bestimmt werden, sondern richtet sich vor allem nach dem vereinbarten Mietgebrauch. Der Inhalt der Vereinbarung ist dabei ggf. durch Auslegung, auch durch ergänzende Vertragsauslegung, zu ermitteln. Entscheidend sind grundsätzlich die Standards bei Abschluss des Mietvertrages. Wurden damals die Grenzwerte für bestimmte Belastungen nicht überschritten, ist die Mietsache mangelfrei. Führen neuere Erkenntnisse während der Mietzeit zu verschärften Standards, so tritt eine Mangelhaftigkeit der Mietsache erst dann ein, wenn der Vermieter nach Bekanntwerden der verschärften Standards gleichwohl nicht die Ursachen der Gefährdung beseitigt.

Rechtsprechungsübersicht:

0 % durch Chemikalien verseuchter Untergrund des Mietobjektes (LG Dortmund – 16.7.1986 – 21S 6/86 – DWW 1986, 244)

0 % Perchlorethylen-Konzentration, die bei regelmäßigem Lüften unter sowie nach 24 Stunden ohne Lüftung knapp über 0,1 mg/m^3 liegt (LG Hamburg – 2.6.1989 – 11S 479/88 – WuM 1989, 368)

0 % PCP-Belastung durch Holzschutzmittel, die unter den vorgegebenen Grenzwerten liegt (LG Traunstein – 4.8.1994 – 1S 2198/94 – NJW-RR 1994, 1423)

0 % PAK-Konzentration in Holzschutzmitteln ohne gesetzlich festgelegte Grenze (LG Berlin – 4.8.1995 – 64S 205/92 – GE 1995, 1343)

0 % PCP- bzw. Lindanbelastung von 1.650 bzw. 2.011 mg/kg (PCP) und 0,62 bzw. 2,00 mg/kg (Lindan) (LG Köln – 16.10.2002 – 6S 189/02 – KM 35 Nr. 54)

0 % PAK-Belastung, die kein sofortiges Einschreiten erforderlich macht (LG Berlin – 17.8.2004 – 64S 368/03 – GE 2005, 56)

10 % erhöhter Nitratgehalt im Trinkwasser (AG Osnabrück – 11.5.1987 – 14C 33/87 – NJW-RR 1987, 971 = ZMR 1987, 342)

10 % erhöhte Perchlorethylen-Werte in der Raumluft der Mietwohnung durch einen Reinigungsbetrieb (April) (LG Hannover – 25.4.1990 – 11S 358/89 – ZMR 1990, 302 = WuM 1990, 337 = NJW-RR 1990, 972)

10 % Gesundheitsgefährdung durch Perchlorethylen-Immissionen eines chemischen Reinigungsbetriebes im Wohnhaus (LG Hamburg – 17.9.1991 – 316S 261/88 – VuR 1992, 115)

15 % braun verfärbtes Trinkwasser mit hohem Gehalt an Eisen (10-faches des Zulässigen) und Mangan (5-faches) (AG Bad Segeberg – 10.3.1998 – 17a C 164/97 – WuM 1998, 280)

15 % *Atemluft in der gesamten Wohnung ist mit PAK belastet; Kenntnis des Mieters (LG Berlin – 13.1.2003 – 61S 152/02 – GE 2003, 884)*

25 % *Formaldehyd-Konzentration in der Raumluft überschreitet regelmäßig den Grenzwert (AG Bad Säckingen – 21.8.1992 – 1C 191/91 – WuM 1996, 140)*

30 % *Gesundheitsbelastung durch Holzschutzmittel (AG Rheinbach – 11.1.1989 – 3C 454/88 – VuR 1990, 212)*

50 % *Belastung einer Mietwohnung mit Formaldehyd übersteigt den vom Bundesgesundheitsamt festgestellten Grenzwert (AG Mettmann – 13.2.1990 – 21C 202/88 – VuR 1990, 208)*

50 % *erhöhte Perchlorethylen-Werte in der Raumluft der Mietwohnung durch einen Reinigungsbetrieb (Apr.–Aug.) (LG Hannover – 25.4.1990 – 11S 358/89 – ZMR 1990, 302 = WuM 1990, 337 = NJW-RR 1990, 972)*

50 % *PCP- und Lindanbelastung im Schlaf- und Kinderzimmer (LG Kiel – 22.6.1995 – 10S 24/95 – WuM 1997, 674)*

100 % *Befall der Wohnung durch Khrapakäfer und Schädlingsbekämpfung mit ungeeigneten und gesundheitsgefährdenden Mitteln durch den Vermieter (AG Aachen – 3.12.1998 – 80C 569/97 – WuM 1999, 457)*

100 % *Gesundheitsbelastung durch Holzschutzmittel (AG Stade – 14.3.2000 – 63C 437/98 – WuM 2000, 417)*

100 % *Gesundheitsgefährdung durch Behandlung der Wohnung mit Insektiziden, deren Anwendung in Wohnräumen der Hersteller untersagt (AG Trier – 14.8.2001 – 6C 549/00 – WuM 2001, 486)*

Unerheblichkeit

Gemäß § 536 Abs. 1 Satz 3 BGB führt eine unerhebliche Minderung der Tauglichkeit zu keiner Minderung der Miete. Diese Beschränkung ist durch das 2. Mietrechtsänderungsgesetz aus dem Jahre 1964 erst eingeführt worden. Bis damals unterschied das Gesetz bei den Gewährleistungsrechten des Mieters nicht zwischen erheblichen und unerheblichen Mängeln. Die Rechtsprechung hatte aber bei geringfügigen Mängeln nach den Grundsätzen von Treu und Glauben eine Minderung abgelehnt. Das Gesetz hat insofern die damalige

Rechtsprechung kodifiziert. Der Gesetzgeber wollte durch diese Einschränkung *„kleinliche Streitigkeiten verhindern, die den Frieden in der Hausgemeinschaft stören"*.

Als unerheblich ist ein Fehler insbesondere dann anzusehen, wenn er leicht erkennbar ist und schnell und mit geringen Kosten beseitigt werden kann, sodass die Geltendmachung einer Minderung gegen Treu und Glauben verstieße (BGH Urt. v. 30.6.2004 – XII ZR 251/02 – WuM 2004, 531 = NZM 2004, 776). Minderungsquoten von unter 3 % sollten damit nämlich regelmäßig ausgeschlossen sein (AG Dortmund DWW 1997, 157). Zum Teil werden auch schon Quoten unter 5 % für ausgeschlossen gehalten (Franke ZMR 1996, 297). Trotzdem werden auch heute noch vereinzelt Minderungsquoten von unter 1 % ausgeurteilt.

> **Beispiele für unerhebliche Beeinträchtigungen i. S. d. Vorschrift sind:**
> - *Entzug der Erlaubnis, Wäsche im Garten zu trocknen, wenn im Haus ein Trockenraum vorhanden ist (LG Köln WuM 1987, 271)*
> - *abgetretene Türschwellen in der Wohnung (LG Berlin ZMR 1985, 50)*
> - *Unbenutzbarkeit des Balkons in Herbst und Winter (LG Köln WuM 1975, 167)*
> - *zeitweiser Ausfall der Heizung im Sommer (LG Wiesbaden WuM 1990, 71; a. A. Schumacher, Mietrecht-kompakt 2007, 205 f.)*
> - *Haarrisse in der Zimmerdecke (LG Berlin WuM 1988, 301)*
> - *nicht schließendes Garagentor (AG Kassel WuM 1989, 171)*
> - *geringfügig verkleinerte Badewanne (AG Dortmund WuM 1989, 172)*
> - *Stilllegung des Müllschluckers (AG Hamburg WuM 1985, 660)*
> - *ein 1 m² großer unverputzter Teil der Badezimmerwand, nicht vollständig behandelter Fußboden und Überlaufen des Abwasserbeckens (AG Schönebeck GE 1990, 661)*

Die Unerheblichkeit kann nicht daraus hergeleitet werden, dass der Mieter nicht anwesend war und deshalb von der Beeinträchtigung nichts mitbekommen hat.

Bei einer unerheblichen Beeinträchtigung der Gebrauchstauglichkeit ist aber nur die Minderung ausgeschlossen. Der Anspruch auf Mangelbeseitigung gem. § 535 Abs. 1 S. 2 BGB bleibt bestehen.

Unerlaubte Handlung

Wer schuldhaft das Leben, den Körper, die Gesundheit, die Freiheit, das Eigentum oder ein sonstiges Recht eines anderen widerrechtlich verletzt, begeht eine unerlaubte Handlung i.S.d. § 823 BGB und ist dem Geschädigten zum Schadensersatz verpflichtet. Die gleiche Verpflichtung trifft denjenigen, der gegen ein Schutzgesetz verstößt.

Ein Unterfall der unerlaubten Handlung ist der Verstoß gegen die Verkehrssicherungspflicht. Nach ständiger Rechtsprechung des Bundesgerichtshofs ist derjenige, der eine Gefahrenlage – gleich welcher Art – schafft, grundsätzlich verpflichtet, die notwendigen und zumutbaren Vorkehrungen zu treffen, um eine Schädigung anderer möglichst zu verhindern. Die rechtlich gebotene Verkehrssicherung umfasst diejenigen Maßnahmen, die ein umsichtiger und verständiger, in vernünftigen Grenzen vorsichtiger Mensch für notwendig und ausreichend hält, um andere vor Schäden zu bewahren. Dabei ist jedoch zu berücksichtigen, dass nicht jeder abstrakten Gefahr vorbeugend begegnet werden kann. Ein allgemeines Verbot, andere zu gefährden, wäre utopisch. Eine Verkehrssicherung, die jede Schädigung ausschließt, ist im praktischen Leben nicht erreichbar. Deshalb muss nicht für alle denkbaren Möglichkeiten eines Schadenseintritts Vorsorge getroffen werden. Es sind vielmehr nur diejenigen Vorkehrungen zu treffen, die geeignet sind, die Schädigung anderer tunlichst abzuwenden. Der im Verkehr erforderlichen Sorgfalt ist genügt, wenn im Ergebnis derjenige Sicherheitsgrad erreicht ist, den die in dem entsprechenden Bereich herrschende Verkehrsauffassung für erforderlich hält. Daher reicht es anerkanntermaßen aus, diejenigen Sicherheitsvorkehrungen zu treffen, die ein verständiger, umsichtiger, vorsichtiger und gewissenhafter Angehöriger der betroffenen Verkehrskreise für ausreichend halten darf, um andere Personen vor Schäden zu bewahren, und die den Umständen nach zuzumuten sind. Voraussetzung für eine Verkehrssicherungspflicht ist, dass sich vorausschauend für ein sachkundiges Urteil die naheliegende Gefahr ergibt, dass Rechtsgüter anderer verletzt werden können.

Ungeziefer

Rechtsprechungsübersicht:

0 %   *Spinnen in einer Parterrewohnung (AG Köln – 2.11.1992 – 215C 355/92 – WuM 1993, 670)*

U | Ungeziefer

0 % gelegentliches Vorbeilaufen von Mäusen oder Ratten am Haus (AG Köln – 25.2.1998 – 213C 437/97 – KM 35 Nr. 26)

0 % vereinzelte „Späherameisen" im Sommer (AG Köln – 6.4.1998 – 213C 548/97 – ZMR 1999, 262 = WuM 1999, 363 = MM 1999, 230)

0 % zahlreiches Auftreten von Mäusen auf dem Land (AG Prüm – 11.7.2001 – 6C 434/00 – ZMR 2001, 808)

0 % vereinzelte Silberfischchen (LG Berlin – 18.11.2004 – 67S 173/04 – MM 2005, 75)

2 % Rattenbefall durch Müll im Hof (LG Berlin – 16.2.1999 – 64S 356/98 – GE 2000, 345 = NZM 2001, 986)

10 % Mäuse und Kakerlaken in einer städtischen Wohnung (AG Bonn – 8.2.1985 – 6C 277/84 – WuM 1986, 113)

10 % vereinzelte Kakerlaken trotz Ungezieferbekämpfungsmaßnahme (AG Köln – 18.3.1997 – 209C 349/96 – KM 35 Nr. 19)

10 % Schabenbefall ohne weitere Nutzungsbeschränkung (LG Berlin – 17.3.1998 – 64S 405/97 – GE 1998, 681)

10 % Ratten im Hof (AG Aachen – 19.4.2000 – 5C 5/00 – WuM 2000, 379)

15 % starker Silberfischchenbefall in der Wohnung (AG Tiergarten – 14.3.1990 – 7C 118/89 – MM 1990, 233)

20 % Befall der Wohnung mit Schwalbenwanzen (AG Spandau – 28.1.1999 – 2b C 688/98 – MM 1999, 355)

25 % erheblicher Mottenbefall bei ungeklärter Ursache (AG Bremen – 6.12.2001 – 25C 0118/01 – WuM 2002, 215)

30 % nächtliche Lärmstörung durch einen im Dachbereich nistenden Marder (AG Hamburg-Barmbek – 24.1.2003 – 815C 238/02 – ZMR 2003, 582)

100 % Befall der Wohnung durch Khrapakäfer und Schädlingsbekämpfung mit ungeeigneten und gesundheitsgefährdenden Mitteln durch den Vermieter (AG Aachen – 3.12.1998 – 80C 569/97 – WuM 1999, 457)

> **100 %** Mäuseplage in einer Stadtwohnung mit mehreren gleichzeitig sichtbaren Mäusen im Wohnzimmer (AG Brandenburg – 6.8.2001 – 32C 520/00 – WuM 2001, 605)

Unkenntnis

→ *Kenntnis*

Unmittelbarkeit der Beeinträchtigung

Rechtsprechung und Literatur haben in der Vergangenheit versucht, die Gewährleistungspflicht des Vermieters für Umweltmängel zu beschränken. Kriterien sollen dafür neben dem bereits im Gesetz vorgesehenen Ausschluss für unerhebliche Beeinträchtigungen u. a. sein:

- die Vorhersehbarkeit des Mangels und

- die Unmittelbarkeit der Beeinträchtigung der Tauglichkeit oder eine unmittelbare Einwirkung auf die Gebrauchstauglichkeit der Mietsache, wohingegen Mängel, die die Eignung der Mietsache zum vertragsgemäßen Gebrauch nur mittelbar berühren, nicht als Mängel zu qualifizieren sind.

Letztendlich geht es immer um eine Risikoverteilung zwischen dem vom Mieter selbst zu tragenden allgemeinen Lebensrisiko und dem speziellen Risiko des Einstehenmüssens für Umweltmängel, das das Gesetz in § 536 BGB dem Vermieter zugewiesen hat. Das Gesetz enthält hier außer der Bagatellgrenze in § 536 Abs. 1 S. 3 BGB keine ausdrückliche Regelung.

So beruht eine Zugangsbeschränkung durch Straßenbauarbeiten direkt vor der Tür auf einem unmittelbaren Umweltmangel, während die Beeinträchtigung der Erreichbarkeit des Mietobjekts wegen einer entfernt liegenden Straßensperre, nur ein unerheblicher mittelbarer Umweltmangel ist.

Unmöglichkeit

Grundsätzlich muss jede Partei ihre vertraglichen Verpflichtungen so erfüllen, wie sie vertraglich vereinbart wurden. Jedoch kann auch das Recht nichts verlangen, was nicht möglich ist. Deshalb kann eine Partei die Leistung einer unmöglichen Leistung verweigern. Dabei wird zunächst unterschieden zwischen der objektiven Unmöglichkeit (niemand auf der Welt kann die Leistung erbringen) und der subjektiven Unmöglichkeit (der Schuldner kann die Leistung nicht erbringen). Ferner wird differenziert nach anfänglicher und nachträglicher Unmöglichkeit:

1. Anfängliche Unmöglichkeit

Nach § 275 BGB ist der Anspruch auf die Leistung ausgeschlossen, soweit diese für den Schuldner oder jedermann unmöglich ist. Die Vorschrift regelt somit alle Formen der Unmöglichkeit, also die anfängliche und nachträgliche ebenso wie die objektive und subjektive. Der Vertrag ist aber nicht nichtig, sodass ggf. noch Schadensersatzansprüche geltend gemacht werden können. Im Mietrecht zählt hierzu z. B. der Fall, dass die Wohnung nicht rechtzeitig übergeben werden kann, weil das Gebäude nicht rechtzeitig fertig wurde oder der Vormieter nicht geräumt hat. Es handelt sich nicht um einen Fall des Verzuges. Die Nutzungszeit kann ja nicht nachgeholt werden. Eine weitere Fallgestaltungen, die hierunter fällt, ist die, dass der Vermieter sich im Mietvertrag verpflichtet, die Mietsache in einem bestimmten Zustand dem Mieter zur Verfügung zu stellen, der z. B. aus baurechtlichen oder sonstigen Gründen nicht herstellbar ist (BGH NJW 1999, 635: Vermietung Arztpraxis in Altbau mit Verpflichtung, Aufzug einzubauen, was denkmalschutzrechtlich nicht zulässig war; OLG Hamm NZM 1998, 77: Vermietung vom Reißbrett: tatsächliche Fläche erheblich kleiner als geplant).

Der Mieter kann in diesen Fällen gem. § 326 Abs. 5 BGB vom Vertrag zurücktreten. Hierdurch wird der Anspruch auf Schadensersatz nicht ausgeschlossen, § 325 BGB. Außerdem gibt § 311a Abs. 2 BGB dem Mieter einen Anspruch auf Schadensersatz statt Leistung. Der Schadensersatzanspruch besteht dann nicht, wenn der Vermieter bei Vertragsschluss die Unmöglichkeit nicht kannte und seine Unkenntnis nicht zu vertreten hat. Anknüpfungspunkt für das Vertretenmüssen ist nicht der Grund für die Unmöglichkeit, sondern die Unkenntnis der Unmöglichkeit. Zu vertreten hat der Vermieter gem. § 276 BGB grundsätzlich Vorsatz und Fahrlässigkeit, wenn sich nicht aus dem sonstigen Inhalt des Mietvertrages, insbesondere der Übernahme einer Garantie oder eines Beschaffungsrisikos, eine strengere Haftung ergibt. Soweit der Vermieter sich zur Gebrauchsüberlassung verpflichtet, hat er auch eine Be- und Verschaffungspflicht übernommen, sodass er hier auf jeden Fall haftet.

2. Nachträgliche Unmöglichkeit

Für die Fälle nachträglicher Unmöglichkeit des Mietvertrages gilt im Wesentlichen das Gleiche: Gemäß § 275 Abs. 1 BGB erlischt die Leistungspflicht des Vermieters. Der Mieter muss nach § 326 BGB keine Miete zahlen. Der Mieter kann gem. §§ 280 Abs. 1, 283 BGB Schadensersatz statt der Leistung verlangen. Dies setzt Verschulden des Vermieters voraus. Der Mieter kann vom Vertrag zurücktreten, § 326 Abs. 5 BGB. Das setzt kein Verschulden voraus.

Nachträgliche Unmöglichkeit liegt im Mietrecht z. B. vor, wenn die Wohnung endgültig, z. B. durch eine Explosion oder Feuer, zerstört wird. Dabei ist es gleichgültig, ob dies vor oder nach Übergabe der Wohnung geschieht. Zwar sind die Gewährleistungsregeln nach Übergabe vorrangige Spezialregeln (BGH NJW 1997, 1813); dies gilt aber nur, soweit sie überhaupt eine Regelung enthalten. § 536 BGB enthält Regelungen für den Sach- und Rechtsmangel. Bei völliger Zerstörung der Mietsache kommt es gem. § 275 BGB darauf an, ob die Wiederherstellung noch möglich ist. Ist das nicht der Fall, steht dem Mieter gem. § 275 Abs. 1 kein Anspruch auf Gebrauchsüberlassung zu, sodass der Anspruch auf die Miete gem. § 326 Abs. 1 BGB erlischt. Hat der Mieter die Explosion schuldhaft herbeigeführt oder erfolgt sie zu einem Zeitpunkt, zu dem der Mieter mit der Rückgabe der Mietesache in Verzug war, so bleibt der Anspruch auf Mietzahlung gem. § 326 Abs. 2 BGB erhalten.

Häufiger wird der Fall sein, in dem die Wiederherstellung grundsätzlich möglich ist, aber einen erheblichen Aufwand erfordert. Hier bleibt grundsätzlich der Anspruch auf Gebrauchsüberlassung des Mieters bestehen. Die Verpflichtung zur Mietzahlung ist aber gem. § 536 BGB auf null gemindert. Schwirig ist hier die Abgrenzung zwischen der sog. faktischen Unmöglichkeit gem. § 275 Abs. 2 BGB und der wirtschaftlichen Unmöglichkeit. § 275 Abs. 2 BGB gibt dem Vermieter eine Einrede, das bedeutet, der Vermieter muss sich ausdrücklich darauf berufen. Faktische Unmöglichkeit liegt vor, wenn der Schuldner das Leistungshindernis zwar theoretisch überwinden kann, die Leistung aber von keinem Gläubiger vernünftigerweise verlangt werden kann, da der Aufwand in keinem sinnvollen Verhältnis zum wirtschaftlichen Resultat steht. Bei wirtschaftlicher Unmöglichkeit kann dem Schuldner wegen Überschreitung der Opfergrenze die Erfüllung der Leistungspflicht nicht mehr zugemutet werden.

Ähnlich ist auch der Fall der persönlichen Unmöglichkeit geregelt. Nach § 275 Abs. 3 BGB kann der Schuldner die Leistung verweigern, wenn er die Leistung persönlich zu erbringen hat und sie ihm unter Abwägung des seiner Leistung entgegenstehenden Hindernisses gegen das Leistungsinteresse des Gläubigers nicht zugemutet werden kann. In der mietrechtlichen Praxis spielt diese Fallkonstellation eine Rolle bei den Schnee- und Reinigungspflichten des Mieters, wenn dieser alt und krank wird. Vereinzelt wird in diesen Fällen eine persönliche Verpflichtung angenommen, zum Teil wird aber auch vertreten, dass der Mieter die Verpflichtung auch durch Dritte erfüllen kann (Studenten oder besondere Dienstleister). Geht man von einer höchstpersönlichen Verpflichtung aus, dann kann der Mieter die Einrede erheben. Der Vermieter hat dann keinen Anspruch auf die Leistung, also die Schnee- und Eisbeseitigung. Ein Schadensersatzanspruch des Vermieters besteht gem. §§ 280 Abs. 1, 283 BGB aber nur, wenn der Mieter die Pflichtverletzung zu vertreten hat. Man wird vertreten können, dass der Mieter, wenn man schon eine höchstpersönliche Leistungspflicht unterstellt, eine Beschaffungspflicht i.S.d. § 276 Abs. 1 BGB hat, sodass der Vermieter einen Anspruch auf das positive Interesse hat, also die Kosten eines Dritten, der die Arbeiten anstelle des Mieters erledigt, gegenüber dem Mieter liquidieren kann.

Unwesentliche Beeinträchtigung

→ *Unerheblichkeit*

Urkundsklage

Die Urkundsklage ist eine besondere Form der Zahlungsklage. Voraussetzung ist, dass sämtliche zur Begründung des Anspruchs erforderlichen Tatsachen durch Urkunden bewiesen werden können. Damit sind vor allem Beweisaufnahmen durch Zeugenvernehmung oder Sachverständigenbeweis ausgeschlossen. Hierdurch kann das Verfahren in der Regel beschleunigt entschieden werden. Der Beklagte hat aber die Möglichkeit, sich seine Rechte im Nachverfahren vorzubehalten. In diesem Verfahren sind dann alle zivilprozessualen Beweismittel wieder zulässig. Der Kläger erhält aber mit dem Vorbehaltsurteil des Vorverfahrens ein vorläufig vollstreckbares Urteil. Die Zwangsvollstreckung aus diesem Vorbehaltsurteil darf auch nur gegen Sicherheitsleistung eingestellt werden.

Das Urkundsverfahren ist auch in der Wohnraummiete zulässig (BGH Urt. v. 10.3.1999 – XII ZR 321/97 – NJW 1999, 1408 (Gewerberaummiete); Urt. v. 1.6.2005 – VIII ZR 216/04 – NJW 2005, 2701 = NZM 2005, 661 = MietPrax-AK § 592 ZPO Nr. 1; Urt. v. 20.12.2006 – VIII ZR 112/06 – NJW 2007, 1061 = NZM 2007, 161 = MietPrax-AK § 592 ZPO Nr. 2; Urt. v. 8.7.2009 – VIII ZR 200/08 – NJW 2009, 3099 = MietPrax-AK § 592 ZPO Nr. 3). Eine Klage auf Zahlung von Miete aus einem Wohnraummietvertrag ist auch dann im Urkundenprozess statthaft, wenn der Mieter, der wegen behaupteter anfänglicher Mängel der Mietsache Minderung geltend macht oder die Einrede des nicht erfüllten Vertrages erhebt, die ihm vom Vermieter zum Gebrauch überlassene Wohnung als Erfüllung angenommen hat, ohne die später behaupteten Mängel zu rügen, sofern dies unstreitig ist oder vom Vermieter durch Urkunden bewiesen werden kann (BGH Urt. v. 8.7.2009 – VIII ZR 200/08 – NJW 2009, 3099 = MietPrax-AK § 592 ZPO Nr. 3).

Voraussetzungen für eine Urkundsklage sind:

- Bezeichnung der Klage als Urkundsklage

- Sämtliche klagebegründenden Tatsachen müssen durch Urkunden bewiesen werden können. Hierzu zählen bei der Mietzahlungsklage

    - die Person des Vermieters,
    - die Person des Mieters,
    - die Höhe der Miete.

In der Regel ergeben sich diese Angaben aus dem Mietvertrag. Nur in Fällen der Rechtsnachfolge auf Vermieter- oder Mieterseite oder bei Veränderungen der Miete müssen ggf. weitere Unterlagen vorgelegt werden.

Überlassung der Mietsache

Der Vermieter schuldet gem. § 535 BGB die Überlassung der Mietsache zum Gebrauch an den Mieter. Gebrauchsüberlassung bedeutet die Einräumung des Besitzes. Das Gegenstück dazu ist die Rückgabeverpflichtung des Mieters nach Mietende gem. § 546 BGB. Zur Gebrauchsüberlassung/Rückgabe gehört vor allem die Übergabe aller Schlüssel.

V

VDE-Norm

Der VDE (Verband der Elektrotechnik, Elektronik und Informationstechnik e. V.) ist ein Branchenverband. Er gibt Normen und Sicherheitsbestimmungen für die Elektrotechnik, Elektronik und Informationstechnik heraus. Die Nichteinhaltung solcher zum Zeitpunkt der Errichtung des Hauses oder zu einem später maßgeblichen Zeitpunkt geltenden Normen ist ein Indiz für die Mangelhaftigkeit der Wohnung. Die Frage, ob ein Mangel vorliegt oder nicht, kann aber nicht allein danach bestimmt werden, sondern richtet sich vor allem nach dem vereinbarten Mietgebrauch. Der Inhalt der Vereinbarung ist dabei ggf. durch Auslegung, auch durch ergänzende Vertragsauslegung, zu ermitteln. Aus diesem Grund kommt der Einhaltung von technischen Normen, wie z. B. den DIN-Normen oder VDE-Richtlinien, als Regeln, die objektiv den Stand der Technik wiedergeben, keine entscheidende Bedeutung zu; lediglich im Rahmen der Auslegung des vereinbarten Mietgebrauchs kann ggf. festzustellen sein, dass die Parteien gerade eine diesen technischen Regeln entsprechende Beschaffenheit vereinbaren wollten. Deshalb kann trotz Einhaltung von bestimmten Normen ein Mangel i.S.d. mietrechtlichen Gewährleistungsrechts vorliegen.

Verjährung

Nach Eintritt der Verjährung ist der Schuldner berechtigt, die Leistung zu verweigern (Leistungsverweigerungsrecht), § 214 Abs. 1 BGB. Die Forderung bleibt aber bestehen und kann weiter Rechtsgrund für eine Zahlung sein. Zahlungen können nicht zurückverlangt werden mit der Begründung, die Forderung sei zum Zeitpunkt der Zahlung verjährt gewesen, § 214 Abs. 2 BGB.

Die regelmäßige **Verjährungsfrist** beträgt drei Jahre, § 195 BGB. Die Frist beginnt am Ende des Jahres, in dem der Anspruch entstanden ist (Ultimoverjährung) und der Gläubiger von den den Anspruch begründenden Umständen und der Person des Schuldners Kenntnis erlangt hat oder grob fahrlässig nicht erlangt hat. Man spricht jetzt von einem subjektiven System. Im mietrechtlichen Gewährleistungssystem spielt dieser subjektive Einschlag immer dann eine Rolle, wenn der Mieter keine Kenntnis von dem Mangel hat. Das kann z. B. bei Flächenabweichungen der Fall sein. Erforderlich ist aber ausschließlich eine Kenntnis von den Tatsachen und nicht von den Rechtsfolgen.

Würde man ein solches subjektives System konsequent einführen, könnte dies dazu führen, dass einzelne Ansprüche überhaupt nie verjähren würden. Dies wäre dann der Fall, wenn der Gläubiger keine Kenntnis von dem Anspruch oder dem Schuldner hat. Um dies zu verhindern, hat das Gesetz auch noch Höchstfristen für die Verjährung eingeführt. In § 199 Abs. 2 und 3 BGB finden sich zwei unterschiedliche **Maximalfristen**. Dabei muss differenziert werden:

- Schadensersatzansprüche, die auf Verletzung des Lebens, des Körpers, der Gesundheit oder der Freiheit beruhen, verjähren ohne Rücksicht auf ihre Entstehung und die Kenntnis des Gläubigers in 30 Jahren von der Begehung der Handlung an. Im Mietrecht sind dies vor allem Ansprüche aus Verstoß gegen Verkehrssicherungspflichten, aber auch Schadensersatzansprüche wegen unerkannt gesundheitsgefährdenden Zustands der Räumlichkeiten.

- Für alle anderen Schadensersatzansprüche gibt es zwei Fristen, die es zu beachten gilt:

  – Es gilt zunächst die dreißigjährige Frist beginnend mit der Handlung.

  – Außerdem gibt es eine zehnjährige Frist beginnend mit dem Schadenseintritt.

Die Verjährung tritt zu dem Zeitpunkt ein, zu dem eine dieser beiden Fristen abgelaufen ist.

Verjährung

- Alle anderen mietrechtlichen Ansprüche, insbesondere solche aus dem Mietvertrag, verjähren spätestens zehn Jahre nach der Entstehung.

Die **Verjährung beginnt** aber nicht sofort mit Entstehung und Kenntniserlangung zu laufen, sondern erst mit dem Ende des Jahres, in dem beide Voraussetzungen (Entstehung und Kenntniserlangung) erstmals vorliegen (Ultimoverjährung). Hierdurch wird erreicht, dass Gläubiger die Verjährung im Normalfall nicht laufend überwachen müssen, sondern nur am Jahresende überprüfen müssen, ob bei bestimmten Ansprüchen Verjährung droht. Außerdem wird dadurch der Streit, wann genau Kenntnis oder „Kennenmüssen" vorlag, entschärft.

Der Anspruch auf Mangelbeseitigung verjährt in der regelmäßigen Verjährungsfrist des § 195 BGB, also drei Jahre nach Entstehung des Mangels. Erforderlich ist ferner die Kenntnis des Mieters vom Anspruch. Hat er diese Kenntnis nicht, verjährt der Anspruch gem. § 199 BGB in zehn Jahren. Der Anspruch des Mieters auf Beseitigung eines Mangels als Teil des Gebrauchserhaltungsanspruchs ist jedoch während der Mietzeit unverjährbar (BGH Urt. v. 17.2.2010 – VIII ZR 104/09). Bei der Hauptleistungspflicht des Vermieters aus § 535 Abs. 1 S. 2 BGB handelt es sich um eine in die Zukunft gerichtete Dauerverpflichtung. Diese Pflicht erschöpft sich nicht in einer einmaligen Handlung des Überlassens, sondern geht dahin, die Mietsache während der gesamten Mietzeit in einem gebrauchstauglichen Zustand zu erhalten.

Daneben gibt es im Mietrecht auch noch eine sechsmonatige Verjährungsfrist gem. § 548 BGB. In dieser Frist verjähren

- die Ersatzansprüche des Vermieters wegen Veränderung oder Verschlechterung der Mietsache sowie
- die Ansprüche des Mieters auf Ersatz von Aufwendungen oder Gestattung der Wegnahme einer Einrichtung.

Die Verjährungsfrist beginnt für Vermieter in dem Zeitpunkt, in dem er die Mietsache zurückerhält, auch wenn das Mietverhältnis rechtlich zu diesem Zeitpunkt noch nicht beendet ist. Der Anspruch des Mieters beginnt sechs Monate nach Beendigung des Mietverhältnisses zu verjähren.

Verkehr

→ *Straßenlärm*

Verlust des Minderungsrechts

Neben den Ausschlusstatbeständen, bei denen trotz Mangelhaftigkeit der Mietsache keine Minderung der Miete eintritt, kann der Mieter auch sein eigentlich bestehendes Minderungsrecht verlieren. Das ist insbesondere im Fall der Verwirkung der Fall. Verwirkung tritt ein, wenn der Vertragspartner aufgrund Zeitablaufs und weiterer Umstände berechtigterweise davon ausgehen durfte, dass ein Recht nicht mehr ausgeübt wird. Wie viel Zeit vergehen muss, ist eine Frage des Einzelfalls. Früher hat der BGH bei sechsmaliger Zahlung in Kenntnis des Mangels angenommen, dass der Mieter sein Minderungsrecht auch für die Zukunft verloren hat. Das gilt seit der Mietrechtsreform nicht mehr. Deshalb muss der Zeitraum sicher länger sein. Ab einem Jahr dürfte das Risiko, dass Gerichte Verwirkung annehmen, steigen. Hinzukommen muss aber noch das sog. Umstandsmoment. Das ist z. B. gegeben, wenn der Mieter ausdrücklich oder konkludent zu erkennen gegeben hat, dass er wegen des Mangels keine Ansprüche geltend machen wird oder nur von einem unerheblichen Mangel ausgeht.

Vermieter

Wer Vermieter ist, ergibt sich aus dem Mietvertrag und ist von der Eigentümerstellung grundsätzlich unabhängig. Besondere Schwierigkeiten bereiten Fallkonstellationen, bei denen mehrere Personen auf Vermieterseite auftreten. Dies kann von Anfang an so gewollt sein oder erst aufgrund einer Rechtsnachfolge. Bei Eheleuten genügt es, wenn diese im Kopf des Vertrages als „Eheleute" oder „Herr und Frau" bezeichnet sind. Die Angabe der Vornamen ist nicht zwingend erforderlich.

Verstirbt der Vermieter und hinterlässt er mehrere Erben, so gehört das Grundstück und damit letztendlich auch der Mietvertrag zum gemeinschaftlichen Vermögen der Erben gem. § 2032 Abs. 1 BGB. Erbengemeinschaften sind keine rechtsfähige Außengesellschaft, sodass sie auch nicht als Vermieter auftreten können. Vermieter sind in diesem Fall alle Mitglieder der Erbengemeinschaft. Die Erben können nur gemeinschaftlich über das Vermögen verfügen. Bei der

Neuvermietung genügt es aber, die Erbengemeinschaft schlagwortartig (Erbengemeinschaft „XY") zu bezeichnen.

Vermieterkündigung

Der Vermieter kann wegen eines Mangels der Mietsache das Mietverhältnis weder ordentlich noch außerordentlich kündigen. Der Vermieter muss für eine ordentliche Kündigung immer ein berechtigtes Interesse haben, § 573 Abs. 1 BGB. Dazu zählt vor allem Eigenbedarf, eine schuldhafte Pflichtwidrigkeit des Mieters oder die Absicht der wirtschaftlichen Verwertung des Grundstücks. Ein außerordentliches Kündigungsrecht des Vermieters gibt es ebenfalls nicht.

Vermögensschaden

→ *Materieller Schaden*

Verrichtungsgehilfe

Wer jemand anderen zur Verrichtung bestellt, haftet für dessen unerlaubte Handlungen. Der Verrichtungsgehilfe erfüllt, anders als der Erfüllungsgehilfe, keine vertraglichen Pflichten gegenüber dem Geschädigten.

Beispiel:

Der Geselle, der für den Handwerksmeister Reparaturarbeiten in der Wohnung durchführt, ist, was die Erfüllung des Vertrages angeht, Erfüllungsgehilfe. Insofern wird sein schuldhaftes Verhalten dem Handwerksmeister und/oder Vermieter zugerechnet. Er ist zugleich Verrichtungsgehilfe, wenn er auf dem Weg zur Wohnung einen Fußgänger auf dem Gehweg beim Transport von Material verletzt.

Der Geschäftsherr, im Beispielsfall der Handwerkermeister, kann sich exkulpieren, also entschuldigen. Wenn er nachweist, dass er den Verrichtungsgehilfen ordentlich ausgewählt und überwacht hat, dann haftet er für dessen Verhalten nicht.

Verschmutzung

Rechtsprechungsübersicht:

0 % unterlassene Reinigung des Eingangsbereiches des Mietshauses (OLG Brandenburg – 1.10.2007 – 3U 10/07)

0 % Verschmutzung des Lichthofes, wobei der Mieter selbst nach der Hausordnung verpflichtet ist, den Lichthof zu reinigen (LG Bonn – 16.11.1989 – 6S 344/89 – WuM 1990, 203)

0 % Verschmutzung des Fensterbretts durch besonders viele Schwalben in der Nähe (AG Eisleben – 21.9.2006 – 21C 118/06 – NZM 2006, 898)

2 % Verschmutzung des Treppenhauses aufgrund von Renovierungsarbeiten (LG Berlin – 12.4.1994 – 63S 439/93 – MM 1994, 396)

5 % ungepflegter Zustand einer Hochhausanlage (AG Kiel – 19.9.1990 – 7C 56/90 – WuM 1991, 343)

10 % ungepflegter, fast verwahrloster Zustand (z.B. Anhäufung von Hundeexkrementen) des Treppenhauses in einem Mehrfamilienhaus bei öffentlich gefördertem Wohnraum (AG Dortmund – 16.10.1997 – 106C 4855/96 – WuM 1998, 570)

10 % ständig in die Wohnung eindringender Sand von einer nahe gelegenen Baustelle (LG Berlin – 28.8.2001 – 64S 108/01 – GE 2001, 1607)

10 % Verschmutzung des Hauseingangs durch Taubenkot (AG Altenbug – 28.1.2005 – 5C 857/04)

20 % Verunreinigungen des Treppenhauses, Geruchsbelästigung und Exkremente im Treppenhaus durch den Hund des Nachbarn (AG Münster – 22.6.1995 – 8C 749/94 – WuM 1995, 534)

Verschulden

Im Deutschen Recht haftet man mit wenigen Ausnahmen, z. B. im Straßenverkehr, nur für schuldhaftes Verhalten. Dabei unterscheidet man Vorsatz und Fahrlässigkeit. Fahrlässigkeit liegt gem. § 278 BGB bei Außerachtlassung der im Verkehr erforderlichen Sorgfalt vor.

Verschulden des Mieters

Hat der Mieter den Mangel schuldhaft verursacht, dann mindert sich die Miete nicht. Es liegt dann ein Ausschlusstatbestand vor. Hat der Mieter die Scheibe des Wohnungsfensters eingeschlagen, dann kann er nicht mindern mit der Begründung, dass es zieht. Bei den Schadensersatzansprüchen des Mieters gem. § 536a BGB ist ein Verschulden des Mieters im Rahmen des Mitverschuldens gem. § 254 BGB zu berücksichtigen, und zwar sowohl bei der Garantiehaftung des § 536a Abs. 1 1. Alt. BGB wie auch bei der Verschuldenshaftung nach der 2. und 3. Alt. Das Kündigungsrecht des Mieters wegen Mängeln nach § 543 Abs. 2 Ziff. 1 BGB und wegen gesundheitsgefährdender Beschaffenheit gem. § 569 Abs. 1 BGB ist ausgeschlossen, wenn der Mieter diesen Zustand schuldhaft verursacht hat. Er kann nicht aus seinem vertragswidrigen Verhalten Vorteile herleiten.

Verschulden des Vermieters

Bei der mietrechtlichen Gewährleistung kommt es nicht immer auf ein Verschulden des Vermieters an. Die Minderung der Miete tritt ein, wenn ein zur Gebrauchsbeeinträchtigung führender Mangel vorliegt. Diesen muss der Vermieter nicht zu vertreten haben, wie z. B. eine Baustelle auf dem Nachbargrundstück o. Ä. Schadensersatz schuldet der Vermieter bei anfänglichen Mängeln ebenfalls verschuldensunabhängig. Hier wird eine Art Garantiehaftung angenommen. Nur für später auftretende Mängel haftet der Vermieter nur bei Verschulden.

Vertrag

Ein Vertrag setzt zwei übereinstimmende Willenserklärungen voraus. Die erste Willenserklärung nennt man *Angebot*, die zeitlich zweite Willenserklärung *Annahme*.

→ *Mietvertrag*

Vertragsgemäßer Gebrauch

Bei dem Begriff des vertragsgemäßen Gebrauchs handelt es sich um den zentralen Begriff des Mietrechts. Der Vermieter schuldet dem Mieter die Mietsache zum vertragsgemäßen Gebrauch und muss die Mietsache während des Bestandes des Mietverhältnisses in diesem Zustand erhalten. Der Mieter ist einerseits zum vertragsgemäßen Gebrauch der Mietsache berechtigt, ihm kann aber andererseits gekündigt werden, wenn er die Mietsache nicht vertragsgemäß gebraucht. Der vertragsgemäße Gebrauch ergibt sich aus den Vereinbarungen der Parteien. Sie bestimmen, was geschuldet wird und wie der Mieter die Mietsache nutzen darf. Objektive Kriterien spielen nur dann eine Rolle, wenn es an ausdrücklichen Vereinbarungen fehlt und durch Auslegung ermittelt werden muss, was die Parteien als vertragsgemäßen Zustand vereinbart haben. So können durchaus auch objektiv mangelhafte Gegenstände und Wohnungen als mangelfrei vermietet werden, wenn die Parteien diesen schlechteren Zustand ausdrücklich als geschuldet vereinbart haben. Die Grenzen ergeben sich zum einem aus dem Zweck des Vertrages, nämlich eine Wohnung zum Wohnen zu vermieten, und zum anderen aus dem Transparenzgebot. Solche Vereinbarungen müssen klar und verständlich sein.

Vertretenmüssen

→ *Verschulden*

Verwendungen

→ *Aufwendungsersatz*

Verwirkung

Verwirkung ist ein Unterfall von Treu und Glauben. Sie tritt ein, wenn der Vertragspartner aufgrund Zeitablaufs (Zeitmoment) und weiterer Umstände (Umstandsmoment) berechtigterweise davon ausgehen durfte, dass ein Recht nicht mehr ausgeübt wird. Wie viel Zeit vergehen muss, ist eine Frage des Einzelfalls. Früher hat der BGH bei sechsmaliger Zahlung in Kenntnis des Mangels angenommen, dass der Mieter sein Minderungsrecht auch für die Zukunft verloren hat. Das gilt seit der Mietrechtsreform nicht mehr. Deshalb muss der Zeitraum sicher länger sein. Einzelheiten sind aber immer noch strittig. Ab einem Jahr dürfte das Risiko, dass Gerichte Verwirkung annehmen, steigen. Hinzukommen muss aber noch das Umstandsmoment. Das ist z. B. gegeben, wenn der Mieter ausdrücklich oder konkludent zu erkennen gegeben hat, dass er wegen des Mangels keine Ansprüche geltend machen wird oder nur von einem unerheblichen Mangel ausgeht.

Umgekehrt können auch Ansprüche des Vermieters verwirkt sein. Das gilt insbesondere in den Fällen, in denen der Vermieter jahrelang eine Mietminderung akzeptiert hat, ohne den Mieter zur Zahlung aufgefordert zu haben.

Verzug

Schuldnerverzug bedeutet Nichtleistung trotz Fälligkeit nach Mahnung. Eine Mahnung ist überflüssig, wenn die Fälligkeit nach dem Kalender bestimmt ist, wie es z. B. bei der Mietzahlungsverpflichtung der Fall ist. Verzug liegt auch dann nicht vor, wenn der Schuldner die Nichtleistung nicht zu vertreten hat, ihn also kein Verschulden trifft – wobei Fahrlässigkeit ausreicht.

Vorauszahlungsklausel

Bei Mietverträgen, die bis 31.8.2001 abgeschlossen wurden, ist die Miete nach dem Gesetz bei monatlicher Zahlweise am Ende des Monats fällig. Das gilt auch heute noch so. In den Mietverträgen ist aber regelmäßig vereinbart, dass die Miete zu Beginn des Monats zu zahlen ist, meist bis zum 3. Werktag. Da dies regelmäßig formularvertraglich geschieht, spricht man von einer Vorauszahlungsklausel.

Nach dem Rechtsentscheid des BGH v. 26.10.1994 (NJW 1995, 254) ist eine Vorleistungsklausel, wonach die Miete abweichend von der insofern noch weiter geltenden Regelung des § 551 a. F. BGB im Voraus zu zahlen ist, unwirksam, wenn im Mietvertrag dem Mieter untersagt ist, mit Überzahlungen wegen geminderter Miete aufzurechnen. Dieses Aufrechnungsverbot führt i. V. m. der Vorauszahlungsklausel zu einer unzulässigen Einschränkung des Minderungsrechts. Da die Miete sich bei einem Mangel automatisch, d. h. ohne Ausübung eines Gestaltungsrechts, mindert, erfolgt i. d. R. in dem Monat, in dem der Mangel auftritt, eine Überzahlung. Mit diesem Rückzahlungsanspruch könnte der Mieter in den Folgemonaten von Gesetzes wegen aufrechnen. Diese Möglichkeit wird durch die Aufrechnungsklausel ausgeschlossen, sofern nicht die Berechtigung zur Minderung unstreitig ist. Der Mieter müsste die Überzahlung also einklagen. Die Bestimmung in einem Mietvertrag, nach welcher der Mieter eine Mietminderung einen Monat vor Fälligkeit des Mietzinses ankündigen muss, lässt demgegenüber das Rückforderungsrecht wegen überzahlter Beträge unberührt und ist deshalb wirksam.

Vorbehalt

Ein Vorbehalt kann im Wesentlichen zwei Bedeutungen haben:

- Im Allgemeinen soll mit dem Vorbehalt zum Ausdruck gebracht werden, dass mit der Zahlung die Wirkung eines Anerkenntnisses gemäß § 208 BGB nicht verbunden ist, was dem Zahlenden ggf. die Möglichkeit eröffnet, das Geleistete nach § 812 BGB (ungerechtfertigte Bereicherung) zurückzufordern, ohne dass dies nach § 814 BGB ausgeschlossen wäre. Ein Vorbehalt dieser Art stellt die Ordnungsmäßigkeit der Erfüllung nicht infrage. Man nennt dies auch einen **einfachen Vorbehalt**.

- Anders ist es, wenn der Schuldner in der Weise unter Vorbehalt leistet, dass dem Leistungsempfänger für einen späteren Rückforderungsstreit die Beweislast für das Bestehen des Anspruchs auferlegt werden soll. Ein Vorbehalt dieser Art lässt die Schuldtilgung in der Schwebe und hindert die Erfüllung i. S. d. § 362 BGB. Dies ist dann ein **qualifizierter Vorbehalt**.

Ständige Mängelrügen sind noch kein Vorbehalt. Derartigen Mängelrügen kommt grds. nur die Bedeutung zu, dass der Mieter die Mängel beseitigt haben will. Aus bloßen Rügen und Hinweisen auf die Mängel kann jedoch ohne nähere Anhaltspunkte nicht gefolgert werden, dass der Mieter sich sein Minderungsrecht vorbehalten will. Vielmehr bringt der Mieter durch die vorbehaltlose Zahlung der Miete bei gleichzeitig ständigen Rügen wegen der Mängel zum Ausdruck, dass er die Miete trotz der Rügen und Mängel bezahlen will. Geht der Mieter nämlich davon aus, dass der Mangel eine Herabsetzung der Miete rechtfertigt, so kann in aller Regel davon ausgegangen werden, dass er eine Minderung vornimmt und sich nicht mit Mängelrügen begnügt.

→ *Vorbehaltlose Zahlung*

Vorbehaltlose Annahme

Hat der Mieter den Mangel bei Abschluss des Mietvertrages nicht positiv gekannt oder ist er ihm auch nicht aufgrund grob fahrlässigen Verhaltens unbekannt geblieben, so ist er trotzdem von Minderungsansprüchen ausgeschlossen, wenn er die Mietsache in Kenntnis des Mangels annimmt ohne eine entsprechenden Vorbehalt zu machen. Grob fahrlässige Unkenntnis vom Mangel schadet hier nicht.

Der Vorbehalt des Mieters muss sich auf bestimmte konkrete Mängel beziehen. Ein allgemeiner Vorbehalt, *„sich die Gewährleistungsrechte vorzubehalten"* o. Ä., genügt nicht.

Besondere Bedeutung kommt deshalb dem Übergabeprotokoll zu. Sind im Übergabeprotokoll bestimmte Mängel aufgeführt, ohne dass der Mieter einen Vorbehalt hierzu vermerkt hat, dann ist damit die Minderung ausgeschlossen. Etwas anderes kann aber dann anzunehmen sein, wenn der Vermieter zugesichert hat, diese Mängel noch zu beseitigen.

Vorbehaltlose Zahlung

Von einer vorbehaltlosen Zahlung spricht man, wenn der Schuldner, also hier der Mieter, eine geschuldete Zahlung erbringt, ohne sich das Rückforderungsrecht wegen bestimmter Gegenansprüche vorzubehalten. Dies kann z. B. durch den Zusatz „unter Vorbehalt" bei der Überweisung geschehen. Noch eindeutiger ist es, wenn ggf. in einem Anschreiben auf die vermeintlichen Ansprüche hingewiesen und somit erläutert wird, weshalb der Vorbehalt ausgesprochen wird.

Bis 2001 führte die mehrfache vorbehaltlose Zahlung der Miete in Kenntnis vom Mangel zum Verlust der Minderung nicht nur für den Zeitraum der Zahlungen, sondern auch für die Zukunft. Regelmäßig sollten ca. sechs Zahlungen genügen. Da diese Rechtsprechung eine Analogie zu § 539 a. F. BGB darstellte, gilt dieser Ausschlusstatbestand seit 2001 nicht mehr. Es fehlt seither an der planwidrigen Lücke. Möglich ist allenfalls noch die → *Verwirkung*.

Davon zu unterscheiden ist die Frage, ob der Mieter in der Vergangenheit vorbehaltlos erbrachte Zahlungen zurückverlangen kann, wenn die Miete wegen eines Mangels gemindert war. Nach § 814 BGB kann das in Kenntnis einer Nichtschuld Geleistete nicht zurückgefordert werden, wenn der Leistende gewusst hat, dass er zur Leistung nicht verpflichtet war. Die Vorschrift schließt nach der ständigen Rechtsprechung des Bundesgerichtshofs eine Rückforderung erst aus, wenn der Leistende nicht nur die tatsächlichen Umstände kennt, aus denen sich ergibt, dass er nicht verpflichtet ist, sondern auch weiß, dass er nach der Rechtslage nichts schuldet (BGH Urt. v. 11.11.2008 – VIII ZR 265/07 – NJW 2009, 580; BGH Urt. v. 7.5.1997 – IV ZR 35/96 – NJW 1997, 2381). Grundsätzlich wissen Mieter, dass sie bei Mängeln in der Wohnung berechtigt sind, weniger Miete zu zahlen. Anders kann es aber bei Mängeln außerhalb der Wohnung sein, also z. B. bei Umwelt- oder Umfeldmängeln. Hier ist nicht jedem Mieter bekannt, dass auch solche Mängel zu einer Minderung der Miete führen. Haben Vermieter und Mieter schon über den Mangel gesprochen, spricht ebenfalls viel für eine Kenntnis des Mieters von seinen Rechten.

Vorhersehbarkeit

Rechtsprechung und Literatur haben in der Vergangenheit versucht, die Gewährleistungspflicht des Vermieters für Umweltmängel zu beschränken. Ein Kriterium soll dafür die Vorhersehbarkeit des Mangels sein. Das spielt z. B. bei Hochwasserschäden eine Rolle, aber auch bei Beeinträchtigungen durch Bauarbeiten in der Nachbarschaft. Immer wenn der Mieter mit den Beeinträchtigungen bei Abschluss des Mietvertrages rechnen musste, sie also vorhersehbar waren, können Gewährleistungsansprüche ausscheiden.

Vorschussanspruch

Der Mieter, der nach § 536a Abs. 2 BGB berechtigt ist, den Mangel der Mietsache selbst zu beseitigen, hat regelmäßig einen Anspruch auf Zahlung eines Vorschusses auf die Mängelbeseitigungskosten gegen den Vermieter. Der Anspruch besteht dann nicht, wenn der Vermieter zur Mängelbeseitigung bereit ist. Das ist er, wenn er ein tatsächliches Angebot zur Mängelbeseitigung unterbreitet, also z. B. einen Termin vereinbart.

Der Anspruch besteht in Höhe der voraussichtlichen Aufwendungen zur Mängelbeseitigung. Über den Vorschuss ist nach Abschluss der Arbeiten abzurechnen, der Mieter ist insofern rechnungslegungspflichtig. Der Anspruch auf Zahlung des Vorschusses kann ggf. in besonders eilbedürftigen Fällen im Wege der einstweiligen Verfügung verfolgt werden. Erforderlich ist hierfür aber, dass der Vermieter die Mängelbeseitigung ablehnt und der Mieter nicht in der Lage ist, die Kosten vorzufinanzieren. Der Vermieter darf gegen diesen Vorschussanspruch mit eigenen Zahlungsansprüchen, z. B. rückständigen Mietansprüchen oder Betriebskostennachzahlungen, nicht aufrechnen. Wenn der Mieter bereits rechtskräftig zur Räumung der Wohnung verurteilt worden ist, dann steht ihm entsprechend § 242 BGB unter dem Gesichtspunkt von Treu und Glauben kein Anspruch auf Zahlung eines Vorschusses zur Mängelbeseitigung mehr zu.

W

Wanze

→ *Ungeziefer*

Wärmedämmung

Rechtsprechungsübersicht:

0 % *Wärmedämmung eines Altbaus entspricht nicht dem neuesten Stand (AG Hamburg – 2.7.1987 – 49C 215/87 – DWW 1988, 51)*

15 % *zu geringer Wärmedurchlassungswiderstand (AG Köln – 19.1.1988 – 208C 147/87 – WuM 1988, 358)*

20 % *Schimmelpilzbefall der Wohnung wegen mangelhafter Wärmedämmung (AG Osnabrück – 4.7.2005 – 14C 385/04 – NZM 2006, 224 = NJW-RR 2006, 515)*

20 % *Feuchtigkeitsschäden durch unzureichende Wärmedämmung (AG Königs Wusterhausen – 11.5.2007 – 9C 174/06 – WuM 2007, 568)*

Waschmaschine

Rechtsprechungsübersicht:

5 % ersatzlose Entfernung der (nicht genutzten) Waschmaschine (AG Bergisch Gladbach – 7.6.1994 – 23C 768/93 – ZMR 1994 Nr. 5, S. IX)

10 % Entzug der Nutzungsmöglichkeit von Gemeinschaftswaschmaschinen und -wäschetrockner (AG Osnabrück – 6.5.1988 – 44C 57/88 – WuM 1990, 147)

10 % Lärmbelästigung durch Waschmaschine oder Wäschetrockner der Nachbarn zur Mittagszeit oder nachts (OLG Frankfurt – 26.9.1985 – 8W 25/85 – WuM 1986, 19)

Wasser

Rechtsprechungsübersicht:

0 % Bleigehalt im Trinkwasser ohne regelmäßige Überschreitung des Grenzwertes (LG Frankfurt – 4.10.1988 – 2/11 S 18/88 – ZMR 1990, 17 = WuM 1990, 384)

0 % gesundheitsgefährdende Bleikonzentration im Trinkwasser, welche durch kurzes Ablaufenlassen vermieden werden kann (LG Hamburg – 5.2.1991 – 16S 33/88 – WuM 1991, 161 = NJW 1991, 1898 = MM 1991, 161)

0 % Temperaturschwankungen bei der Warmwasserversorgung (LG Berlin – 4.4.1997 – 63S 443/96 – GE 1997, 689)

0 % Braunverfärbung des Wassers; Mangel kann durch kurzes Ablaufenlassen behoben werden (AG Köln – 16.8.2002 – 205C 9/02 – KM 35 Nr. 62)

5 % Bleigehalt im Trinkwasser (AG Hamburg – 23.8.1991 – 43b C 2777/86 – MDR 1991, 1060 = ZMR 1992, 26 = WuM 1992, 11)

5 % Warmwasser wird erst nach dem Vorlauf von 70 Litern 37 °C warm (LG Berlin – 28.8.2001 – 64S 108/01 – GE 2001, 1607)

10 % Braunverfärbung des Trinkwassers (AG Dortmund – 6.6.1990 – 126C 799/90 – WuM 1990, 425)

10 %   Warmwasserversorgung fehlt (LG Berlin – 4.6.1993 – 64T 69/93 – GE 1993, 861)

20 %   Biofilmabriss im Trinkwasser (LG Arnsberg – 24.4.2007 – 5S 136/06)

30 %   Nitratgehalt im Trinkwasser übersteigt den zulässigen Grenzwert (AG Brühl – 7.3.1990 – 2b C 831/89 – WuM 1990, 382)

Wasserschaden

Rechtsprechungsübersicht:

10 %   Wasserschaden im Badezimmer (LG Berlin – 21.7.2006 – 65S 347/05 – MM 2007, 39)

10 %   Wasserschaden in der Küche und Beeinträchtigungen durch Sanierungsmaßnahmen (LG Köln – 15.5.1996 – 10S 70/96 – KM 35 Nr. 22)

20 %   Wasserschaden mit Herabstürzen von Deckenteilen (OLG München – 20.12.2006 – 20U 4428/06)

20 %   Feuchtigkeitsschäden und ein aufgebrochener Fußboden aufgrund eines Wasserschadens in der Wohnung (AG Schöneberg – 10.4.2008 – 109C 256/07 – WuM 2008, 477)

50 %   Minderung für die Austrocknungszeit nach einem Wasserschaden in einer Einzimmerwohnung (LG Dresden – 17.12.2002 – 4S 152/02 – ZMR 2003, 840)

Wegfall der Geschäftsgrundlage

Haben sich Umstände, die zur Grundlage des Vertrags geworden sind, nach Vertragsschluss schwerwiegend verändert und hätten die Parteien den Vertrag nicht oder mit anderem Inhalt geschlossen, wenn sie diese Veränderung vorausgesehen hätten, so kann jede Partei die Anpassung des Vertrags verlangen, soweit ihr unter Berücksichtigung aller Umstände des Einzelfalls, insbesondere der vertraglichen oder gesetzlichen Risikoverteilung, das Festhalten am unveränderten Vertrag nicht zugemutet werden kann, § 313 BGB. Einer Veränderung der Umstände steht es gleich, wenn wesentliche Vorstellungen, die zur Grundlage des Vertrags geworden sind, sich als falsch herausstellen (Fehlen der Geschäftsgrundlage). Ist eine Anpassung des Vertrags nicht möglich oder einem Teil nicht zumutbar, so kann der benachteiligte Teil vom Vertrag zurücktreten. An die Stelle des Rücktritts tritt für ein Dauerschuldverhältnis das Recht zur Kündigung. Der Bundesgerichtshof wendet diese Grundsätze z. B. bei Flächenabweichungen von mehr als 10 % an. In diesem Fall soll die jeweils benachteiligte Partei eine Anpassung des Vertrages auf die richtige Wohnungsgröße verlangen dürfen, also der Mieter, wenn die Fläche mehr als 10 % kleiner, und der Vermieter, wenn die Fläche mehr als 10 % größer als die vereinbarte Fläche ist. Bis 10 % Flächenabweichung müsse jede Partei das Risiko jeweils selbst tragen.

Wiederherstellungsanspruch

→ *Erfüllungsanspruch*

Wirtschaftliche Unmöglichkeit

→ *Unmöglichkeit*, → *Gebot der Wirtschaftlichkeit*

Wohnfläche

Bei der Ermittlung der Wohnfläche muss zunächst entschieden werden, nach welchen Regeln die Fläche zu ermitteln ist. Dabei hat nach der Rechtsprechung des BGH (BGH Urt. v. 22.4.2009 – VIII ZR 86/08 – NZM 2009, 477 = NJW 2009, 2295 = MietPrax-AK § 536 BGB Nr. 23) eine **dreistufige Prüfung** zu erfolgen:

- Haben die Parteien eine Berechnungsart vereinbart?
- Ist eine bestimmte Berechnungsart ortsüblich?
- Wenn keine der vorherigen Fragen mit Ja beantwortet werden kann, dann gelten auch im preisfreien Wohnungsbau die zum Zeitpunkt des Abschlusses des Mietvertrages geltenden Regeln für den öffentlich geförderten Wohnungsbau (BGH Urt. v. 24.3.2004 – VIII ZR 44/03 – NZM 2004, 454 = NJW 2004, 2230 = MietPrax-AK § 536 BGB Nr. 2).

Dies können die §§ 42 bis 44 II. BV oder die Vorschriften der WohnflächenVO sein. Ist z. B. davon auszugehen, dass die Parteien eines Wohnraummietvertrages sich (stillschweigend) auf eine Wohnflächenberechnung nach den Vorschriften der §§ 42 bis 44 II. BV bzw. der Wohnflächenverordnung geeinigt haben, ist für eine Anwendung der DIN 283 auch dann kein Raum, wenn diese bei der Ermittlung der Wohnfläche im Einzelfall zu einem anderen Ergebnis führt. Nach der DIN 283 ist die Wohnfläche nur dann zu berechnen, wenn die Parteien dies vereinbart haben oder sie als Berechnungsmethode ortsüblich oder nach der Art der Wohnung naheliegender ist (BGH Urt. v. 23.5.2007 – VIII ZR 231/06 – NZM 2007, 595 = NJW 2007, 2624 = MietPrax-AK § 536 BGB Nr. 18). Soweit in § 44 II. BV vorgesehen ist, dass Balkone und bestimmte Freiflächen mit bis zu 50 % anzurechnen sind, kommt es hierfür nicht auf die Qualität des konkreten Balkons an. Vielmehr kann der Vermieter einseitig bestimmen, mit welchem Prozentsatz der Balkon anzurechnen ist (BGH Urt. v. 22.4.2009 – VIII ZR 86/08 – NZM 2009, 477 = NJW 2009, 2295 = MietPrax-AK § 536 BGB Nr. 23). Freisitze sind auch nur Flächen, die direkt am Haus liegen, also Terrassen (BGH Urt. v. 8.7.2009 – VIII ZR 218/08 – NJW 2009, 2880 = NZM 2009, 659 = MietPrax-AK § 536 BGB Nr. 25). Dürfen einzelne Flächen aufgrund von öffentlich-rechtlichen Nutzungsbeschränkungen gar nicht genutzt werden, so sind diese Flächen so lange bei der Flächenberechnung mitzuberücksichtigen, wie die Behörde nicht eingeschritten ist (BGH Urt. v. 16.9.2009 – VIII 275/08 – NJW 2009, 3421 = MietPrax-AK § 536 BGB Nr. 26).

Rechtsprechungsübersicht:

0 % *Flächenabweichung bei falsch angegebener Wohnfläche im Mietvertrag, aber richtig vermaßtem Wohnungsgrundriss (BGH – 22.2.2006 – VIII ZR 219/04 – NZM 2006, 375)*

0 % *Flächenermittlung im preisfreien Wohnungsbau; Hobbykeller: Anrechnung des Hobbykellers (BGH – 23.5.2007 – VIII ZR 231/06 – NJW 2007, 2624 = NZM 2007, 595)*

0 % *Wohnflächenberechnung bei öffentlich-rechtlicher Nutzungsbeschränkung (BGH – 16.9.2009 – VIII ZR 275/08 – NJW 2009, 3421 = NZM 2009, 814)*

0 % *Wohnflächenberechnung trotz baurechtswidriger Nutzung von Räumen (BGH – 29.9.2009 – VIII ZR 242/08 – WuM 2009, 662)*

0 % *Wohnflächenberechnung bei öffentlich-rechtlicher Nutzungsbeschränkung (BGH – 16.12.2009 – VIII ZR 39/09 – WuM 2010, 150 = NZM 2010, 196 = NJW 2010, 1064)*

10,5 % *Mangel bei Wohnflächenabweichung (BGH – 24 3.2004 – VIII ZR 133/03 – NZM 2004, 456)*

11,76 % Begriff der „Mietraumfläche" (BGH – 21.10.2009 – VIII ZR 244/08 – NZM 2010, 80)

15,49 % Flächenabweichung von mehr als 10 %; Dachterrassen gehen nur zu einem Viertel in die Wohnflächenberechnung ein (BGH – 22.4.2009 – VIII ZR 86/08 – WuM 2009, 344 = MM 2009, 226 = GE 2009, 773 = NZM 2009, 477 = NJW 2009, 2295 = MDR 2009, 860)

15,76 % exakte Angabe der Wohnungsgröße nicht nur bloße Objektbeschreibung (BGH – 28.9.2005 – VIII ZR 101/04 – NZM 2005, 861)

16,17 % Flächenabweichung von mehr als 10 % (BGH – 24 3.2004 – VIII ZR 295/03 – NZM 2004, 453 = NJW 2004, 1947)

16,23 % Begriff des Freisitzes und Flächenberechnung bei altbaubedingter niedriger Raumhöhe (BGH – 8.7.2009 – VIII ZR 218/08 – WuM 2009, 514 = NJW 2009, 2880 = NZM 2009, 659)

17,9 % Flächenermittlung bei einem Einfamilienhaus mit Garten (BGH – 28.12.2009 – VIII ZR 164/08 – NJW 2010, 292 = NZM 2010, 36)

19 % Wohnfläche bei ca.-Angabe im Mietvertrag (BGH – 10.3.2010 – VIII ZR 144/09 – WuM 2010, 240 = NZM 2010, 313)

19,1 % Flächenabweichung – Anwendbarkeit von Vorschriften zur Berechnung der Wohnfläche (BGH – 24.3.2004 – VIII ZR 44/03 – WuM 2004, 337 = GE 2004, 680 = NZM 2004, 454 = ZMR 2004, 501 = NJW 2004, 2230 = DWW 2004, 183)

Wohngifte

→ *Umweltmangel*

Wohnraummiete

Das Mietrecht unterscheidet zwischen Wohnraummietverträgen und Mietverträgen über andere Sachen. Zu Letzterem gehören auch die Gewerberaummietverträge, s. → *Gewerberaummiete*.

Ein **Mietvertrag** liegt zunächst vor, wenn dem Vertragspartner der Gebrauch einer Sache gegen Entrichtung einer Gegenleistung überlassen wird. Für die Annahme eines Mietvertrages ist aber nicht zwingend erforderlich, dass die Parteien die Zahlungen einer bezifferten Miete gem. § 535 Abs. 2 BGB vereinbaren, auch wenn dies der Regelfall ist. Es genügt, wenn die Gegenleistung bestimmbar ist. Es müssen auch keine monatlichen Zahlungen der Miete vereinbart sein. Auch eine abwohnbare Einmalzahlung kann eine Miete darstellen.

Wohnraummiete liegt vor, wenn Räumlichkeiten nach dem Zweck der Vereinbarung entgeltlich zum Zwecke des privaten Aufenthalts und zur Befriedigung des Wohnbedürfnisses des Mieters oder seiner Angehörigen überlassen werden.

Wichtigstes **Abgrenzungskriterium** zum ansonsten vorliegenden **Gewerberaummietvertrag** ist die Abrede der Parteien. Erforderlich ist danach, dass die Räumlichkeiten vom Mieter selbst oder/und seinen Angehörigen genutzt werden sollen. Nur wenn diese Zweckbestimmung gegeben ist, handelt es sich um einen Wohnraummietvertrag. Allein die Vertragsparteien entscheiden darüber, welchen Vertragszweck sie verfolgen wollen. Entscheidend ist dabei der wahre, das Rechtsverhältnis prägende Vertragszweck. Die – spätere – tatsächliche Nutzung der Räumlichkeiten ist dabei in zweifacher Hinsicht ohne Bedeutung: Nutzt der Mieter die Wohnung nicht zu Wohnzwecken, liegt ggf. ein vertragswidriger Gebrauch vor, der aber nichts daran ändert, dass ein Wohnraummietverhältnis vorliegt. Umgedreht liegt selbst dann kein Wohnraummietverhältnis vor, wenn der Mieter die Räume erst anderen zu Wohnzwecken zur Verfügung stellen soll (Zwischenmiete). Auf die Motive hierfür, z. B. Gewinnerzielungsabsicht oder altruistische Motive, kommt es nicht an. Deshalb sind solche Zwischenmietverhältnisse nicht als Wohnraummietverträge zu behandeln. Auf sie sind die Vorschriften für Gewerberaummietverträge anzuwenden. Unerheblich ist auch, welches Vertragsformular die Vertragsparteien benutzt haben. Es kann allenfalls ein Indiz dafür sein, was die Parteien tatsächlich gewollt haben.

Um ein Wohnraummietverhältnis handelt es sich auch bei Mischmietverhältnissen, bei denen das Schwergewicht auf der Nutzung als Wohnung liegt. Ein **Mischmietverhältnis** liegt vor, wenn der Mieter die Räumlichkeiten sowohl zu Wohnzwecken wie auch zu anderen Zwecken, z. B. einer beruflichen Tätigkeit, nutzen darf. Diese Grundsätze gelten auch bei der Abgrenzung zum Pachtvertrag. Bei solchen Mischnutzungen gilt für das gesamte Mietverhältnis einheitlich entweder das Wohnraummietrecht oder nicht. Die Entscheidung ist danach zu treffen, wo das Schwergewicht des Vertrages liegt. Maßgeblich hierfür ist zunächst der *Wille der Parteien.* Welchen Zweck wollten sie mit dem Vertragsschluss erreichen? Der Verwendung eines Vertragsformulars für Wohnraummietverträge soll dabei eine tatsächliche Vermutungswirkung für den beabsichtigten Verwendungszweck zukommen. Ist dieser nicht eindeutig feststellbar, muss er anhand von äußeren Merkmalen durch Auslegung nach den allgemeinen Regeln ermittelt werden. Entscheidend ist dabei immer der Schutzzweck des sozialen Mietrechts, sodass selbst dann ein Wohnraummietvertrag anzunehmen ist, wenn zwar die gewerblich genutzte Fläche größer (und die Miete hierfür höher) ist als die Wohnfläche, wenn es sich aber um den Lebensmittelpunkt der Familie handelt. Ist Vertragszweck allein oder auch mit anderen Zwecken die Untervermietung von Wohnraum, so handelt es sich beim Hauptmietvertrag nicht um einen Wohnraummietvertrag.

Zu den Mischmietverhältnissen gehört auch die *Vermietung einer Wohnung und einer Garage* in einem einheitlichen Vertrag. Ob ein einheitlicher Mietvertrag über eine Garage und die Wohnung vorliegt, richtet sich ebenfalls zunächst nach dem Willen der Parteien. Soll eine einheitliche Vermietung erfolgen oder sollen getrennte Verträge geschlossen werden? Ein Indiz ist hierfür die Tatsache, ob eine oder mehrere Vertragsurkunden vorliegen. Gerade bei der Garagenmiete kommt es häufiger vor, dass für Wohnung und Garage zwei getrennte Vertragsformulare unterzeichnet werden. Dies liegt zum Teil daran, dass eine Garage im Haus erst später frei wurde, die Garage erst später errichtet wurde oder der Mieter sich, z. B. aufgrund der immer stärker um sich greifenden Parkraumbewirtschaftung, erst später entschließt, eine Garage anzumieten. Ist über die Vermietung einheitlich eine Urkunde errichtet worden, spricht der Anscheinsbeweis der Vollständigkeit und Richtigkeit der Urkunde dafür, davon auszugehen, dass der Wille der Parteien darauf gerichtet war, einen einheitlichen Vertrag abzuschließen. Diese Vermutung kann jedoch widerlegt werden. Argumente hierfür sind z. B.:

- nur äußerliche Verbindung zweier ansonsten leicht trennbarer Verträge;

- getrennt ausgewiesene Miete für die verschiedenen Mietobjekte;

- Vereinbarung verschiedener Kündigungsfristen;

- Möglichkeit, die verschiedenen Räumlichkeiten tatsächlich völlig getrennt zu nutzen.

Ist die Vermietung in zwei getrennten Urkunden dokumentiert, spricht ebenfalls zunächst ein Anscheinsbeweis dafür, dass die Parteien kein einheitliches Mischmietverhältnis vereinbaren wollten, sondern dass zwei getrennte Verträge geschlossen werden sollten, deren Schicksal auch völlig unterschiedlich sein kann. Auch diese Vermutung kann jedoch widerlegt werden. Gesichtspunkte hierfür sind z. B.:

- Verträge wurden zum gleichen Zeitpunkt abgeschlossen;
- Verträge haben die gleiche Laufzeit;
- Identität der Vertragsparteien;
- die räumlichen Verhältnisse sind so, dass nur eine einheitliche Vermietung an einen Mieter erfolgen kann;
- eine getrennte Herausgabe der Räumlichkeiten ist nicht möglich;
- es liegen keine wesentlich unterschiedlichen Vertragsbedingungen zugrunde.

Die mietrechtlichen Gewährleistungsregeln gelten alle für Wohnraummietverhältnisse. Vertragliche Beschränkungen sind gem. § 536 BGB Abs. 4 BGB unzulässig.

Wohnungseigentum

Auch der Mieter einer Eigentumswohnung hat die gleichen Rechte wie jeder andere Mieter. Auch dort mindert sich die Miete, wenn

- Mängel am Sondereigentum, also vereinfacht gesagt an der vermieteten Wohnung, oder
- Mängel am Gemeinschaftseigentum vorliegen.

Der Mieter einer Eigentumswohnung hat gegen seinen Vermieter auch dann einen gerichtlich durchsetzbaren Anspruch auf Mängelbeseitigung, wenn die zur Mängelbeseitigung erforderlichen Maßnahmen Eingriffe in das gemeinschaftliche Eigentum der Wohnungseigentümergemeinschaft notwendig machen und – soweit erforderlich – ein zustimmender Beschluss der Wohnungseigentümerversammlung noch nicht vorliegt (BGH NJW 2005, 3284 = NZM 2005, 820 = 535 BGB Nr. 21; KG NJW 1990, 3218 = WuM 1990, 376; LG Berlin WuM 1990, 376; LG Lübeck WuM 1991, 30).

Auch der gewerbliche Zwischenvermieter einer Eigentumswohnung ist dem Endmieter gegenüber nach § 535 BGB zur Erhaltung der Wohnung in einem „zum vertragsmäßigem Gebrauch geeigneten Zustand", d. h. zur Instandhaltung und Instandsetzung, verpflichtet. Der Instandhaltungs- und Instandsetzungsanspruch ist nämlich nicht aus Rechtsgründen ausgeschlossen, weil dem gewerblichen Zwischenvermieter die Erfüllung unmöglich ist. Der gewerbliche Zwischenvermieter hat seinerseits gegen den Eigentümer der Wohnung, seinen Vermieter, die Erfüllungsansprüche aus § 535 BGB, sodass er diesen Instandsetzungsanspruch notfalls gerichtlich durchsetzen kann. Der Wohnungseigentümer kann sich nicht darauf berufen, die Instandsetzung sei nicht seine Sache, sondern bedürfe gem. §§ 21, 23 WEG der Beschlussfassung der Eigentümergemeinschaft, weil das Gemeinschaftseigentum betroffen ist (OLG Zweibrücken WuM 1995, 144).

Wohnungstür

Rechtsprechungsübersicht:

0 % *Aufspringen der Wohnungstür im nicht abgeschlossenen Zustand (AG Köln – 24.1.1996 – 216C 380/93 – KM 35 Nr. 24)*

2 % *schlechtes Aussehen von acht Wohnungstüren (AG Köln – 6.12.1976 – 152C 1249/74 – WuM 1978, 189)*

15 % *fehlende Wohnungseingangstür (LG Düsseldorf – 17.5.1973 – 12S 382/72 – WuM 1973, 187)*

Z

Zahlungsklage

Die Zahlungsklage ist eine Form der Leistungsklage. Mit ihr soll eine Partei (Beklagter) zur Zahlung an eine andere Partei (Kläger) verurteilt werden. Die Zahlungsklage geht der Feststellungsklage vor, also immer dort, wo auf Zahlung geklagt werden kann, kann keine Feststellungsklage erhoben werden. In der Regel wird auf sofortige Zahlung geklagt, möglich ist aber unter bestimmten einschränkenden Bedingungen auch eine Klage auf zukünftige Leistung. Das ist z. B. der Fall, wenn die Befürchtung der Nichterfüllung besteht. Wenn der Mieter also wegen eines vermeintlichen Mangels die Miete mindert und der Vermieter der Auffassung ist, dass kein Minderungsgrund vorliegt oder ein Ausschlusstatbestand gegeben ist, dann kann er den Rückstand einklagen und Klage auf zukünftige Zahlung der ungeminderten Miete erheben. Nach einer Kündigung kann ggf. auch Klage auf zukünftige Zahlung einer Nutzungsentschädigung bis hin zur Räumung verlangt werden.

Zahlungsverzug

→ *Verzug*

Zigaretten

Ein besonderes Problem stellt Tabakrauch dar. Rauchen stellt für diejenigen, die nicht rauchen, eine für Raucher kaum vorstellbare Belästigung dar. Rauchen gehört auch nach der Rechtsprechung des BGH zum vertragsgemäßen Gebrauch einer Mietwohnung (BGH NJW 2006, 2915 = NZM 2006, 691 = MietPrax-AK § 538 BGB Nr. 24). Es geht daher hier um die Exzesse, also die Frage, ob bei übermäßigem Rauchen der vertragsgemäße Gebrauch überschritten wird und wann dieser ggf. anfängt. Zum Teil wird das Rauchen schrankenlos gestattet. Rauchen sei als Konsequenz freier Willensentscheidung als Teil sozialadäquaten Verhaltens zumindest in der vom Mieter bewohnten Wohnung als Zentrum seiner Lebensgestaltung hinzunehmen. Andere Gerichte sind da strenger und stufen übermäßiges Rauchen als vertragswidrig ein (umfassend hierzu Börstinghaus/Pielsticker, WuM 2012, 480). Demgemäß ist auch umstritten, ob dem Nachbarn ein Unterlassungsanspruch bzgl. des Rauchens z. B. auf dem Balkon zusteht. Das Gleiche gilt für die Frage, ob im Treppenhaus wahrnehmbarer Zigarettenqualm hinzunehmen ist.

Rechtsprechungsübersicht:

0 %   Geruchsbelästigung durch Tabakrauch vom Nachbarbalkon (AG Wennigsen – 14.9.2001 – 9C 156/01 – WuM 2001, 487)

0 %   Eindringen von Zigarettenrauch aus der Nachbarwohnung (LG Berlin – 3.3.2009 – 63S 470/08 – GE 2009, 781)

5 %   Rauchen auf dem Nachbarbalkon (LG Hamburg – 15.6.2012 – 311 S 92/10 – NZM 2012, 806)

10 % Eindringen von Zigarettenrauch aus der Nachbarwohnung (AG Charlottenburg – 17.3.2008 – 211C 3/07 – GE 2008, 1061)

20 % Belästigung durch Essensgerüche und Zigarettenrauch aus der Nachbarwohnung aufgrund von baulichen Gegebenheiten (LG Stuttgart – 27.5.1998 – 5S 421/97 – WuM 1998, 724)

Zug um Zug

Bei einem gegenseitigen Vertrag – wie es der Mietvertrag ist – kann jede Seite ihre Leistung zurückbehalten, bis die andere Seite ihre Leistung erfüllt. Das gilt dann nicht, wenn eine Partei vorleistungspflichtig ist. Zumindest ist bei der Miete die Vorfälligkeit in § 556b Abs. 1 BGB angeordnet. Verlangt der Vermieter aber Zahlung der Miete und der Mieter beruft sich auf ein Zurückbehaltungsrecht an der Miete wegen Mängeln, so steht dem Vermieter der Zahlungsanspruch nur Zug um Zug gegen Mängelbeseitigung zu. Das bedeutet, dass die Mängel zunächst beseitigt werden müssen, bevor der Gerichtsvollzieher aus dem Zahlungstitel vollstrecken kann. Wichtig ist es dabei, die zu beseitigenden Mängel so genau wie möglich zu bezeichnen, damit es in der Vollstreckung nicht zu Problemen kommt.

Zugesicherte Eigenschaft

Eine Minderung der Miete tritt auch dann ein, wenn der Mietsache eine zugesicherte Eigenschaft fehlt. Der Unterschied zum Sach- und Rechtsmangel liegt zum einen darin, dass beim Fehlen einer zugesicherten Eigenschaft eine Minderung selbst dann eintritt, wenn hierdurch keine Gebrauchsbeeinträchtigung verursacht wird, und zum anderen auch unerhebliche Abweichungen von der zugesicherten Eigenschaft Gewährleistungsrechte auslösen.

Um eine Zusicherung handelt es sich dann, wenn eine Partei für die andere erkennbar für die Richtigkeit der Angaben verschuldensunabhängig einstehen will. Dabei kann sich die Zusicherung auf alle tatsächlichen oder rechtlichen Verhältnisse beziehen. Bloße Beschaffenheitsangaben stellen regelmäßig noch keine Zusicherung dar. Dies gilt auch für die Angabe der Wohnfläche in einem Mietvertrag.

In der Wohnraummiete spielen zugesicherte Eigenschaften in der Praxis deshalb so gut wie keine Rolle. Anders ist es in der Gewerberaummiete. Hier können bestimmte Angaben für eine Vertragspartei so bedeutsam sein, dass man in den Angaben der anderen Seite eine Zusicherung bezüglich der Richtigkeit sehen kann.

Zugluft

> **Rechtsprechungsübersicht:**
>
> **0 %** *Luftaustausch bei Fenstern ohne Falzdichtung (AG Münster – 17.1.1989 – 3C 336/88 – WuM 1989, 235)*
>
> **0 %** Zugluft durch undichte Fenster und Außentüren in einem Altbau *(LG Karlsruhe – 23.9.2005 – 9S 157/05 – MietRB 2007, 114)*
>
> **5 %** undichte Türen und hierdurch entstehende Zugluft *(OLG Düsseldorf – 23.3.2000 – 10 U 160/97 – DWW 2000, 122)*
>
> **10 %** Zugluft in der Wohnung durch eine Gasheizung *(AG Rüsselsheim – 19.5.1989 – 3C 516/88 – DWW 1991, 147)*
>
> **20 %** Zugluft durch undichte Fenster und Außentüren *(LG Kassel – 30.7.1987 – 1S 274/84 – WuM 1988, 108)*

Zurückbehaltungsrecht

Zur Durchsetzung des Erfüllungsanspruchs steht dem Mieter ein Zurückbehaltungsrecht an der Miete gem. § 320 BGB zu. Er kann also die Zahlung der Miete davon abhängig machen, dass der Mangel beseitigt wird. Im Prozess erfolgt eine Zug-um-Zug-Verurteilung. Nicht abschließend geklärt ist die Frage, in welcher Höhe der Anspruch besteht. Grundsätzlich gewährt § 320 BGB ein Zurückbehaltungsrecht gegenüber dem gesamten Mieteanspruch (BGH Urt. v. 26.3.2003 – XII ZR 167/01– NZM 2003, 437 = MietPrax-AK § 536 Nr. 1). Allerdings kann der Mieter gegen Treu und Glauben verstoßen, wenn er es in vollem Umfang geltend macht. Was angemessen ist, ist eine Frage des Einzelfalls. Herausgebildet haben sich zwei Ansichten: Nach der ersten Auffassung besteht das Zurückbehaltungsrecht an der Miete bis zur Höhe des 3- bis 5-Fachen des zur Mängelbeseitigung erforderlichen Betrages (BGH NJW 1982, 24). Diese Auffassung ist dann sachgerecht, wenn es dem Mieter zuzumuten ist, die Reparatur nach erfolgloser Fristsetzung selbst auszuführen. Nach anderer Ansicht kommt ein Zurückbehaltungsrecht bis zur Höhe des 3- bis 5-fachen Betrages der zulässigen Mietminderung in Betracht. Diese Beschränkung berücksichtigt, dass es sich beim Zurückbehaltungsrecht um ein Mittel handelt, das Druck auf Schuldnerseite erzeugen soll.

Der Mieter ist berechtigt, die Miete zurückzubehalten bis der Mangel beseitigt ist – egal von wem. Diese Einrede hindert den Eintritt des Verzuges, ohne dass der Mieter sich ausdrücklich auf ein Zurückbehaltungsrecht berufen muss. Auch ohne einen formellen Antrag ist der Mieter gem. § 322 BGB nur zur Zahlung der rückständigen Miete Zug um Zug gegen Mängelbeseitigung zu verurteilen, wenn sich aus der Gesamtheit des Mieter-Vorbringens ergibt, dass dieser sein Leistungsverweigerungsrecht geltend machen will. Das Zurückbehaltungsrecht ist auch bei Kenntnis des Mieters vom Mangel nicht ausgeschlossen, da in diesem Fall der Erfüllungsanspruch weiter besteht (BGH Urt. v. 18.4.2007 – XII ZR 139/05 – NZM 2007, 484 = MietPrax-AK § 536b BGB Nr. 9).

Das Zurückbehaltungsrecht erlischt ferner, wenn dem Mieter kein Erfüllungsanspruch mehr zusteht. Das ist zunächst dann der Fall, wenn der Mieter das Mietverhältnis gekündigt hat, egal ob ordentlich oder außerordentlich gem. §§ 543 Abs. 2 Nr. 1, 569 Abs. 1 BGB. Außerdem erlischt das Zurückbehaltungsrecht, wenn der Vermieter das Gebäude verkauft oder wenn es zwangsversteigert wird. In diesem Fall entsteht gem. § 566 BGB ein neues Mietverhältnis mit dem Erwerber. Nur dieser ist ab diesem Zeitpunkt zur Instandhaltung verpflichtet. Der Mieter muss die dem vormaligen Vermieter nicht gezahlten Mieten nachzahlen (BGH Urt. v. 19.6.2006 – VIII ZR 284/05 – NZM 2006, 696 = MietPrax-AK § 566 BGB Nr. 6).

Zuständigkeit

→ *Gerichtszuständigkeit*

Anhang A – Auszug aus dem Bürgerlichen Gesetzbuch (BGB)

Buch 2. Recht der Schuldverhältnisse

Abschnitt 8. Einzelne Schuldverhältnisse

Titel 5. Mietvertrag, Pachtvertrag

Untertitel 1. Allgemeine Vorschriften für Mietverhältnisse

§ 535 Inhalt und Hauptpflichten des Mietvertrags

(1) Durch den Mietvertrag wird der Vermieter verpflichtet, dem Mieter den Gebrauch der Mietsache während der Mietzeit zu gewähren. ²Der Vermieter hat die Mietsache dem Mieter in einem zum vertragsgemäßen Gebrauch geeigneten Zustand zu überlassen und sie während der Mietzeit in diesem Zustand zu erhalten. ³Er hat die auf der Mietsache ruhenden Lasten zu tragen.

(2) Der Mieter ist verpflichtet, dem Vermieter die vereinbarte Miete zu entrichten.

§ 536 Mietminderung bei Sach- und Rechtsmängeln

(1) ¹Hat die Mietsache zur Zeit der Überlassung an den Mieter einen Mangel, der ihre Tauglichkeit zum vertragsgemäßen Gebrauch aufhebt, oder entsteht während der Mietzeit ein solcher Mangel, so ist der Mieter für die Zeit, in der die Tauglichkeit aufgehoben ist, von der Entrichtung der Miete befreit. ²Für die Zeit, während der die Tauglichkeit gemindert ist, hat er nur eine angemessen herabgesetzte

Miete zu entrichten. ³Eine unerhebliche Minderung der Tauglichkeit bleibt außer Betracht.

(1a) Für die Dauer von drei Monaten bleibt eine Minderung der Tauglichkeit außer Betracht, soweit diese auf Grund einer Maßnahme eintritt, die einer energetischen Modernisierung nach § 555b Nummer 1 dient.

(2) Absatz 1 Satz 1 und 2 gilt auch, wenn eine zugesicherte Eigenschaft fehlt oder später wegfällt.

(3) Wird dem Mieter der vertragsgemäße Gebrauch der Mietsache durch das Recht eines Dritten ganz oder zum Teil entzogen, so gelten die Absätze 1 und 2 entsprechend.

(4) Bei einem Mietverhältnis über Wohnraum ist eine zum Nachteil des Mieters abweichende Vereinbarung unwirksam.

§ 536a Schadens- und Aufwendungsersatzanspruch des Mieters wegen eines Mangels

(1) Ist ein Mangel im Sinne des § 536 bei Vertragsschluss vorhanden oder entsteht ein solcher Mangel später wegen eines Umstands, den der Vermieter zu vertreten hat, oder kommt der Vermieter mit der Beseitigung eines Mangels in Verzug, so kann der Mieter unbeschadet der Rechte aus § 536 Schadensersatz verlangen.

(2) Der Mieter kann den Mangel selbst beseitigen und Ersatz der erforderlichen Aufwendungen verlangen, wenn

1. der Vermieter mit der Beseitigung des Mangels in Verzug ist oder

2. die umgehende Beseitigung des Mangels zur Erhaltung oder Wiederherstellung des Bestands der Mietsache notwendig ist.

§ 536b Kenntnis des Mieters vom Mangel bei Vertragsschluss oder Annahme

¹Kennt der Mieter bei Vertragsschluss den Mangel der Mietsache, so stehen ihm die Rechte aus den §§ 536 und 536a nicht zu. ²Ist ihm der Mangel infolge grober Fahrlässigkeit unbekannt geblieben, so stehen ihm diese Rechte nur zu, wenn der Vermieter den Mangel arglistig verschwiegen hat. ³Nimmt der Mieter eine mangelhafte Sache an, obwohl er den Mangel kennt, so kann er die Rechte aus den §§ 536 und 536a nur geltend machen, wenn er sich seine Rechte bei der Annahme vorbehält.

§ 536c Während der Mietzeit auftretende Mängel; Mängelanzeige durch den Mieter

(1) ¹Zeigt sich im Laufe der Mietzeit ein Mangel der Mietsache oder wird eine Maßnahme zum Schutz der Mietsache gegen eine nicht vorhergesehene Gefahr erforderlich, so hat der Mieter dies dem Vermieter unverzüglich anzuzeigen. ²Das Gleiche gilt, wenn ein Dritter sich ein Recht an der Sache anmaßt.

(2) ¹Unterlässt der Mieter die Anzeige, so ist er dem Vermieter zum Ersatz des daraus entstehenden Schadens verpflichtet. ²Soweit der Vermieter infolge der Unterlassung der Anzeige nicht Abhilfe schaffen konnte, ist der Mieter nicht berechtigt,

1. die in § 536 bestimmten Rechte geltend zu machen,
2. nach § 536a Abs. 1 Schadensersatz zu verlangen oder
3. ohne Bestimmung einer angemessenen Frist zur Abhilfe nach § 543 Abs. 3 Satz 1 zu kündigen.

536d Vertraglicher Ausschluss von Rechten des Mieters wegen eines Mangels

Auf eine Vereinbarung, durch die die Rechte des Mieters wegen eines Mangels der Mietsache ausgeschlossen oder beschränkt werden, kann sich der Vermieter nicht berufen, wenn er den Mangel arglistig verschwiegen hat.

§ 537 Entrichtung der Miete bei persönlicher Verhinderung des Mieters

(1) ¹Der Mieter wird von der Entrichtung der Miete nicht dadurch befreit, dass er durch einen in seiner Person liegenden Grund an der Ausübung seines Gebrauchsrechts gehindert wird. ²Der Vermieter muss sich jedoch den Wert der ersparten Aufwendungen sowie derjenigen Vorteile anrechnen lassen, die er aus einer anderweitigen Verwertung des Gebrauchs erlangt.

(2) Solange der Vermieter infolge der Überlassung des Gebrauchs an einen Dritten außerstande ist, dem Mieter den Gebrauch zu gewähren, ist der Mieter zur Entrichtung der Miete nicht verpflichtet.

Anhang A – Auszug aus dem Bürgerlichen Gesetzbuch (BGB)

§ 538 Abnutzung der Mietsache durch vertragsgemäßen Gebrauch

Veränderungen oder Verschlechterungen der Mietsache, die durch den vertragsgemäßen Gebrauch herbeigeführt werden, hat der Mieter nicht zu vertreten.

§ 539 Ersatz sonstiger Aufwendungen und Wegnahmerecht des Mieters

(1) Der Mieter kann vom Vermieter Aufwendungen auf die Mietsache, die der Vermieter ihm nicht nach § 536a Abs. 2 zu ersetzen hat, nach den Vorschriften über die Geschäftsführung ohne Auftrag ersetzt verlangen.

(2) Der Mieter ist berechtigt, eine Einrichtung wegzunehmen, mit der er die Mietsache versehen hat.

§ 540 Gebrauchsüberlassung an Dritte

(1) Der Mieter ist ohne die Erlaubnis des Vermieters nicht berechtigt, den Gebrauch der Mietsache einem Dritten zu überlassen, insbesondere sie weiter zu vermieten. ²Verweigert der Vermieter die Erlaubnis, so kann der Mieter das Mietverhältnis außerordentlich mit der gesetzlichen Frist kündigen, sofern nicht in der Person des Dritten ein wichtiger Grund vorliegt.

(2) Überlässt der Mieter den Gebrauch einem Dritten, so hat er ein dem Dritten bei dem Gebrauch zur Last fallendes Verschulden zu vertreten, auch wenn der Vermieter die Erlaubnis zur Überlassung erteilt hat.

§ 541 Unterlassungsklage bei vertragswidrigem Gebrauch

Setzt der Mieter einen vertragswidrigen Gebrauch der Mietsache trotz einer Abmahnung des Vermieters fort, so kann dieser auf Unterlassung klagen.

§ 542 Ende des Mietverhältnisses

(1) Ist die Mietzeit nicht bestimmt, so kann jede Vertragspartei das Mietverhältnis nach den gesetzlichen Vorschriften kündigen.

(2) Ein Mietverhältnis, das auf bestimmte Zeit eingegangen ist, endet mit dem Ablauf dieser Zeit, sofern es nicht

1. in den gesetzlich zugelassenen Fällen außerordentlich gekündigt oder

2. verlängert wird.

§ 543 Außerordentliche fristlose Kündigung aus wichtigem Grund

(1) ¹Jede Vertragspartei kann das Mietverhältnis aus wichtigem Grund außerordentlich fristlos kündigen. ²Ein wichtiger Grund liegt vor, wenn dem Kündigenden unter Berücksichtigung aller Umstände des Einzelfalls, insbesondere eines Verschuldens der Vertragsparteien, und unter Abwägung der beiderseitigen Interessen die Fortsetzung des Mietverhältnisses bis zum Ablauf der Kündigungsfrist oder bis zur sonstigen Beendigung des Mietverhältnisses nicht zugemutet werden kann.

(2) ¹Ein wichtiger Grund liegt insbesondere vor, wenn

1. dem Mieter der vertragsgemäße Gebrauch der Mietsache ganz oder zum Teil nicht rechtzeitig gewährt oder wieder entzogen wird,

2. der Mieter die Rechte des Vermieters dadurch in erheblichem Maße verletzt, dass er die Mietsache durch Vernachlässigung der ihm obliegenden Sorgfalt erheblich gefährdet oder sie unbefugt einem Dritten überlässt oder

3. der Mieter

   a) für zwei aufeinander folgende Termine mit der Entrichtung der Miete oder eines nicht unerheblichen Teils der Miete in Verzug ist oder

   b) in einem Zeitraum, der sich über mehr als zwei Termine erstreckt, mit der Entrichtung der Miete in Höhe eines Betrages in Verzug ist, der die Miete für zwei Monate erreicht.

²Im Falle des Satzes 1 Nr. 3 ist die Kündigung ausgeschlossen, wenn der Vermieter vorher befriedigt wird. ³Sie wird unwirksam, wenn sich der Mieter von seiner Schuld durch Aufrechnung befreien konnte und unverzüglich nach der Kündigung die Aufrechnung erklärt.

(3) ¹Besteht der wichtige Grund in der Verletzung einer Pflicht aus dem Mietvertrag, so ist die Kündigung erst nach erfolglosem Ablauf einer zur Abhilfe bestimmten angemessenen Frist oder nach erfolgloser Abmahnung zulässig. ²Dies gilt nicht, wenn

1. eine Frist oder Abmahnung offensichtlich keinen Erfolg verspricht,

2. die sofortige Kündigung aus besonderen Gründen unter Abwägung der beiderseitigen Interessen gerechtfertigt ist oder

3. der Mieter mit der Entrichtung der Miete im Sinne des Absatzes 2 Nr. 3 in Verzug ist.

(4) ¹Auf das dem Mieter nach Absatz 2 Nr. 1 zustehende Kündigungsrecht sind die §§ 536b und 536d entsprechend anzuwenden. ²Ist streitig, ob der Vermieter den Gebrauch der Mietsache rechtzeitig gewährt oder die Abhilfe vor Ablauf der hierzu bestimmten Frist bewirkt hat, so trifft ihn die Beweislast.

(...)

Untertitel 2. Mietverhältnisse über Wohnraum

Kapitel 5. Beendigung des Mietverhältnisses. Unterkapitel 1. Allgemeine Vorschriften

§ 568 Form und Inhalt der Kündigung

(1) Die Kündigung des Mietverhältnisses bedarf der schriftlichen Form.

(2) Der Vermieter soll den Mieter auf die Möglichkeit, die Form und die Frist des Widerspruchs nach den §§ 574 bis 574b rechtzeitig hinweisen.

§ 569 Außerordentliche fristlose Kündigung aus wichtigem Grund

(1) ¹Ein wichtiger Grund im Sinne des § 543 Abs. 1 liegt für den Mieter auch vor, wenn der gemietete Wohnraum so beschaffen ist, dass seine Benutzung mit einer erheblichen Gefährdung der Gesundheit verbunden ist. ²Dies gilt auch, wenn der Mieter die Gefahr bringende Beschaffenheit bei Vertragsschluss gekannt oder darauf verzichtet hat, die ihm wegen dieser Beschaffenheit zustehenden Rechte geltend zu machen.

(2) Ein wichtiger Grund im Sinne des § 543 Abs. 1 liegt ferner vor, wenn eine Vertragspartei den Hausfrieden nachhaltig stört, so dass dem Kündigenden unter Berücksichtigung aller Umstände des Einzelfalls, insbesondere eines Verschuldens der Vertragsparteien, und unter Abwägung der beiderseitigen Interessen die Fortsetzung des Mietverhältnisses bis zum Ablauf der Kündigungsfrist oder bis zur sonstigen Beendigung des Mietverhältnisses nicht zugemutet werden kann.

(3) Ergänzend zu § 543 Abs. 2 Satz 1 Nr. 3 gilt:

1. Im Falle des § 543 Abs. 2 Satz 1 Nr. 3 Buchstabe a ist der rückständige Teil der Miete nur dann als nicht unerheblich anzusehen, wenn er die Miete für einen Monat übersteigt. Dies gilt nicht, wenn der Wohnraum nur zum vorübergehenden Gebrauch vermietet ist.

2. Die Kündigung wird auch dann unwirksam, wenn der Vermieter spätestens bis zum Ablauf von zwei Monaten nach Eintritt der Rechtshängigkeit des Räumungsanspruchs hinsichtlich der fälligen Miete und der fälligen Entschädigung nach § 546a Abs. 1 befriedigt wird oder sich eine öffentliche Stelle zur Befriedigung verpflichtet. Dies gilt nicht, wenn der Kündigung vor nicht länger als zwei Jahren bereits eine nach Satz 1 unwirksam gewordene Kündigung vorausgegangen ist.

3. Ist der Mieter rechtskräftig zur Zahlung einer erhöhten Miete nach den §§ 558 bis 560 verurteilt worden, so kann der Vermieter das Mietverhältnis wegen Zahlungsverzugs des Mieters nicht vor Ablauf von zwei Monaten nach rechtskräftiger Verurteilung kündigen, wenn nicht die Voraussetzungen der außerordentlichen fristlosen Kündigung schon wegen der bisher geschuldeten Miete erfüllt sind.

(4) Der zur Kündigung führende wichtige Grund ist in dem Kündigungsschreiben anzugeben.

(5) ¹Eine Vereinbarung, die zum Nachteil des Mieters von den Absätzen 1 bis 3 dieser Vorschrift oder von § 543 abweicht, ist unwirksam. ²Ferner ist eine Vereinbarung unwirksam, nach der der Vermieter berechtigt sein soll, aus anderen als den im Gesetz zugelassenen Gründen außerordentlich fristlos zu kündigen.

(…)

Anhang B – Mustertexte

I. Mängelanzeige

1. Anzeige des Mieters

Absender Mieter

Herrn X

Vermieter

Betreff: *Mängel an der Mietwohnung*

Sehr geehrter Herr X,

wie ich Ihnen bereits mehrfach persönlich mitgeteilt habe, zeigen sich an der Außenwand des Schlafzimmers Feuchtigkeitsschäden. Diese haben bereits dazu geführt, dass an mehreren Stellen des Schlafzimmers Stockflecken zu sehen sind.

Ferner ist das Fenster in der Küche undicht. Es zieht erheblich.

*Ich fordere Sie deshalb auf, diese Mängel **umgehend** beseitigen zu lassen. Ich behalte mir ausdrücklich vor, die Miete zu mindern, wenn Sie nicht bis Ende des Monats mit der Mängelbeseitigung begonnen haben. Die Mietzahlungen erfolgen ab jetzt ausdrücklich unter Vorbehalt. Der Vollständigkeit halber weise ich daraufhin, dass ich mir die Geltendmachung von Schadensersatzansprüchen vorbehalte.*

Hochachtungsvoll

2. Erwiderung des Vermieters

Absender Vermieter

Herrn X

Mieter

Betreff: *Mietwohnung*

Sehr geehrter Herr X,

das Fenster in der Küche wird im Rahmen einer Fassadenrenovierung in den nächsten Monaten – ebenso wie die übrigen Fenster an dieser Hausseite – ausgetauscht werden. Dies ist Ihnen schon seit einiger Zeit bekannt. Eine genaue Darstellung der geplanten Maßnahme sowie eine Aufstellung der hierdurch verursachten Kosten werde ich Ihnen umgehend zukommen lassen, sobald mir die Ergebnisse der Ausschreibung vorliegen und der Auftrag vergeben ist. Ein vorweggenommener Austausch dieses Fensters scheidet deshalb aus. Der Vollständigkeit halber will ich schon hier darauf hinweisen, dass Ihnen Rechte aus dem derzeitigen Zustand des Fensters nicht – mehr – zustehen. Das Fenster befindet sich seit Jahren in diesem Zustand. Sie haben in Kenntnis des Zustandes jahrelang die Miete ohne jede Einschränkung gezahlt. Die Geltendmachung von Gewährleistungsrechten scheidet deshalb aus.

Hinsichtlich der behaupteten Durchfeuchtung der Außenwand im Schlafzimmer liegt ein Mangel an der Wohnung gerade nicht vor. Sowohl das Mauerwerk als auch das Fenster sind, wovon ich mich selbst überzeugt habe, in Ordnung. Bezeichnenderweise liegen in den darüber- und darunter liegenden Wohnungen auch keine Mängel vor. Die von Ihnen geschilderten Erscheinungen beruhen deshalb ausschließlich auf Ihrem Nutzungsverhalten. So konnte ich beobachten, dass das Schlafzimmerfenster lediglich gekippt und die Heizung im Schlafzimmer abgedreht ist. Aufgrund dieses Nutzungsverhaltens muss es zu den bezeichneten Schäden kommen. Sie werden deshalb aufgefordert, den Raum mehrmals täglich durch weites Öffnen der Fenster zu lüften. Ich behalte mir die Geltendmachung von Schadensersatzansprüchen wegen evtl. Schäden an Mauerwerk und Putz vor.

Hochachtungsvoll

II. Vorprozessuale Geltendmachung von Gewährleistungsansprüchen

1. Ankündigung der Minderung

Absender Mieter

Herrn X

Vermieter

Betreff: *Mängel an der Mietwohnung*

Sehr geehrter Herr X,

wie ich Ihnen bereits mehrfach persönlich mitgeteilt habe, zeigen sich an der Außenwand des Schlafzimmers Feuchtigkeitsschäden. Diese haben bereits dazu geführt, dass an mehreren Stellen des Schlafzimmers Stockflecken zu sehen sind.

Ferner ist das Fenster in der Küche undicht. Es zieht erheblich.

Die Raumtemperatur liegt aufgrund der unzureichenden Dimensionierung der Heizung an kalten Wintertagen nicht über 19 °C.

Aufgrund dieser Mängel werde ich ab kommendem Monat nur noch eine um 30 % geminderte Miete überweisen. Bei der Bemessung der Minderungsquote war zu berücksichtigen, dass von den Schimmelflecken eine Gesundheitsgefährdung ausgeht und dass die Wohnung aufgrund der mangelhaften Beheizbarkeit nur sehr eingeschränkt genutzt werden kann. Auch unter Berücksichtigung des defekten Fensters liegt eine ganz erhebliche Beeinträchtigung des Wohlbefindens vor. Auch die Zahlung des Restbetrages erfolgt unter dem ausdrücklichen Vorbehalt der Rückforderung. Die Minderung wird so lange erfolgen, wie die Mängel nicht beseitigt sind.

Sie werden nochmals aufgefordert, die Mängel zu beseitigen. Ich behalte mir vor, die Zahlung der weiteren Miete – zumindest teilweise – bis zur Beseitigung des Mangels zurückzubehalten.

Hochachtungsvoll

2. Geltendmachung des Zurückbehaltungsrechts

Absender Mieter

Herrn X

Vermieter

Betreff: *Mängel an der Mietwohnung*

Sehr geehrter Herr X,

aufgrund der Ihnen bekannten und mehrfach angezeigten Mängel mindere ich die Miete bekanntlich schon. Leider musste ich feststellen, dass Sie es bis heute nicht für nötig gehalten haben, die angezeigten Mängel zu beseitigen.

Aus diesem Grund werde ich ab kommendem Monat auch die geminderte Miete zunächst nicht mehr an Sie zahlen. Ich berufe mich ausdrücklich auf ein Zurückbehaltungsrecht. Die geminderte Miete wird von mir erst Zug um Zug nach Beseitigung der Mängel gezahlt werden. Nach Angaben eines Fachmannes soll die Beseitigung der Schäden ca. 4.000 € kosten.

Die Erhebung einer Vorschussklage hinsichtlich der Mängelbeseitigungskosten oder einer Klage auf Beseitigung der Mängel gegen Sie bleibt ausdrücklich vorbehalten.

Hochachtungsvoll

3. Geltendmachung der Mietminderung und Ausübung des Zurückbehaltungsrechts

Absender Mieter

Herrn X

Vermieter

Betreff: *Mängel an der Mietwohnung*

Sehr geehrter Herr X,

wie ich Ihnen bereits mehrfach persönlich mitgeteilt habe, zeigen sich an der Außenwand des Schlafzimmers Feuchtigkeitsschäden. Diese haben bereits dazu geführt, dass an mehreren Stellen des Schlafzimmers Stockflecken zu sehen sind.

Ferner ist das Fenster in der Küche undicht. Es zieht erheblich.

Die Raumtemperatur liegt aufgrund der unzureichenden Dimensionierung der Heizung an kalten Wintertagen nicht über 19 °C.

Aufgrund dieser Mängel werde ich ab kommendem Monat nur noch eine um 30 % geminderte Miete überweisen. Bei der Bemessung der Minderungsquote war zu berücksichtigen, dass von den Schimmelflecken eine Gesundheitsgefährdung ausgeht und dass die Wohnung aufgrund der mangelhaften Beheizbarkeit nur sehr eingeschränkt genutzt werden kann. Auch unter Berücksichtigung des defekten Fensters liegt eine ganz erhebliche Beeinträchtigung des Wohlbefindens vor. Auch die Zahlung des Restbetrages erfolgt unter dem ausdrücklichen Vorbehalt der Rückforderung. Die Minderung wird so lange erfolgen, wie die Mängel nicht abgestellt sind.

Aber auch die restliche Miete wird zunächst nicht gezahlt werden. Ich berufe mich ausdrücklich auf mein Zurückbehaltungsrecht. Die geminderte Miete wird von meinen Mandanten erst Zug um Zug nach Beseitigung der Mängel nachgezahlt werden. Nach Angaben eines Fachmannes soll die Beseitigung der Schäden ca. 4.000 € kosten.

Die Erhebung einer Vorschussklage hinsichtlich der Mängelbeseitigungskosten oder einer Klage auf Beseitigung der Mängel gegen Sie bleibt ausdrücklich vorbehalten.

Hochachtungsvoll

4. Geltendmachung eines Vorschusses zur Mängelbeseitigung

Absender Mieter

Herrn X

Vermieter

Betreff: *Mängel an der Mietwohnung*

Sehr geehrter Herr X,

aufgrund der Ihnen bekannten und mehrfach angezeigten Mängel mindere ich die Miete bekanntlich schon. Leider musste ich feststellen, dass Sie es bis heute nicht für nötig gehalten haben, die angezeigten Mängel zu beseitigen. Sie befinden sich aufgrund der zahlreichen Mahnungen auch in Verzug.

Ich werde deshalb eine Fachfirma mit der Beseitigung der Schäden beauftragen. Da Sie mir aufgrund des bestehenden Vertrages und der mietrechtlichen Vorschriften (§ 536 BGB) eine mangelfreie Wohnung zur Verfügung stellen müssen und sich mit dieser Verpflichtung auch in Verzug befinden, steht mir ein Anspruch auf Zahlung eines abzurechnenden Vorschusses zu. Nach Auskunft der zu beauftragenden Fachfirma wird die Beseitigung des Schadens insgesamt ca. 4.000 € kosten.

Ich habe Sie deshalb aufzufordern, bis zum ... den Betrag von 4.000 € auf mein Konto zu überweisen.

Sollte der Betrag nicht innerhalb der o. g. Frist eingegangen sein, werde ich den Anspruch gerichtlich geltend machen.

Hochachtungsvoll

III. Zahlungsklagen des Vermieters

1. Bei Bestreiten des Mangels

An das

Amtsgericht

Klage

des Vermieters

– Kläger –

gegen

Mieter

– Beklagte –

Ich erhebe Klage gegen die Beklagten mit folgendem Antrag:

Die Beklagten werden als Gesamtschuldner verurteilt, an den Kläger 300 € nebst Zinsen in Höhe von 5 Prozentpunkten über dem Basiszinssatz seit Klagezustellung zu zahlen.

Ferner beantrage ich
1. *für den Fall, dass das Gericht ein schriftliches Vorverfahren anordnet, den Erlass eines Anerkenntnis- bzw. Versäumnisurteils im schriftlichen Vorverfahren, falls die Beklagten den Anspruch anerkennen sollten oder nicht rechtzeitig ihre Verteidigungsbereitschaft anzeigen;*
2. *die Anberaumung eines Termins zur mündlichen Verhandlung, falls das Gericht das Verfahren nach § 495a ZPO betreiben sollte.*

Gründe:

Die Beklagten haben mit Mietvertrag vom … vom Kläger eine Wohnung im Hause … in … gemietet.

Beweis: *in der Anlage überreichte Kopie des Mietvertrages*

Die vereinbarte Miete beträgt 500,00 € zuzüglich Betriebskostenvorauszahlungen von 150,00 €.

Beweis: *wie vorstehend*

In den Monaten Januar bis März 2013 haben die Beklagten jedoch lediglich einen Betrag in Höhe von 550,00 € gezahlt.

Die Beklagten haben sich vorprozessual auf Mängel berufen und deshalb angekündigt, die Miete zu mindern.

Die Wohnung entspricht voll und ganz den vertraglichen Abreden. Ein zur Minderung berechtigender Mangel liegt nicht vor.

Beweis: 1. *richterliche Inaugenscheinnahme*

2. *Sachverständigengutachten*

Soweit die Beklagten sich auf ein schadhaftes Fenster berufen, ist dieses Fenster im November 2012 ausgewechselt worden. Der Mangel ist beseitigt.

Beweis: 1. *richterliche Inaugenscheinnahme*

2. *Sachverständigengutachten*

Die Heizung ist ebenfalls in Ordnung. Sie ist ausreichend dimensioniert, regelmäßig gewartet und entspricht den zum Zeitpunkt der Errichtung des Gebäudes geltenden Vorschriften und dem damals gültigen Stand der Technik.

Beweis: 1. *richterliche Inaugenscheinnahme*

2. *Sachverständigengutachten*

Die Beklagten haben keinen Anspruch darauf, dass der Kläger eine neue Heizung einbaut. Die Beklagten haben eine Altbauwohnung gemietet.

Unterschrift

2. Urkundsklage

An das

Amtsgericht

Klage im Urkundsverfahren

des Vermieters

– **Kläger** –

gegen

Mieter

– **Beklagte** –

Ich erhebe Klage im Urkundenprozess gegen die Beklagten mit folgendem Antrag:

Die Beklagten werden als Gesamtschuldner verurteilt, an den Kläger 300 € nebst Zinsen in Höhe von 5 Prozentpunkten über dem Basiszinssatz seit Klagezustellung zu zahlen.

Ferner beantrage ich

für den Fall, dass das Gericht ein schriftliches Vorverfahren anordnet, den Erlass eines Anerkenntnis- bzw. Versäumnisurteils im schriftlichen Vorverfahren, falls die Beklagten den Anspruch anerkennen sollten oder nicht rechtzeitig ihre Verteidigungsbereitschaft anzeigen.

Gründe:

Die Beklagten haben mit Mietvertrag vom ... vom Kläger eine Wohnung im Hause ... in ... gemietet.

Beweis: in der Anlage überreichte Kopie des Mietvertrages

Die vereinbarte Miete beträgt 500,00 € zuzüglich Betriebskostenvorauszahlungen von 150,00 €.

Beweis: wie vorstehend

In den Monaten Januar bis März 2013 haben die Beklagten jedoch lediglich einen Betrag in Höhe von 550,00 € gezahlt.

Offen ist somit der mit der Klage geltend gemachte Mietrückstand. Die Beklagten haben sich vorprozessual auf Mängel berufen. Solche liegen nicht vor.

Der Anspruch kann auch im Urkundsverfahren geltend gemacht werden (BGH Urteile vom 1.6.2005 – VIII ZR 216/04 –; 20.12.2006 – VIII ZR 112/06 –; 8.7.2009 – VIII ZR 200/08). Die Beklagten haben keinerlei Einwendungen, die sie mit Urkunden belegen können.

Unterschrift

3. Bei Verursachung des Mangels durch den Mieter

An das

Amtsgericht

Klage

des Vermieters

– Kläger –

gegen

Mieter

– Beklagte –

Ich erhebe Klage gegen die Beklagten mit folgendem Antrag:

Die Beklagten werden als Gesamtschuldner verurteilt, an den Kläger 300 € nebst Zinsen in Höhe von 5 Prozentpunkten über dem Basiszinssatz seit Klagezustellung zu zahlen.

Ferner beantrage ich
1. *für den Fall, dass das Gericht ein schriftliches Vorverfahren anordnet, den Erlass eines Anerkenntnis- bzw. Versäumnisurteils im schriftlichen Vorverfahren, falls die Beklagten den Anspruch anerkennen sollten oder nicht rechtzeitig ihre Verteidigungsbereitschaft anzeigen;*
2. *die Anberaumung eines Termins zur mündlichen Verhandlung, falls das Gericht das Verfahren nach § 495a ZPO betreiben sollte.*

III. Zahlungsklagen des Vermieters

Gründe:

Die Beklagten haben mit Mietvertrag vom ... vom Kläger eine Wohnung im Hause ... in ... gemietet.

Beweis: in der Anlage überreichte Kopie des Mietvertrages

Die vereinbarte Miete beträgt 500,00 € zuzüglich Betriebskostenvorauszahlungen von 150,00 €.

Beweis: wie vorstehend

In den Monaten Januar bis März 2010 haben die Beklagten jedoch lediglich einen Betrag in Höhe von 550,00 € gezahlt.

Die Beklagten haben sich vorprozessual auf Mängel berufen und deshalb angekündigt, die Miete zu mindern.

Die Wohnung entspricht voll und ganz den vertraglichen Abreden. Soweit die Beklagten sich auf einen Feuchtigkeitsschaden berufen, beruht dieser auf einem nutzungsbedingten Fehlverhalten, weshalb die Miete nicht gemindert ist.

Beweis: 1. richterliche Inaugenscheinnahme

2. Sachverständigengutachten

Soweit die Beklagten sich vorprozessual auf Feuchtigkeitsschäden im Schlafzimmer berufen haben, liegt hierin kein Mangel der Mietsache, da die sichtbaren Feuchtigkeitsschäden ausschließlich durch das Nutzungsverhalten der Beklagten verursacht wurden.

Beweis: 1. richterliche Inaugenscheinnahme

2. Sachverständigengutachten

Sowohl das Mauerwerk als auch das Fenster sind in Ordnung. Eine Durchfeuchtung der Mauer ist auch nicht gegeben.

Beweis: 1. richterliche Inaugenscheinnahme

2. Sachverständigengutachten

Es sind auch Kälte- oder Wärmebrücken vorhanden. Der bauphysikalische Zustand entspricht dem zulässigen und geforderten Zustand zum Zeitpunkt der Errichtung des Gebäudes. Alle späteren Veränderungen wurden entsprechend dem jeweiligen Stand der Technik durchgeführt.

Bezeichnenderweise liegen in den darüber- und darunter liegenden Wohnungen auch keine Mängel vor. Beim Vormieter sind solche Schäden auch nicht aufgetreten.

Die Erscheinungen beruhen deshalb ausschließlich auf dem Nutzungsverhalten der Beklagten. So konnte der Kläger beobachten, dass das Schlafzimmerfenster lediglich gekippt und die Heizung im Schlafzimmer abgedreht ist. Die Schlafzimmertür ist immer geöffnet, sodass die feuchte warme Luft aus dem Wohnbereich in den kühleren Schlafbereich gelangen kann. Allein dies ist ein Nutzerfehlverhalten.

Aufgrund dieses Nutzungsverhaltens muss es zu den bezeichneten Schäden kommen. Das Gebäude entspricht hinsichtlich der bauphysikalischen Gegebenheiten den zum Zeitpunkt der Errichtung des Gebäudes geltenden Vorschriften und dem damals gültigen Stand der Technik. Insbesondere wurden die damals geltenden Vorschriften der Wärmeisolierung eingehalten.

Beweis: *1. richterliche Inaugenscheinnahme*

               2. Sachverständigengutachten

Die Heizkosten der Beklagten sind verglichen mit denen anderer Mieter im Haus unterdurchschnittlich.

Beweis: *1. Vorlage der Heizkostenabrechnungen*

               2. Sachverständigengutachten

Unterschrift

4. Bei Vorliegen eines Ausschlusstatbestandes

An das

Amtsgericht

Klage

des Vermieters

– Kläger –

gegen

Mieter

– Beklagte –

Ich erhebe Klage gegen die Beklagten mit folgendem Antrag:

Die Beklagten werden als Gesamtschuldner verurteilt, an den Kläger 300 € nebst Zinsen in Höhe von 5 Prozentpunkten über dem Basiszinssatz seit Klagezustellung zu zahlen.

Ferner beantrage ich
1. für den Fall, dass das Gericht ein schriftliches Vorverfahren anordnet, den Erlass eines Anerkenntnis- bzw. Versäumnisurteils im schriftlichen Vorverfahren, falls die Beklagten den Anspruch anerkennen sollten oder nicht rechtzeitig ihre Verteidigungsbereitschaft anzeigen;
2. die Anberaumung eines Termins zur mündlichen Verhandlung, falls das Gericht das Verfahren nach § 495a ZPO betreiben sollte.

Gründe:

Die Beklagten haben mit Mietvertrag vom ... vom Kläger eine Wohnung im Hause ... in ... gemietet.

Beweis: in der Anlage überreichte Kopie des Mietvertrages

Die vereinbarte Miete beträgt 500,00 € zuzüglich Betriebskostenvorauszahlungen von 150,00 €.

Beweis: wie vorstehend

In den Monaten Januar bis März 2013 haben die Beklagten jedoch lediglich einen Betrag in Höhe von 550,00 € gezahlt.

Die Beklagten haben sich vorprozessual auf Mängel berufen und deshalb angekündigt, die Miete zu mindern.

Unabhängig von der Frage, ob tatsächlich ein nicht unerheblicher Mangel vorliegt, was hiermit vorsorglich bestritten wird, sind Gewährleistungsrechte vorliegend ausgeschlossen.

Die Türen waren bei Anmietung in dem Zustand, in dem sie sich noch heute befinden.

Beweis: *Zeugnis des Vormieters XY*

Die Beklagten haben die Wohnung vor Abschluss des Mietvertrages besichtigt. Sie kannten den Zustand der Türen.

Beweis: *Zeugnis des Maklers YY*

Die Beklagten haben sich auch bei Übergabe der Wohnung keine Rechte bezüglich der erkennbaren Mängel vorbehalten.

Beweis*: anliegendes Wohnungsübergabeprotokoll*

Hinsichtlich des behaupteten Mangels am Fenster ist die Minderung bereits deshalb ausgeschlossen, weil dieser Mangel seit mehr als einem Jahr vorliegen soll und die Beklagten dies weder dem Kläger angezeigt noch in der Folgezeit die Miete unter Vorbehalt gezahlt haben. Durch die vorbehaltlose Zahlung haben die Beklagten zu erkennen gegeben, dass sie den Mangel nicht zum Anlass einer Minderung nehmen. Dadurch ist das Minderungsrecht auch für die Zukunft ausgeschlossen. Die Geltendmachung von Gewährleistungsrechten ist damit verwirkt.

Unterschrift

Anhang C – Leitsätze des Bundesgerichtshofes zum Gewährleistungsrecht in der Wohn- und Gewerberaummiete

Stand: Juni 2013

I. Rechtsprechung zu § 536 BGB

Umfang der Minderung und des Zurückbehaltungsrechts

Zur Berücksichtigung eines Leistungsverweigerungsrechts des Mieters bei Mängeln der Mietsache.

(BGH Urt. v. 26.3.2003 – XII ZR 167/01 – NZM 2003, 437 = ZMR 2003, 416 = GE 2003, 804 = NJW-RR 2003, 873 = DWW 2003, 188 = WuM 2003, 439 = MietPrax-AK § 536 BGB Nr. 1 mit Anm. Eisenschmid; Schach, GE 2003, 785; Zich, MietRB 2003, 36)

Mangel bei Wohnflächenabweichung; Anwendbarkeit von Vorschriften zur Berechnung der Wohnfläche

Für die Beantwortung der Frage, ob die anrechenbare Wohnfläche einer Mietwohnung von der im Mietvertrag angegebenen Fläche in erheblicher Weise abweicht, können im Regelfall auch im frei finanzierten Wohnraum die Bestimmungen der §§ 42–44 II. BV als Maßstab herangezogen werden.

(BGH Urt. v. 24.3.2004 – VIII ZR 44/03 – WuM 2004, 337 = GE 2004, 680 = NZM 2004, 454 = ZMR 2004, 501 = NJW 2004, 2230 = DWW 2004, 183 = DB 2004, 1554 = MDR 2004, 933 = MietPrax-

AK § 536 BGB Nr. 2 mit Anm. Eisenschmid; Lammel, LMK 2004, 121; Bieber, MietRB 2004, 331; Eichberger, BGHReport 2004, 1008; Schul/ Wichert, ZMR 2004, 496; Maciejewski, MM 2004, 237; Pauly, MDR 2005, 1204)

Mangel bei Wohnflächenabweichung; Höhe der Minderung

Weist eine gemietete Wohnung eine Wohnfläche auf, die mehr als 10 % unter der im Mietvertrag angegebenen Fläche liegt, stellt dieser Umstand grundsätzlich einen Mangel der Mietsache im Sinne des § 536 Abs. 1 Satz 1 BGB dar, der den Mieter zur Minderung der Miete berechtigt. Einer zusätzlichen Darlegung des Mieters, dass infolge der Flächendifferenz die Tauglichkeit der Wohnung zum vertragsgemäßen Gebrauch gemindert ist, bedarf es nicht.

(BGH Urt. v. 24.3.2004 – VIII ZR 295/03 – WuM 2004, 336 = GE 2004, 682 = NJW 2004, 1947 = NZM 2004, 453 = ZMR 2004, 495 = MDR 2004, 933 = MietPrax-AK § 536 BGB Nr. 3 mit Anm. Eisenschmid; Schul/Wichert, ZMR 2004, 496; Lammel, LMK 2004, 121; Bieber, MietRB 2004, 254; Bieber, MietRB 2004, 331; Pauly, MDR 2005, 1204)

Mangel bei Wohnflächenabweichung

Weist die gemietete Wohnung eine Wohnfläche von mehr als 10 % unter der im Mietvertrag angegebenen Fläche auf, ist grundsätzlich ein Mangel der Mietsache anzunehmen. Daran ändert auch der Zusatz „ca." nichts.

(BGH Urt. v. 24.3.2004 – VIII ZR 133/03 – WuM 2004, 268 = DWW 2004, 148 = GE 2004, 683 = NZM 2004, 456 = ZMR 2004, 500 = MietPrax-AK § 536 BGB Nr. 4 mit Anm. Eisenschmid)

Gewährleistungsrechte bei gewerblicher Zwischenvermietung; unerheblicher Mangel

1. Bei einer gewerblichen Zwischenmiete von Wohnungen zum Zwecke der Weitervermietung sind Umstände, die die Wohnungstauglichkeit beeinträchtigen, i. d. R. auch als Mängel des Zwischenmietverhältnisses im Verhältnis Hauptvermieter zu Zwischenmieter anzusehen. Ob diese Mängel dort als erheblich bzw. unerheblich i. S. des § 537 Abs. 1 Satz 2 a. F. BGB einzustufen

sind, hängt insbesondere von der Größenordnung des gewerblichen Zwischenmietverhältnisses ab.

2. Als unerheblich i. S. von § 537 Abs. 1 Satz 2 a. F. BGB ist ein Fehler insbesondere dann anzusehen, wenn er leicht erkennbar ist und schnell und mit geringen Kosten beseitigt werden kann, so dass die Geltendmachung einer Minderung gegen Treu und Glauben verstieße.

(BGH Urt. v. 30.6.2004 – XII ZR 251/02 – WuM 2004, 531 = GuT 2004, 169 = GE 2004, 1228 = NZM 2004, 776 = NJW-RR 2004, 1450 = MDR 2004, 1348 = ZMR 2005, 101 = MietPrax-AK § 536 BGB Nr. 6 mit Anm. Eisenschmid; Drasdo, NJW-Spezial 2004, 290)

Beweislast nach Gefahrenkreisen

Der Mieter ist nicht nach § 543 BGB (§ 542 BGB a. F.) zur außerordentlichen fristlosen Kündigung berechtigt, wenn er die Störung des vertragsgemäßen Gebrauchs (hier durch einen Wasserschaden) selbst zu vertreten hat. Ist die Schadensursache zwischen den Vertragsparteien streitig, trägt der Vermieter die Beweislast dafür, dass sie dem Obhutsbereich des Mieters entstammt. Sind sämtliche Ursachen, die in den Obhuts- und Verantwortungsbereich des Vermieters fallen, ausgeräumt, trägt der Mieter die Beweislast dafür, dass er den Schadenseintritt nicht zu vertreten hat.

(BGH Urt. v. 10.11.2004 – XII ZR 71/01 – NZM 2005, 17 = WuM 2005, 54 = GE 2005, 125 = ZMR 2005, 120 = DWW 2005, 19 = GuT 2005, 19 = MDR 2005, 325 = MietPrax-AK § 536 BGB Nr. 7 mit Anm. Eisenschmid; Bieber, MietRB 2005, 95)

Minderung von der Bruttomiete

Bemessungsgrundlage der Minderung nach § 536 BGB ist die Bruttomiete (Mietzins einschließlich der Nebenkosten). Dabei ist unerheblich, ob die Nebenkosten als Pauschale oder Vorauszahlung geschuldet werden.

(BGH Urt. v. 6.4.2005 – XII ZR 225/03 – WuM 2005, 384 = GE 2005, 666 = NZM 2005, 455 = MDR 2005, 979 = NJW 2005, 1713 = ZMR 2005, 524 = GuT 2005, 166 = MietPrax-AK § 536 BGB Nr. 8 mit Anm. Eisenschmid; Schach, GE 2005, 645; Kretzer, ZMR 2005, 516; Lützenkirchen, MietRB 2005, 202, 216; Drasdo, NJW-Spezial 2005, 341; Eisenschmid, WuM 2005, 491; Steinke/Maroldt, ZfIR 2005,

393; Schmid, MDR 2005, 971; Lützenkirchen, BGHReport 2005, 897; Schumann, GuT 2005, 201; Schach, GE 2005, 1462; Kinne, GE 2005, 1160; Becker, GE 2005, 1335; Bongard, GE 2005, 1338)

Flächenabweichungen bei der Gewerberaummiete

Auch bei der Miete von Geschäftsraum stellt eine Mietfläche, die um mehr als 10 % unter der im Mietvertrag vereinbarten Fläche liegt, einen nicht unerheblichen Mangel dar (im Anschluss an BGH, NZM 2004, 456, und NZM 2004, 453 = NJW 2004, 1947).

Die für die Minderung aufgestellten Grundsätze für die Erheblichkeit der Beeinträchtigung des vertragsgemäßen Gebrauchs können auch für die fristlose Kündigung gem. § 542 BGB a. F. herangezogen werden.

(BGH Urt. v. 4.5.2005 – XII ZR 254/01 – NZM 2005, 500 = GuT 2005, 163 = NJW 2005, 2152 = GE 2005, 861 = ZMR 2005, 612 = MDR 2005, 975 = MietPrax-AK § 536 BGB Nr. 9 mit Anm. Eisenschmid; Wiek, Mietrecht-express 2005, 84; Jenissen, MietRB 2005, 259; Pauly, MDR 2005, 1204)

Minderung von Bruttomiete; Höhe der Mietsicherheit bei Minderung

Bemessungsgrundlage der Minderung nach § 536 BGB ist die Bruttomiete einschließlich einer Nebenkostenpauschale oder einer Vorauszahlung auf die Nebenkosten.

Dies gilt auch, wenn der zur Minderung führende Mangel auf einer Abweichung der Wohnfläche von der im Mietvertrag angegebenen Fläche um mehr als 10 % beruht.

Ist die Miete aufgrund eines Mangels nach § 536 Abs. 1 BGB gemindert, so bleibt dieser Umstand für die Berechnung der zulässigen Höhe einer Mietsicherheit nach § 551 Abs. 1 BGB außer Betracht. Maßgeblich für die Höchstgrenze ist die vereinbarte, nicht die geminderte Miete. Unter Miete im Sinne des § 551 Abs. 1 BGB ist jedoch dann die aufgrund des Mangels geminderte Miete zu verstehen, wenn im Zeitpunkt der Vereinbarung über die Mietsicherheit ein unbehebbarer Mangel vorliegt.

(BGH Urt. v. 20.7.2005 – VIII ZR 347/04 – WuM 2005, 573 = NJW 2005, 2773 = GE 2005, 1120 = NZM 2005, 699 = DWW 2005, 371

= ZMR 2005, 854 = MDR 2006, 197 = MietPrax-AK § 536 BGB Nr. 10 mit Anm. Eisenschmid; Schmid, MDR 2005, 971; Wiek, WuM 2005, 575; Bieber, MietRB 2005, 281, 282; Schmid, ZMR 2005, 836; Drasdo, NJW-spezial 2005, 531; Schach, GE 2005, 1462; Kinne GE 2005, 1160; Becker, GE 2005, 1335; Bongard, GE 2005, 1338)

Vollvermietung als zugesicherte Eigenschaft, Wegfall der Geschäftsgrundlage

a) Zur Frage, ob eine Vollvermietung und eine bestimmte Mieterstruktur als zugesichert anzusehen ist, wenn die Parteien einen bestimmten Vermietungszustand in die Präambel des Mietvertrages aufgenommen haben (im Anschluss an Senatsurteil vom 26.5.2004 – XII ZR 149/02 – NZM 2004, 618).

b) Zur Anwendbarkeit der Grundsätze über den Wegfall der Geschäftsgrundlage nach Anmietung einer Teilfläche in einem erst zu erstellenden Zentrum für Handel und Dienstleistungen, wenn dieses nach der Eröffnung nicht in der erwarteten Weise von den Kunden angenommen wird (im Anschluss an Senatsurteile vom 16.2.2000 – XII ZR 279/97 – NJW 2000, 1714 und vom 19.7.2000 – XII ZR 176/98 – NZM 2000, 1005).

(BGH Urt. v. 21.9.2005 – XII ZR 66/03 – GuT 2006, 19 = NZM 2006, 54 = NJW 2006, 899 = MDR 2006, 506 = MietPrax-AK § 536 BGB Nr. 11 mit Anm. Eisenschmid; Drasdo, NJW-Spezial 2006, 98; Ott, MietRB 2006, 263)

Exakte Angabe der Wohnungsgröße nicht nur bloße Objektbeschreibung

Besteht nach einem Umbau Unsicherheit über die tatsächliche Größe einer Wohnung, so lässt die genaue Angabe einer Wohnfläche im Mietvertrag vermuten, dass die Vertragsparteien diese Unsicherheit beseitigen und eine bestimmte Wohnungsgröße verbindlich festlegen wollten.

(BGH Urt. v. 28.9.2005 – VIII ZR 101/04 – WuM 2005, 712 = GE 2005, 1349 = NZM 2005, 861 = MietPrax-AK § 536 BGB Nr. 12 mit Anm. Eisenschmid; Drasdo, NJW-Spezial 2005, 534; Schach, GE 2005, 1289)

„Normative" Flächenabweichung

Entsprach es bei Abschluss des Mietvertrages der übereinstimmenden Vorstellung der Vertragsparteien, dass in der mit einer bestimmten Quadratmeterzahl angegebenen Wohnfläche die Dachterrasse der vermieteten Penthousewohnung zu einem nicht näher bestimmten, nicht unerheblichen Anteil enthalten ist, so kann der Mieter nicht im Nachhinein geltend machen, die vereinbarte Wohnfläche sei um mehr als 10 % unterschritten, weil die Terrassenfläche nach gesetzlichen Bestimmungen nur mit einem Bruchteil von weniger als der Hälfte – des gesetzlichen Maximalwerts – als Wohnfläche anzurechnen sei.

(BGH Urt. v. 22.2.2006 – VIII ZR 219/04 – WuM 2006, 245 = NZM 2006, 375 = GE 2006, 642 = MM 2006, 182 = ZMR 2006, 439 = MDR 2006, 861 = DWW 2006, 330 = MietPrax-AK § 536 BGB Nr. 13 mit Anm. Eisenschmid; Wiek, WuM 2006, 246; Schach, GE 2006, 606; Wiek, Mietrecht-express 2006, 8; Kunze, MietRB 2006, 209; Drasdo, NJW-Spezial 2006, 338)

Mangel durch Mobilfunkanlage

Zur Frage, ob dem Mieter von Wohnraum ein Anspruch gegen den Vermieter auf Unterlassung des Betriebs einer Mobilfunksendeanlage zusteht, wenn die Anlage die in der 26. Bundesimmissionsschutzverordnung festgelegten Grenzwerte für elektro-magnetische Felder nicht überschreitet.

(BGH Urt. v. 15.3.2006 – VIII ZR 74/05 – DWW 2006, 195 = WuM 2006, 304 = GE 2006, 777 = NZM 2006, 504 = NJW 2006, 2625 = ZMR 2006, 670 = MDR 2006, 1218 = MietPrax-AK § 536 BGB Nr. 14 mit Anm. Eisenschmid; Manger, GE 2006, 752; Drasdo, NJW-Spezial 2006, 387)

Anfänglicher Mangel; Anzeigepflicht

a) Eine unzureichend vermauerte Wandöffnung, die den Einbruch in ein vermietetes Ladenlokal erleichtert, kann einen Mangel der vermieteten Räume darstellen.

b) Zu den Voraussetzungen der Anzeigepflicht des Mieters nach § 536c Abs. 1 BGB.

(BGH Urt. v. 7.6.2006 – XII ZR 34/04 – GE 2006, 967 = NZM 2006, 626 = ZMR 2006, 678 = NJW 2006, 2918 = GuT 2006, 237 = MDR 2007, 22 = MietPrax-AK § 536 BGB Nr. 15 mit Anm. Eisenschmid; Hoffmann, MietRB 2006, 264)

Rechtsmangel durch Vermietung an Unter-Untermieter

Zur Frage der Rechtskrafterstreckung eines zwischen den Hauptmietparteien ergangenen Feststellungsurteils über den Fortbestand des Hauptmietvertrages auf den Untermieter: BGB a. F. §§ 541, 537 Abs. 1.

Gibt nach Beendigung des Hauptmietverhältnisses der Unter-Untermieter, der den unmittelbaren Besitz hat, dem Drängen des Hauptvermieters nach, einen neuen Mietvertrag mit diesem unmittelbar zu schließen, mittelt er den Besitz fortan diesem und nicht mehr dem Untermieter sowie über diesen dem Hauptmieter. Bei fortbestehendem Untermietverhältnis wird der Untermieter dadurch dem Hauptmieter gegenüber gemäß § 541 BGB a. F. von seiner Verpflichtung zur Zahlung weiteren Untermietzinses frei, weil der Hauptmieter ihm den mittelbaren Mietbesitz nicht mehr gewähren kann.

(BGH Urt. v. 12.7.2006 – XII ZR 178/03 – GE 2006, 1095 = NZM 2006, 699 = ZMR 2006, 763 = GuT 2006, 241 = MDR 2007, 78 = MietPrax-AK § 536 BGB Nr. 16 mit Anm. Eisenschmid; Schach, GE 2006, 1072; Monschau, MietRB 2006, 316 und 320)

Rechtsmangel eines Untermietverhältnisses

Der Anspruch des Hauptvermieters, nach Beendigung des Hauptmietvertrages die Herausgabe der Mietsache auch von dem Untermieter zu verlangen, kann einen Rechtsmangel darstellen. Voraussetzung ist aber, dass der Dritte sein Recht in einer Weise geltend macht, die zu einer Beeinträchtigung des Gebrauchs durch den Mieter führt.

(BGH Urt. v. 29.11.2006 – XII ZR 175/04 – GuT 2007, 132 = MietPrax-AK § 536 BGB Nr. 17 mit Anm. Eisenschmid)

Flächenermittlung im preisfreien Wohnungsbau; Hobbykeller

Ist davon auszugehen, dass die Parteien eines Wohnraummietvertrages sich (stillschweigend) auf eine Wohnflächenberechnung nach den Vorschriften der §§ 42 bis 44 II. BV bzw. der Wohnflächenverordnung geeinigt haben, ist für eine Anwendung der DIN 283 auch dann kein Raum, wenn diese bei der Ermittlung der Wohnfläche im Einzelfall zu einem anderen Ergebnis führt; nach der DIN 283 ist die Wohnfläche nur dann zu berechnen, wenn die Parteien dies vereinbart haben oder sie als Berechnungsmethode ortsüblich oder nach der Art der Wohnung naheliegender ist (Fortführung des Senatsurteils vom 24.3.2004 – VIII ZR 44/03 – NJW 2004, 2230).

(BGH Urt. v. 23.5.2007 – VIII ZR 231/06 – GE 2007, 1047 = WuM 2007, 441 = NZM 2007, 595 = NJW 2007, 2624 = MDR 2007, 1183 = ZMR 2007, 764 = MietPrax-AK § 536 BGB Nr. 18 mit Anm. Eisenschmid; Monschau, MietRB 2007, 258; Drasdo, NJW-Spezial 2007, 466)

Minderungsausschlussvereinbarung in der Gewerberaummiete

Eine vom Vermieter verwendete formularmäßige Klausel, wonach der Mieter von Gewerberaum gegenüber den Ansprüchen des Vermieters auf Zahlung des Mietzinses kein Minderungsrecht wegen Mängeln der Mietsache geltend machen kann, es sei denn, der Vermieter hat die Mängel vorsätzlich oder grob fahrlässig zu vertreten, ist im Zweifel dahin auszulegen, dass sie die Minderung wegen sonstiger Mängel vollständig ausschließt und dem Mieter auch nicht die Möglichkeit der Rückforderung der Miete nach § 812 BGB verbleibt.

Eine solche Klausel benachteiligt den Mieter unangemessen und ist deswegen unwirksam.

(BGH Urt. v. 12.3.2008 – XII ZR 147/05 – GE 2008, 862 = NJW 2008, 2254 = NZM 2008, 522 = ZfIR 2008, 491 = ZMR 2008, 693 = GuT 2008, 278 = MietPrax-AK § 536 BGB Nr. 19 mit Anm. Eisenschmid; Schach, GE 2008, 828; Lützenkirchen, MietRB 2008, 233; Drasdo, NJW-Spezial 2008, 547; Lammel, jurisPR-MietR 16/2008 Anm. 1)

Minderungsausschlussvereinbarung in der Gewerberaummiete

Eine vom Vermieter in einem Gewerberaummietvertrag verwendete formularmäßige Klausel, wonach eine Minderung der Miete ausgeschlossen ist, wenn die Nutzung der Räume durch Umstände beeinträchtigt wird, die der Vermieter nicht zu vertreten hat, ist im Zweifel dahin auszulegen, dass sie die Minderung insoweit vollständig ausschließt und dem Mieter nicht die Möglichkeit der Rückforderung der Miete nach § 812 BGB belässt.

Eine solche Klausel benachteiligt den Mieter unangemessen und ist deswegen unwirksam.

(BGH Urt. v. 23.4.2008 – XII ZR 62/06 – GE 2008, 981 = NJW 2008, 2497 = NZM 2008, 609 = GuT 2008, 280 = MietPrax-AK § 536 BGB Nr. 20 mit Anm. Eisenschmid; Drasdo, NJW-Spezial 2008, 547; jurisPR-MietR 19/2008 Anm. 3)

Entziehung des Gebrauchs als Mangel

Dem Mieter, der Räume von einem nicht verfügungsberechtigten Vermieter gemietet hat, wird der vertragsmäßige Gebrauch bereits dadurch entzogen, dass der wahre Berechtigte nicht bereit ist, den Mieter die Mietsache zu den mit dem Vermieter vereinbarten Konditionen nutzen zu lassen.

(BGH Urt. v. 10.7.2008 – IX ZR 128/07 – NZM 2008, 644 = NJW 2008, 2771 = GuT 2008, 282 = GE 2008, 1253 = ZMR 2008, 883 = MietPrax-AK § 536 BGB Nr. 21 mit Anm. Eisenschmid; Kurek, MietRB 2008, 326; Eisenschmid, jurisPR-MietR 21/2008 Anm. 1)

Hartz-IV-Publikumsverkehr als Mangel

Zur Frage, wann Art und Umfang des Publikumsverkehrs eines gewerblichen Mitmieters (hier: Arbeitsgemeinschaft der Bundesagentur für Arbeit und des Landkreises) in einem vor Vertragsschluss als exklusiv angepriesenen Bürohochhaus als Mangel der Mietsache anzusehen sind.

(BGH Urt. v. 15.10.2008 – XII ZR 1/07 – NJW 2009, 664 = GE 2009, 254 = NZM 2009, 124 = GuT 2009, 24 = ZMR 2009, 269 = MietPrax-AK § 536 BGB Nr. 22 mit Anm. Eisenschmid; Lützenkirchen, jurisPR-MietR 4/2009 Anm. 5; Dötsch, MietRB 2009, 67)

Wohnflächenberechnung unter anteiliger Einbeziehung von Dachterrassenflächen

a) Die Ermittlung einer im Mietvertrag vereinbarten Wohnfläche richtet sich – soweit die Parteien nichts anderes vereinbart haben oder eine andere Berechnungsweise ortsüblich ist – nach den für den preisgebundenen Wohnraum im Zeitpunkt des Abschlusses des Mietvertrags maßgeblichen Bestimmungen (Bestätigung von BGH, Urteil vom 23.5.2007 – VIII ZR 231/06, NJW 2007, 2624, Tz. 13).

b) Sind hiernach für die Flächenermittlungen die Bestimmungen der II. Berechnungsverordnung maßgeblich, können Grundflächen von Balkonen, Loggien, Dachgärten und gedeckten Freisitzen unabhängig von ihrer Lage, Ausrichtung und Nutzbarkeit bis zur Hälfte angerechnet werden.

(BGH Urt. v. 22.4.2009 – VIII ZR 86/08 – WuM 2009, 344 = GE 2009, 773 = NZM 2009, 477 = NJW 2009, 2295 = MDR 2009, 860 = MietPrax-AK § 536 BGB Nr. 23 mit Anm. Eisenschmid; Wassermann, jurisPR-BGHZivilR 12/2009 Anm. 3; Eupen, GE 2009, 744; Lammel, jurisPR-MietR 14/2009 Anm. 1; Drasdo, NJW-Spezial 2009, 465; Lehmann-Richter, MietRB 2009, 221)

Trittschallschutz im ausgebauten Altbau

Eine Mietwohnung in einem älteren Gebäude weist, wenn nicht vertraglich etwas anderes vereinbart ist, in schallschutztechnischer Hinsicht keinen Mangel auf, sofern der Trittschallschutz den zur Zeit der Errichtung des Gebäudes geltenden DIN-Normen entspricht. Das gilt auch dann, wenn während der Mietzeit in der Wohnung darüber der Fußbodenbelag ausgetauscht wird und sich dadurch der Schallschutz gegenüber dem Zustand bei Anmietung der Wohnung verschlechtert (Abgrenzung zu Senatsurteil vom 6.10.2004 – VIII ZR 355/03, NJW 2005, 218).

(BGH Urt. v. 17.6.2009 – VIII ZR 131/08 – NJW 2009, 2441 = GE 2009, 973 = WuM 2009, 457 = NZM 2009, 580 = MDR 2009, 975 = DWW 2009, 256 = MM 2009, 333 = ZMR 2009, 836 = MietPrax-AK § 536 BGB Nr. 24 mit Anm. Eisenschmid; Drasdo, NJW-Spezial 2009, 530; Dötsch, MietRB 2009, 253; Elzer, NZM 2009, 641; Eisenschmid, WuM 2010, 25)

Begriff des Freisitzes und Flächenberechnung bei altbaubedingter niedriger Raumhöhe

a) Ist in einem Wohnraummietvertrag über ein älteres Fachwerkhaus vereinbart, dass die Wohnfläche nach den §§ 42 ff. II. BV zu berechnen ist, so kann die Maßgeblichkeit dieser Bestimmungen für die Wohnflächenermittlung nicht mit der Begründung verneint werden, derartige Gebäude mit niedriger Deckenhöhe und freiliegenden Deckenbalken habe die II. Berechnungsverordnung nicht im Blick gehabt.

b) Freisitze im Sinne des § 44 Abs. 2 II. BV sind nur solche Freiflächen, die an den vermieteten Wohnraum angrenzen.

(BGH Urt. v. 8.7.2009 – VIII ZR 218/08 – WuM 2009, 514 = NJW 2009, 2880 = GE 2009, 1118 = NZM 2009, 659 = ZMR 2009, 838 = MietPrax-AK § 536 BGB Nr. 25 mit Anm. Eisenschmid; Horst, MietRB 2009, 316)

Wohnflächenberechnung bei öffentlich-rechtlicher Nutzungsbeschränkung

a) Öffentlich-rechtliche Nutzungsbeschränkungen vermieteter Wohnräume berechtigen den Mieter nicht zur Mietminderung, wenn deren Nutzbarkeit mangels Einschreitens der zuständigen Behörden nicht eingeschränkt ist.

b) Haben die Parteien eine bestimmte Wohnfläche als Beschaffenheit der Mietsache vereinbart, sind die Flächen von Räumen, die nach dem Vertrag zu Wohnzwecken vermietet sind (hier: ausgebautes Dachgeschoss), bei der Wohnflächenermittlung unabhängig davon mit einzurechnen, ob sie bei einer Flächenberechnung nach den Bestimmungen der Zweiten Berechnungsverordnung als Wohnraum anzurechen sind (Fortführung von BGH, Urt. v. 23.5.2007 – VIII ZR 231/06, NJW 2007, 2624, Tz. 13).

(BGH Urt. v. 16.9.2009 – VIII ZR 275/08 – NJW 2009, 3421 = GE 2009, 1425 = WuM 2009, 661 = NZM 2009, 814 = MDR 2009, 1383 = ZGS 2009, 488 = ZNotP 2009, 437 = ZMR 2010, 101 = MietPrax-AK § 536 BGB Nr. 26 mit Anm. Eisenschmid; Dittert, jurisPR-MietR 24/2009 Anm. 2; Kunze, MietRB 2009, 347; Drasdo, NJW-Spezial 2009, 723)

Wohnflächenberechnung trotz baurechtswidriger Nutzung von Räumen

a) Eine eventuelle Baurechtswidrigkeit der Nutzung einzelner Räume ist für die Ermittlung einer Flächenabweichung ohne Bedeutung.

b) Etwas anderes gilt aber dann, wenn tatsächlich eine Ungeeignetheit zur Nutzung der Räume als Wohnräume vorliegt.

c) Dies setzt aber bei öffentlich-rechtlichen Nutzungsbeschränkungen ein Einschreiten der Behörde voraus.

(BGH Urt. v. 29.9.2009 – VIII ZR 242/08 – GE 2009, 1487 = WuM 2009, 662 = ZMR 2010, 272 = MietPrax-AK § 536 BGB Nr. 27 mit Anm. Eisenschmid; Eisenschmid, jurisPR-MietR 4/2010 Anm. 1)

Der Begriff der „Mietraumfläche"

Zur Auslegung des in einem formularmäßigen Mietvertrag über Wohnräume verwendeten Begriffs „Mietraumfläche".

(BGH Urt. v. 21.10.2009 – VIII ZR 244/08 – NJW 2010, 293 = GE 2010, 119 = NZM 2010, 80 = WuM 2010, 27 = MietPrax-AK § 536 BGB Nr. 28 mit Anm. Eisenschmid; Lehmann-Richter, MietRB 2010, 35)

Flächenermittlung bei Einfamilienhaus mit Garten

Auch bei einem vermieteten Einfamilienhaus mit Garten stellt eine Wohnflächenabweichung einen zur Minderung berechtigenden Mangel dar, wenn die tatsächliche Wohnfläche von der vereinbarten Wohnfläche um mehr als 10 % nach unten abweicht. Eine Anhebung dieses Grenzwerts wegen der mitvermieteten Gartenfläche kommt nicht in Betracht (Fortführung von BGH, Urteile vom 24.3.2004 – VIII ZR 133/03, WuM 2004, 268, und VIII ZR 295/03, WuM 2004, 336).

(BGH Urt. v. 28.10.2009 – VIII ZR 164/08 – WuM 2009, 733 = GE 2010, 54 = NZM 2010, 36 = NJW 2010, 292 = DWW 2010, 18 = MietPrax-AK § 536 BGB Nr. 29 mit Anm. Eisenschmid; Kunze, MietRB 2010, 35; Drasdo, NJW-Spezial 2010, 129)

Keine Wohnflächenvereinbarung bei ausdrücklichem Hinweis auf fehlende Verbindlichkeit der im Mietvertrag angegebenen Wohnungsgröße

Von einer Beschaffenheitsvereinbarung hinsichtlich der Wohnfläche ist nicht auszugehen, wenn ein Wohnraummietvertrag zwar eine Wohnflächenangabe enthält, diese Angabe jedoch mit der Einschränkung versehen ist, dass sie nicht zur Festlegung des Mietgegenstandes diene.

(BGH Urt. v. 10.11.2010 – VIII ZR 306/09 – GE 2011, 49 = WuM 2011, 11 = NJW 2011, 220 = NZM 2011, 70 = DWW 2011, 7 = ZMR 2011, 205 = JZ 2011, 588 = MietPrax-AK § 536 BGB Nr. 35 mit Anm. Börstinghaus, jurisPR-BGHZivilR 5/2011 Anm. 3; Schach, GE 2011, 18; ders., jurisPR-MietR 1/2011 Anm. 3; Lehmann-Richter, MietRB 2011, 36; Drasdo, NJW-Spezial 2011, 65; Niebling, ZMR 2011, 207; Weller, JZ 2011, 589)

Minderung bei periodisch auftretendem Mangel

Wirkt sich in einem Gewerberaummietvertrag ein Mangel nur periodisch erheblich auf die Gebrauchstauglichkeit der Mietsache aus, ist der Mietzins auch nur in diesem Zeitraum kraft Gesetzes herabgesetzt.

(BGH Urt. v. 15.12.2010 – XII ZR 132/09 – GE 2011, 197 = NJW 2011, 514 = MDR 2011, 149 = GuT 2011, 436 = NZM 2011, 153 = DWW 2011, 97 = ZMR 2011, 372 = MietPrax-AK § 536 BGB Nr. 36 mit Anm. Börstinghaus, LMK 2/2011 Anm. 5; Drasdo, NJW-Spezial 2011, 129; Eisenschmid, jurisPR-MietR 6/2011 Anm. 1; Kurek, MietRB 2011, 106)

Keine Minderung bei Unterbrechung der Stromversorgung durch Versorger

Eine auf einen Zahlungsrückstand des Mieters einer Wohnung gegenüber dem Stromversorger beruhende Unterbrechung der Stromlieferung (Ausbau des Stromzählers) führt nicht zu einer Minderung der Miete, da dieser Mangel der Sphäre des Mieters zuzurechnen ist.

(BGH Urt. v. 15.12.2010 – VIII ZR 113/10 – WuM 2011, 97 = GE 2011, 261 = DWW 2011, 56 = NZM 2011, 198 = ZMR 2011, 371 = MietPrax-AK § 536 BGB Nr. 37 mit Anm. Monschau, MietRB 2011,

102; Drasdo, NJW-Spezial 2011, 193; Warnecke, jurisPR-MietR 7/2011 Anm. 1)

Flächenabweichung bei möblierter Wohnung

Auch wenn eine Wohnung möbliert vermietet ist, ist die Bruttomiete bei einer Wohnflächenabweichung um mehr als 10 % gegenüber der vereinbarten Wohnfläche im Verhältnis der Wohnflächenabweichung gemindert.

(BGH Urt. v. 2.3.2011 – VIII ZR 209/10 – WuM 2011, 213 = GE 2011, 542 = NJW 2011, 1282 = NZM 2011, 309 = MDR 2011, 474 = ZMR 2011, 542 = MietPrax-AK § 536 BGB Nr. 38 mit Anm. Schach, MietRB 2011, 137; Bieber, jurisPR-MietR 10/2011 Anm. 1; Drasdo, NJW-Spezial 2011, 321; Bieber, GE 2011, 735)

Verjährung des Rückforderungsanspruchs bei Flächenabweichung

a) Für den Beginn der vierjährigen Verjährung gemäß § 197 BGB a. F. kam es nicht auf die Kenntnis des Gläubigers von den anspruchsbegründenden Umständen an.

b) Nach Inkrafttreten des neuen Verjährungsrechts am 1. Januar 2002 unterfällt der Anspruch aus ungerechtfertigter Bereicherung der Regelverjährung des § 195 BGB.

c) Die Verjährung nach neuem Recht beginnt mit Kenntnis von der Wohnflächenabweichung.

(BGH Urt. v. 29.6.2011 – VIII ZR 30/10 – GE 2011, 1018 = NZM 2011, 627 = ZMR 2011, 782 = NJW 2011, 3573 = MietPrax-AK § 536 BGB Nr. 39 mit Anm. Börstinghaus, NJW 2011, 3545)

Substantiierung der Mängelbeschreibung

Zu den Substantiierungsanforderungen bei der Geltendmachung von Mängeln am Mietobjekt.

(BGH Urt. v. 25.10.2011 – VIII ZR 125/11 – GuT 2011, 298 = WuM 2011, 700 = GE 2012, 60 = NJW 2012, 382 = NZM 2012, 109 = GE 2012, 177 = MietPrax-AK § 536 BGB Nr. 40 mit Anm. Dötsch, MietRB 2012, 2; Börstinghaus, jurisPR-BGHZivilR 1/2012 Anm. 1; Streyl, NZM 2012, 104; Wetekamp, NZM 2012, 441)

§ 536 BGB

Gebrauchsbeeinträchtigung wegen Vermietung an Touristen

Zur Darlegung wiederkehrender Beeinträchtigungen des Mietgebrauchs genügt eine Beschreibung, aus der sich ergibt, um welche Art von Beeinträchtigungen (Partygeräusche, Musik, Lärm durch Putzkolonnen auf dem Flur o. Ä.) es geht, zu welchen Tageszeiten, über welche Zeitdauer und in welcher Frequenz diese ungefähr auftreten; der Vorlage eines „Protokolls" bedarf es nicht.

(BGH Urt. v. 29.2.2012 – VIII ZR 155/11 – WuM 2012, 269 = GE 2012, 681 = NJW 2012, 1645 = DWW 2012, 171 = GuT 2012, 125 = NZM 2012, 381 = ZMR 2012, 536 = MietPrax-AK § 536 BGB Nr. 41 mit Anm. Jahreis, jurisPR-MietR 9/2012 Anm. 1 = WuM 2012, 309; Kinne, GE 2012, 644; Drasdo, NJW-Spezial 2012, 321; Schmid, MietRB 2012, 161 und 167; Schröder, ZMR 2012, 537: Wetekamp, NZM 2012, 441; Boos, LMK 8/2012 Anm. 2)

Beschaffenheitsvereinbarung bezüglich Baulärms in Großstadt

Zur Frage, ob Mietvertragsparteien in einer Großstadt eine konkludente Beschaffenheitsvereinbarung getroffen haben, wonach der Mieter das Risiko von Störungen durch eine lange nach Vertragsschluss auf dem Nachbargrundstück eingerichtete Großbaustelle übernommen hat.

(BGH Urt. v. 21.2.2012 – VIII ZR 22/11 – WuM 2012, 271 = GuT 2012, 126 = GE 2012, 896 = NZM 2012, 456 = NJW-RR 2012, 908 = MietPrax-AK § 536 BGB Nr. 42 mit Anm. Blank, WuM 2012, 175)

Minderung bei Flächenabweichung von Nebenflächen

Lässt sich im Fall einer Unterschreitung der vertraglich vereinbarten Fläche bei der Geschäftsraummiete die Minderfläche eindeutig Nebenräumen (hier: Kellerräume) zuordnen, so darf die Minderung nicht pauschal nach dem prozentualen Anteil der fehlenden Fläche an der vertraglich vereinbarten Gesamtfläche berechnet werden. Vielmehr muss eine angemessene Herabsetzung des Mietzinses den geringeren Gebrauchswert dieser Räume in Rechnung stellen (Abgrenzung zu BGH Urteil vom 24.3.2004 – VIII ZR 295/03 – NJW 2004, 1947 und vom 10.3.2010 – VIII ZR 144/09 – NJW 2010, 1745).

(BGH Urt. v. 18.7.2012 – XII ZR 97/09 – WuM 2012, 550 = NJW 2012, 3173 = GE 2012, 1310 = GuT 2012, 356 = NZM 2012, 726 = DWW 2012, 329 = ZMR 2012, 940 = MDR 2012, 1152 = MietPrax-AK § 536 BGB Nr. 43 mit Anm. Kunze, MietRB 2012, 317; Drasdo, NJW-Spezial 2012, 705; Gies, jurisPR-MietR 25/2012 Anm. 4; Börstinghaus, jurisPR-BGHZivilR 19/2012 Anm. 4)

Zum Mangelbegriff

a) Unter einem Mangel im Sinne von § 536 Abs. 1 BGB ist eine für den Mieter nachteilige Abweichung des tatsächlichen Zustandes der Mietsache von dem vertraglich geschuldeten zu verstehen, wobei sowohl tatsächliche Umstände als auch rechtliche Verhältnisse in Bezug auf die Mietsache als Fehler in Betracht kommen können.

b) Erforderlich ist allerdings, um Ausuferungen des Fehlerbegriffs zu vermeiden, stets eine unmittelbare Beeinträchtigung der Tauglichkeit bzw. eine unmittelbare Einwirkung auf die Gebrauchstauglichkeit der Mietsache, wohingegen Umstände, die die Eignung der Mietsache zum vertragsgemäßen Gebrauch nur mittelbar berühren, nicht als Mängel zu qualifizieren sind.

(BGH Urt. v. 16.9.2012 – XII ZR 122/11 – GE 2012, 1553 = WuM 2012, 671 = NZM 2013, 27 = GuT 2012, 463 = MietPrax-AK § 536 BGB Nr. 44 mit Anm. Horst, MietRB 2013, 7)

Verstoß gegen Konkurrenzschutzklausel als Mangel

Die Verletzung der in einem Gewerberaummietvertrag vereinbarten Konkurrenzschutzklausel durch den Vermieter stellt einen Mangel der Mietsache gemäß § 536 Abs. 1 Satz 1 BGB dar, der zur Minderung der Miete führen kann.

(BGH Urt. v. 10.10.2012 – XII ZR 117/10 – GE 2012, 1632 = NZM 2013, 52 = NJW 2013, 44 = ZMR 2013, 101 = GuT 2012, 459 = DWW 2013, 54 = MietPrax-AK § 536 BGB Nr. 45 mit Anm. Harsch, MietRB 2012, 350; Bieber, GE 2012, 1592; Bieber, jurisPR-MietR 1/2013 Anm. 3; Ghassemie-Tabar, NJW 2013, 47; Drasdo, NJW-Spezial 2013, 34)

Minderung wegen erhöhten Verkehrslärms

a) Zu den Voraussetzungen einer konkludenten Beschaffenheitsvereinbarung in Bezug auf die Mietsache (im Anschluss an BGH, Urteil vom 23.9.2009 – VIII ZR 300/08, NJW 2010, 1133).

b) Fehlt es an einer Beschaffenheitsvereinbarung, bestimmt sich der zum vertragsgemäßen Gebrauch geeignete Zustand der Mietsache nach der Verkehrsanschauung unter Berücksichtigung des vereinbarten Nutzungszwecks und des Grundsatzes von Treu und Glauben.

c) Eine vorübergehende erhöhte Verkehrslärmbelastung aufgrund von Straßenbauarbeiten stellt unabhängig von ihrer zeitlichen Dauer jedenfalls dann, wenn sie sich innerhalb der in Innenstadtlagen üblichen Grenzen hält, keinen zur Minderung berechtigenden Mangel der vermieteten Wohnung dar.

(BGH Urt. v. 19.12.2012 – VIII ZR 152/12 – GE 2013, 261 = GuT-W 2012, 9 = NJW 2013, 680 = WuM 2013, 154 = NZM 2013, 184 = DWW 2013, 94 = ZMR 2013, 269 = MietPrax-AK § 536 BGB Nr. 46 mit Anm. Beuermann, GE 2013, 236; Scheuer, MietRB 2013, 65; Drasdo, NJW-Spezial 2013, 193; Brückner, GE 2013, 459; Eisenschmid, jurisPR-MietR 8/2013 Anm. 2)

II. Rechtsprechung zu § 536a BGB

Beweislast bei Schäden durch Fogging

Die Voraussetzungen für den von einem Mieter wegen des sogenannten Foggings gegen den Vermieter geltend gemachten Schadensersatzanspruch aus § 536a Abs. 1 Alt. 2 BGB einschließlich des Verschuldens des Vermieters sind vom Mieter darzulegen und zu beweisen. Insoweit gilt nur dann etwas anderes, wenn feststeht, dass die Schadensursache im Herrschafts- und Einflussbereich des Vermieters gesetzt worden ist; in diesem Fall muss sich der Vermieter hinsichtlich des Verschuldens entlasten.

(BGH Urt. v. 25.1.2006 – VIII ZR 223/04 – GE 2006, 319 = WuM 2006, 147 = NJW 2006, 1061 = NZM 2006, 258 = DWW 2006, 158 = ZMR 2006, 356 = MDR 2006, 983 = MietPrax-AK § 536a BGB Nr. 1 mit Anm. Eisenschmid; Schach, GE 2006, 284; Krapf, MietRB 2006, 154)

Schadensersatz wegen Mangel am Stromzähler

Zur Verantwortlichkeit des Vermieters für Schäden an Sachen des Mieters, wenn die Schadensursache von einer Gefahrenquelle ausgeht, die sich zwar im Mietgebäude befindet, aber nicht mitvermietet ist und nicht dem Verantwortungsbereich des Vermieters unterliegt (hier: verplombte Zähleranlage des E-Werks).

(BGH Urt. v. 10.5.2006 – XII ZR 23/04 – GE 2006, 903 = GuT 2006, 189 = NZM 2006, 582 = MDR 2007, 25 = MietPrax-AK § 536a BGB Nr. 2 mit Anm. Eisenschmid; Drasdo, NJW-spezial 2006, 438)

Beweislast für Schaden

Treten infolge eines Mangels der Mietsache Schäden an Sachen des Mieters ein, muss dieser die Schäden nach Grund und Höhe auch dann beweisen, wenn der Vermieter behauptet, diese seien bereits aufgrund eines früheren Schadensereignisses eingetreten. Eine Umkehr der Beweislast zulasten des Vermieters findet nicht statt.

(BGH Urt. v. 7.6.2006 – XII ZR 47/04 – GE 2006, 966 = ZMR 2006, 680 = NZM 2006, 659 = DWW 2006, 329 = GuT 2006, 240 = NJW 2006, 3559 = MDR 2006, 1392 = MietPrax-AK § 536a BGB Nr. 3 mit Anm. Eisenschmid; Manger, GE 2006, 950; Lützenkirchen, MietRB 2006, 289)

Beweislast bei Schäden durch Fogging

a) Einen im Laufe des Mietverhältnisses auftretenden Mangel der Mietsache hat der Vermieter auch dann auf seine Kosten zu beseitigen, wenn die Mangelursache zwar der Sphäre des Mieters zuzurechnen ist, der Mieter den Mangel aber nicht zu vertreten hat, weil er die Grenzen des vertragsgemäßen Gebrauchs nicht überschritten hat.

b) Ist der Vermieter mit der Beseitigung eines Mangels der Mietsache in Verzug, kann der Mieter den Mangel selbst beseitigen (lassen) und zu diesem Zweck vom Vermieter einen Vorschuss in Höhe der voraussichtlich erforderlichen Beseitigungskosten verlangen.

(BGH Urt. v. 28.5.2008 – VIII ZR 271/07 – NJW 2008, 2432 = GE 2008, 982 = WuM 2008, 476 = NZM 2008, 607 = MM 2008, 261 = ZMR 2008, 869 = MietPrax-AK § 536a BGB Nr. 5 mit Anm.

Eisenschmid; Dötsch, MietRB 2008, 258; Schläger, ZMR 2008, 870; Eisenschmid, jurisPR-MietR 20/2008 Anm. 2)

Aufwendungsersatz zur Mangelbeseitigung

Beseitigt der Mieter eigenmächtig einen Mangel der Mietsache, ohne dass der Vermieter mit der Mangelbeseitigung in Verzug ist (§ 536a Abs. 2 Nr. 1 BGB) oder die umgehende Beseitigung des Mangels zur Erhaltung oder Wiederherstellung des Bestands der Mietsache notwendig ist (§ 536a Abs. 2 Nr. 2 BGB), so kann er die Aufwendungen zur Mangelbeseitigung weder nach § 539 Abs. 1 BGB noch als Schadensersatz gemäß § 536a Abs. 1 BGB vom Vermieter ersetzt verlangen.

(BGH Urt. v. 16.1.2008 – VIII ZR 222/06 – WuM 2008, 147 = GE 2008, 325 = ZMR 2008, 281 = NJW 2008, 1216 = NZM 2008, 279 = DWW 2008, 174 = MietPrax-AK § 536a BGB Nr. 4 mit Anm. Eisenschmid; Börstinghaus, BGHReport 2008, 424; Drasdo, NJW-Spezial 2008, 194; Dötsch, MietRB 2008, 97; Dötsch, ZMR 2008, 283; Schach, MietRB 2008, 212; Artz, ZJS 2008, 203; Schimmel/Buhlmann, LMK 2008 II. HJ, 61; Kuhn, ZMR 2009, 175)

Vorschussanspruch für zwecklose Maßnahmen; Unmöglichkeit wegen Überschreiten der Opfergrenze

a) Der Mieter hat keinen Anspruch auf Kostenvorschuss für Maßnahmen, die zur nachhaltigen Mangelbeseitigung ungeeignet sind.

b) Zum Ausschluss des Mangelbeseitigungsanspruchs des Mieters wegen Überschreitens der „Opfergrenze" für den Vermieter (Fortführung von BGH, Urteil vom 20.7.2005 – VIII ZR 342/03, NJW 2005, 3284).

(BGH Urt. v. 21.4.2010 – VIII ZR 131/09 – WuM 2010, 348 = GE 2010, 837 = NJW 2010, 2050 = NZM 2010, 507 = ZMR 2010, 672 = MietPrax-AK § 536a BGB Nr. 6 mit Anm. Fritz, jurisPR-MietR 13/2010 Anm. 1; Drasdo, NJW-Spezial 2010, 449; Emmerich, NZM 2010, 497)

Schutzbereich der Garantiehaftung

a) War ein Bauteil der Mietsache aufgrund seiner fehlerhaften Beschaffenheit bei Vertragsschluss bereits in diesem Zeitpunkt für ihren Zweck ungeeignet und damit unzuverlässig, liegt ein anfänglicher Mangel der Mietsache vor.

b) Auch dritte, an einem Mietvertrag nicht unmittelbar beteiligte Personen können in den Schutzbereich des Vertrages einbezogen werden. Ihnen gegenüber ist der Schuldner zwar nicht zur Leistung, wohl aber unter Umständen zum Schadensersatz verpflichtet (im Anschluss an BGHZ 49, 350).

c) Ein Überraschungseffekt im Sinne von § 305c BGB kann sich aus der Stellung der Klausel im Gesamtwerk der allgemeinen Geschäftsbedingungen ergeben. Das ist etwa der Fall, wenn sie in einem systematischen Zusammenhang steht, in dem der Vertragspartner sie nicht zu erwarten braucht (im Anschluss an das Senatsurteil vom 9.12.2009 – XII ZR 109/08 – NJW 2010, 671).

(BGH Urt. v. 21.7.2010 – XII ZR 189/08 – GE 2010, 1193 = NZM 2010, 668 = NJW 2010, 3152 = MDR 2010, 1103 = GuT 2010, 346 = ZMR 2011, 360 = MietPrax-AK § 536a BGB Nr. 7 mit Anm. Börstinghaus, jurisPR-BGHZivilR 18/2010 Anm. 2; Schach, GE 2010, 1150; Monschau, MietRB 2010, 319 und 320)

Schadensersatz wegen Inkrafttretens des Nichtraucherschutzgesetzes

a) Das Rauchverbot in § 7 Abs. 1 Nichtraucherschutzgesetz Rheinland-Pfalz stellt keinen Mangel einer verpachteten Gaststätte dar.

b) Der Verpächter ist nicht verpflichtet, auf Verlangen des Pächters durch bauliche Maßnahmen die Voraussetzungen zu schaffen, dass dieser einen gesetzlich vorgesehen Raucherbereich einrichten kann.

(BGH Urt. v. 13.7.2011 – XII ZR 189/09 – WuM 2011, 520 = GE 2011, 1226 = NJW 2011, 3151 = ZMR 2011, 943 = DWW 2011, 372 = MietPrax-AK § 536a BGB Nr. 8 mit Anm. Horst, MietRB 2011, 313; Leo/Ghassemi-Tabar, NJW 2011, 3152; Drasdo, NJW-Spezial 2011, 674; Eisenschmid, LMK 11/2011 Anm. 1)

§ 536b BGB

Substantiierungslast für Schadenseintritt und -verursachung

a) Stammt die Schadensursache aus dem Herrschafts- und Einflussbereich des Vermieters, muss der Vermieter beweisen, dass ihn kein Verschulden trifft.

b) Ein Sachvortrag zur Begründung eines Anspruchs ist schlüssig, wenn der Anspruchsteller Tatsachen vorträgt, die in Verbindung mit einem Rechtssatz geeignet sind, das geltend gemachte Recht als in der Person des Anspruchsstellers entstanden erscheinen zu lassen. Das Gericht muss in der Lage sein, aufgrund des tatsächlichen Vorbringens zu entscheiden, ob die gesetzlichen Voraussetzungen für das Bestehen des geltend gemachten Anspruchs vorliegen.

c) Eine Beweisaufnahme zu einem bestrittenen erheblichen Vorbringen darf nicht abgelehnt werden, wenn die Behauptung konkret genug ist, um eine Stellungnahme des Gegners zu ermöglichen und die Erheblichkeit des Vorbringens zu beurteilen.

(BGH Urt. v. 1.8.2012 – XII ZR 87/11 – GE 2012, 1635 = MietPrax-AK § 536a BGB Nr. 9 mit Anm. Eisenschmid)

Mietminderung; Gesundheitsgefährdung; Haftungsausschluss

Zur Wirksamkeit des formularmäßigen Ausschlusses der Gewährleistung für anfängliche Mängel bei für möglich gehaltener gesundheitsgefährdender Schadstoffbelastung der Mieträume.

(BGH Urt. v. 3.7.2002 – XII ZR 327/00 – NZM 2002, 784 = NJW 2002, 3232 = DWW 2002, 265 = GE 2002, 1191 = ZMR 2002, 899 = MietPrax-AK § 536b BGB Nr. 1 mit Anm. Eisenschmid; Beuermann, GE 2002, 1168)

III. Rechtsprechung zu § 536b BGB

Verlust des Minderungsrechts bei vorbehaltloser Mietzahlung trotz Vorliegen eines Mangels

1. Der Mieter ist aufgrund analoger Anwendung des § 539 BGB a. F. von Gewährleistungsansprüchen ausgeschlossen, wenn er die

Miete seit seinem Einzug vorbehaltlos gezahlt hat, obwohl er den Mangel hätte erkennen können.

2. Auch der Mieter muss sich darauf verlassen können, dass der Vermieter, der eine Minderung über einen längeren Zeitraum rügelos hinnimmt, die vertraglich vereinbarte Miete nicht rückwirkend verlangen kann. Ob insoweit die – gleichsam spiegelbildlich – entsprechende Anwendung des § 539 BGB a. F. in Betracht kommt, kann dahinstehen, da § 539 BGB ein Unterfall der Verwirkung ist und jedenfalls die allgemeinen Voraussetzungen der Verwirkung erfüllt sind.

(BGH Urt. v. 26.2.2003 – XII ZR 66/01 – ZMR 2003, 341, NZM 2003, 355, NJW-RR 2003, 727 = MietPrax-AK § 536b BGB Nr. 2 mit Anm. Eisenschmid; Timme; NZM 2003, 508)

Verlust des Minderungsrechts bei vorbehaltloser Mietzahlung trotz Vorliegen eines Mangels

1. Hat ein Wohnungsmieter, dessen Mietvertrag vor dem Inkrafttreten des Mietrechtsreformgesetzes am 1. September 2001 geschlossen worden ist, in entsprechender Anwendung des § 539 BGB a. F. sein Recht zur Minderung der Miete verloren, weil er den Mangel längere Zeit nicht gerügt und die Miete ungekürzt und vorbehaltlos weiter gezahlt hat, so verbleibt es hinsichtlich der bis zum 1. September 2001 fällig gewordenen Mieten bei diesem Rechtsverlust. Die Bestimmungen des Mietrechtsreformgesetzes und der hierzu ergangenen Übergangsvorschriften führen nicht zu einem Wiederaufleben des Minderungsrechts.

2. Für nach dem Inkrafttreten des Mietrechtsreformgesetzes fällig gewordene Mieten scheidet eine analoge Anwendung des § 536b BGB, der an die Stelle des § 539 BGB a. F. getreten ist, aus. Insoweit beurteilt sich die Frage, ob und in welchem Umfang ein Mieter wegen eines Mangels der Wohnung die Miete mindern kann, ausschließlich nach § 536c BGB. Dies gilt auch für Mietverträge, die vor dem 1. September 2001 abgeschlossen worden sind.

3. Soweit hiernach das Minderungsrecht des Mieters nach dem 1. September 2001 nicht entsprechend der bisherigen Rechtsprechung zur analogen Anwendung des § 539 BGB a. F. erloschen ist, bleibt jedoch zu prüfen, ob der Mieter dieses Recht unter den strengeren Voraussetzungen der Verwirkung (§ 242 BGB) oder des stillschweigenden Verzichts verloren hat.

§ 536b BGB

(BGH Urt. v. 16.7.2003 – VIII ZR 274/02 – WuM 2003, 440 = NJW 2003, 2601 = NZM 2003, 679 = GE 2003, 1145 = ZMR 2003, 667 = DWW 2003, 258 = MietPrax-AK § 536b BGB Nr. 3 mit Anm. Eisenschmid; Langenberg, BGHReport 2003, 922; Paschke, GE 2003, 1134; Maciejewski, MM 2003, 357; Schach, GE 2003, 1118; Timme, NJW 2003, 3099; Börstinghaus, LMK 2003, 178; Gerber, NZM 2003, 825; Streyl, NZM 2004, 15; Zich, MietRB 2003, 2; Krauss, JA 2004, 3; Wendtland, JR 2004, 71)

Verwirkung von Mietforderungen

Durch die widerspruchslose Hinnahme einer Mietminderung verliert der Vermieter unter Umständen seinen Anspruch auf den restlichen Mietbetrag. In Betracht kommen das Rechtsinstitut der Verwirkung oder – was hier weiter offenbleibt – die umgekehrte analoge Anwendung des § 539 a. F. BGB.

(BGH Urt. v. 4.2.2004 – VIII ZR 171/03 – WuM 2004, 198 = Miet-Prax-AK § 536b BGB Nr. 4 mit Anm. Eisenschmid; Wiek, WuM 2004, 199; Lützenkirchen, MietRB 2004, 161)

Verlust des Minderungsrechts bei vorbehaltloser Mietzahlung trotz Vorliegen eines Mangels

Auch in der Gewerberaummiete stellt die vorbehaltlose Mietzahlung in Kenntnis des Mangels seit 1.9.2001 keinen Ausschlusstatbestand dar.

(BGH Urt. v. 16.2.2005 – XII ZR 24/02 – NZM 2005, 303 = GuT 2005, 56 = DWW 2005, 153 = ZMR 2005, 770 = MietPrax-AK § 536b BGB Nr. 5 mit Anm. Eisenschmid)

Minderungsausschluss bei Zahlung in Kenntnis eines Mangels

Es bleibt dabei, dass bis zum Inkrafttreten der Mietrechtsreform die längere vorbehaltlose Zahlung der Miete in Kenntnis des Mangels einen Ausschlusstatbestand darstellt.

(BGH Urt. v. 16.3.2005 – XII ZR 269/01 – GuT 2005, 162 = MietPrax-AK § 536b BGB Nr. 6 mit Anm. Eisenschmid)

Vorbehaltlose Hinnahme einer Mietminderung

§ 539 BGB a. F. kann nicht analog auf einen Mietzinsrückstand angewandt werden, der aus einer vom Vermieter über längere Zeit widerspruchslos hingenommenen Mietminderung herrührt. Ob der Vermieter mit solchen Nachforderungen ausgeschlossen ist, beurteilt sich nach den allgemeinen Voraussetzungen der Verwirkung.

(BGH Urt. v. 19.10.2005 – XII ZR 224/03 – NJW 2006, 220 = NZM 2006, 58 = GuT 2006, 25 = ZMR 2006, 107 = GE 2006, 375 = MDR 2006, 562 = BGHReport 2006, 286 = MietPrax-AK § 536b BGB Nr. 7 mit Anm. Eisenschmid; Bieber, MietRB 2006, 182)

Verlust des Minderungsrechts bei vorbehaltloser Mietzahlung trotz Vorliegen eines Mangels

An der Rechtsprechung zur Verwirkung eines Rechts zur fristlosen Kündigung wegen eines Sachmangels in entsprechender Anwendung des § 539 BGB a. F. (vgl. Senatsurteil v. 31.5.2000 – XII ZR 41/98 – NJW 2000, 2663) wird unter dem seit 1.9.2001 geltenden Mietrecht nicht mehr festgehalten. Mit dem Mietrechtsreformgesetz ist die Grundlage für eine analoge Anwendung des § 539 BGB a. F./§ 536b BGB entfallen (Fortführung des Senatsbeschlusses v. 16.2.2005 – XII ZR 24/02 – NZM 2005, 303 zur Frage des Minderungsrechts).

(BGH Urt. v. 18.10.2006 – XII ZR 33/04 – NZM 2006, 929 = GE 2006, 1606 = ZMR 2007, 98 = WuM 2007, 72 = MDR 2007, 391 = NJW 2007, 147 = MietPrax-AK § 536b BGB Nr. 8 mit Anm. Eisenschmid; Eisenhardt, BGHReport 2007, 50; Scheuch, jurisPR-BGHZivilR 49/2006 Anm. 1)

Mangelbeseitigungsanspruch und Ausschlusstatbestand

Der Mieter kann den Erfüllungsanspruch aus § 535 Abs. 1 S. 2 BGB auch dann noch geltend machen, wenn eine Minderung nach § 536b BGB ausgeschlossen ist.

Erfüllungsansprüche sind nur dann ausgeschlossen, wenn die Mietvertragsparteien einen bestimmten, bei Überlassung vorhandenen (schlechten) Zustand der Mietsache als vertragsgemäß vereinbart haben.

(BGH Urt. v. 18.4.2007 – XII ZR 139/05 – GE 2007, 840 = NZM 2007, 484 = ZMR 2007, 605 = GuT 2007, 209 = MDR 2007, 1065 = MietPrax-AK § 536b BGB Nr. 9 mit Anm. Eisenschmid; Eupen, MietRB 2007, 196)

Verstoß gegen rechtliches Gehör

a) Geht das Gericht Beweisanträgen zu erheblichem Sachvortrag nicht nach, liegt u. U. ein Verstoß gegen das Verbot vorweggenommener Beweiswürdigung vor.

b) Hat der Vertreter des Vermieters ohne positive Kenntnisse der rechtlich verbindlichen Situation Zusagen zur Stellplatzproblematik gemacht, kann dies im Rahmen eines Mitverschuldens gem. § 254 BGB gegenüber einem Schadensersatzanspruch gem. § 536a BGB zu berücksichtigen sein.

c) In diesem Fall kann unter besonderen Umständen auch eine den Anspruch ausschließende grob fahrlässige Unkenntnis vorliegen.

(BGH Urt. v. 17.8.2011 – XII ZR 153/09 – GuT 2012, 270 = MietPrax-AK § 536b BGB Nr. 10 mit Anm. Eisenschmid)

IV. Rechtsprechung zu § 536c BGB

Darlegungslast für fehlende Mängelanzeige

Im Rahmen eines Schadensersatzanspruches nach § 536c Abs. 2 Satz 1 BGB trägt der Vermieter die Darlegungs- und Beweislast für die Verletzung der den Mieter treffenden Anzeigepflicht (im Anschluss an BGH, Urteil vom 17.12.1986 – VIII ZR 279/85, NJW 1987, 1072; Abgrenzung zu BGH, Urteil vom 14.11.2001 – XII ZR 142/99, NJW-RR 2002, 515).

(BGH Urt. v. 5.12.2012 – VIII ZR 74/12 – GE 2013, 204 = GuT-W 2012, 10 = WuM 2013, 160 = NJW 2013, 1299 = NZM 2013, 309 = MietPrax-AK § 536c BGB Nr. 1 mit Anm. Dötsch, MietRB 2013, 67; Drasdo, NJW-Spezial 2013, 194)

V. Rechtsprechung zu § 543 BGB

Zu den Voraussetzungen einer Gewährleistungskündigung

Im Fall des § 543 Abs. 3 S. 1 BGB ist neben der Fristsetzung die Androhung der außerordentlichen fristlosen Kündigung nicht erforderlich.

Zur Frage, ob dann, wenn mit der Fristsetzung eine andere Maßnahme als die außerordentliche fristlose Kündigung, etwa eine Ersatzvornahme oder eine Mangelbeseitigungsklage, angedroht wird, die Kündigung wegen eines darin liegenden widersprüchlichen Verhaltens (§ 242 BGB) nicht bereits nach erfolglosem Ablauf der gesetzten Abhilfefrist wirksam erklärt werden kann, sondern erst nach erfolglosem Ablauf einer neuen Frist.

(BGH Urt. v. 13.6.2007 – VIII ZR 281/06 – NZM 2007, 561 = NJW 2007, 2474 = ZMR 2007, 686 = MDR 2007, 1182 = WuM 2007, 570 = MietPrax-AK § 543 BGB Nr. 8 mit Anm. Eisenschmid; Pfeifer, MietRB 2007, 257)

Rechtsmangel bei fehlender behördlicher Genehmigung

Die Klausel in einem Gewerbemietvertrag:

„Der Vermieter leistet keine Gewähr dafür, dass die gemieteten Räume den in Frage kommenden technischen Anforderungen sowie den behördlichen und anderen Vorschriften entsprechen. Der Mieter hat behördliche Auflagen auf eigene Kosten zu erfüllen."

ist gemäß § 307 BGB unwirksam, weil sie eine Haftung des Vermieters auch für den Fall ausschließt, dass die erforderliche behördliche Genehmigung für den vom Mieter vorgesehenen Gewerbebetrieb aus Gründen versagt wird, die ausschließlich auf der Beschaffenheit oder der Lage des Mietobjektes beruhen.

(BGH Urt. v. 24.10.2007 – XII ZR 24/06 – GE 2008, 120 = ZMR 2008, 274 = MietPrax-AK § 543 BGB Nr. 9 mit Anm. Eisenschmid; Bieber, MietRB 2008, 103)

Teilurteil bei Gewährleistungskündigung

Über die Klage eines Mieters auf Feststellung, dass sein Mietverhältnis durch fristlose Kündigung aus wichtigem Grund beendet worden ist, kann nicht durch Teilurteil entschieden werden, wenn der Vermieter widerklagend Mietzins für die Zeit vor oder nach dem angeblichen Beendigungstermin begehrt.

(BGH Urt. v. 21.1.2008 – XII ZR 21/07 – NZM 2009, 239 = NJW 2009, 1824 = GuT 2009, 35 = ZfIR 2009, 237 = MietPrax-AK § 543 BGB Nr. 12 mit Anm. Börstinghaus; Schmid, ZfIR 2009, 238; Tank, MietRB 2009, 163)

Fristlose Kündigung bei Flächenabweichung

Eine fristlose Kündigung nach § 543 Abs. 2 S. 1 Nr. 1 BGB erfordert nicht, dass der Mieter darlegt, warum ihm die Fortsetzung des Mietverhältnisses nicht zumutbar ist. Für die Wirksamkeit einer Kündigung genügt es vielmehr grundsätzlich, wenn einer der in § 543 Abs. 2 S. 1 Nr. 1 bis 3 BGB aufgeführten Tatbestände vorliegt.

(BGH Urt. v. 29.4.2009 – VIII ZR 142/08 – GE 2009, 709 = WuM 2009, 349 = NZM 2009, 431 = NJW 2009, 2297 = MDR 2009, 793 = ZMR 2009, 681 = MietPrax-AK § 543 BGB Nr. 14 mit Anm. Eisenschmid; Schach, jurisPR-MietR12/2009 Anm. 1; Lehmann-Richter, MietRB 2009, 189; Drasdo, NJW-Spezial 2009, 435)

Fristlose Kündigung wegen pflichtwidriger Verwendung eines Vorschusses zur Mangelbeseitigung

Nimmt ein Mieter, der einen erheblichen Vorschuss für Mangelbeseitigungsarbeiten erhalten hat, diese Arbeiten über einen längeren Zeitraum nicht in Angriff, so kann dies eine schwerwiegende, die fristlose Kündigung rechtfertigende Verletzung der Pflichten aus dem Mietvertrag darstellen.

(BGH Urt. v. 17.1.2012 – VIII ZR 63/11 – GuT 2012, 127 = ZMR 2012, 610 = GE 2012, 1489 = MietPrax-AK § 543 BGB Nr. 23 mit Anm. Börstinghaus)

Zum Verschulden bei der Zahlungsverzugskündigung

Ein Mieter, der mit Mietzahlungen in Rückstand geraten ist, muss darlegen und ggf. beweisen, dass er ohne Verschulden an der Entrichtung der Miete gehindert war, um das Kündigungsrecht des § 543 Abs. 2 Nr. 3 BGB auszuschließen.

Ein Verschulden des Mieters kann ausgeschlossen sein, wenn er sich in einem schuldlosen Irrtum über das Bestehen oder den Umfang seiner Zahlungspflicht befindet.

An das Vorliegen eines unverschuldeten Rechtsirrtums sind strenge Maßstäbe anzulegen. Der Mieter muss die Rechtslage sorgfältig prüfen, soweit erforderlich Rechtsrat einholen und die höchstrichterliche Rechtsprechung sorgfältig beachten.

(BGH Urt. v. 11.4.2012 – XII ZR 48/10 – WuM 2012, 323 = GuT 2012, 238 = MietPrax-AK § 543 BGB Nr. 25 mit Anm. Börstinghaus)

Verschulden bei Irrtum über Minderungsberechtigung

Der eine fristlose Kündigung begründende Zahlungsverzug entfällt nicht wegen fehlenden Verschuldens des Mieters, wenn dieser bei Anwendung verkehrsüblicher Sorgfalt hätte erkennen können, dass die tatsächlichen Voraussetzungen des von ihm in Anspruch genommenen Minderungsrechts nicht bestehen (im Anschluss an BGH, Urteil vom 25.10.2006 VIII ZR 102/06, NZM 2007, 35).

(BGH Urt. v. 11.7.2012 – VIII ZR 138/11 – GE 2012, 1161 = NJW 2012, 2882 = GuT 2012, 359 = WuM 2012, 499 = ZMR 2013, 177 = MietPrax-AK § 543 BGB Nr. 26 mit Anm. Börstinghaus, jurisPR-BGHZivilR 18/2012 Anm. 4; Krapf, jurisPR-MietR 19/2012 Anm. 1; Bittner, MietRB 2012, 285; Drasdo, NJW-Spezial 2012, 641; Selk, NZM 2012, 797; Seibl, LMK 2012, 339758; Hinz, NJW 2013, 337; Blank, WuM 2012, 501; Schläger, ZMR 2013, 178)

VI. Rechtsprechung zu § 569 BGB

Fristlose Kündigung des Zwischenmieters bei Gesundheitsgefährdung

Das Recht zur außerordentlichen fristlosen Kündigung wegen gesundheitsgefährdender Beschaffenheit der Miträume steht grundsätzlich auch dem (hier: gewerblichen) Zwischenmieter im Verhältnis zum Hauptvermieter zu.

(BGH Urt. v. 17.12.2003 – XII ZR 308/00 – NJW 2004, 848 = NZM 2004, 222 = ZMR 2004, 338 = WuM 2004, 206 = GE 2004, 294

= MietPrax-AK § 569 BGB Nr. 1; Bieber, MietRB 2004, 107; Löfflad, BGHReport 2004, 505; Blank, NZM 2004, 249)

Kündigung wegen gesundheitsgefährdendem Zustand

Die außerordentliche fristlose Kündigung eines Mietverhältnisses über Wohnraum wegen erheblicher Gesundheitsgefährdung nach §§ 543 Abs. 1, 569 Abs. 1 BGB ist grundsätzlich erst zulässig, wenn der Mieter dem Vermieter zuvor gemäß § 543 Abs. 3 S. 1 BGB eine angemessene Abhilfefrist gesetzt oder eine Abmahnung erteilt hat.

(BGH Urt. v. 18.4.2007 – VIII ZR 182/06 – WuM 2007, 319 = NZM 2007, 439 = DWW 2007, 239 = GE 2007, 841 = NJW 2007, 2177 = ZMR 2007, 601 = MDR 2007, 1064 = MietPrax-AK § 569 BGB Nr. 5 mit Anm. Börstinghaus; Junker, MietRB 2007, 193; Kern, NZM 2007, 634; Drasdo, NJW-Spezial 2007, 390; Horst, MietRB 2007, 322)

VII. Rechsprechung zu § 573 BGB

Zurechnung schuldhaft fehlerhafter Beratung durch Mieterverein

Der Mieter ist im Rahmen von § 573 Abs. 2 Nr. 1 BGB auch für das schuldhafte Verhalten eines Erfüllungsgehilfen nach § 278 BGB verantwortlich; die ordentliche Kündigung des Vermieters wegen einer nicht unerheblichen Vertragsverletzung setzt nicht ein eigenes schuldhaftes Verhalten des Mieters voraus. Ein Mieterschutzverein, der den Mieter bei der Entscheidung darüber berät, ob er von einem Zurückbehaltungsrecht an der Miete Gebrauch machen soll, ist Erfüllungsgehilfe des Mieters bei der Erfüllung der Verpflichtung zur Entrichtung der Miete.

(BGH Urt. v. 25.10.2006 – VIII ZR 102/06 – GE 2007, 46 = NZM 2007, 35 = WuM 2007, 24 = DWW 2007, 22 = ZMR 2007, 103 = NJW 2007, 428 = MDR 2007, 454 = MietPrax-AK § 573 BGB Nr. 9 mit Anm. Börstinghaus; Lützenkirchen, MietRB 2007, 59 ff.; 102; Klees, NJW 2007, 431; Drasdo, NJW-Spezial 2007, 50; Blank, NZM 2007, 788 = WuM 2007, 655)

Stichwortverzeichnis

A
Abflussrohr 39
Abgase 100
Abhilfefrist 39, 293
Abkürzungsweg 41
Abmahnung 41
– Feststellungsklage 41
– qualifizierte 41
Abriss. *Siehe* Bauarbeiten
Abschlussfreiheit 41
Abwasser 39
Abweichende Vereinbarung 41
Allergiker 102
Allgemeine Geschäftsbedingungen 43, 113
Altbau 141. *Siehe* Mangel
Altbauwohnung 137
Altglascontainer 132
Ameise 46
Anbau
– Balkon 58
Anfänglicher Mangel. *Siehe* Schadensersatz
Anfechtung 46
Anfechtungserklärung 47
Anfechtungsfrist 48
Anfechtungsgrund 47
Ankündigung der Minderung
– Mustertext 253

Annahmeverzug 48, 57
Anstandsgefühl 187
Antenne. *Siehe* Fernsehen
Anzeigeklausel 49
Anzeigepflicht 56, 270
Äquivalenzprinzip 151
Arglist 55
arglistige Täuschung 47
Armaturen 70
Arrest. *Siehe* Einstweiliger Rechtschutz
– dinglicher 74
– persönlicher 74
Arrestanspruch 74
Arrestbefehl 74
Arrestgrund 74
Arrestverfahren 74
Asbest 103, 161. *Siehe* Umweltgifte
Aufrechnung 50
Aufwendungsersatz 51, 183, 283
Aufwendungsersatzanspruch 101
Aufzug 51
Ausblick 58, 63
Ausschluss
– Minderung 51
Ausschlusstatbestand 51
– Annahmeverzug 57
– Mieterverschulden 57
Außentemperatur 108

295

Stichwortverzeichnis

Aussicht 58
Austrocknungszeit
– nach Wasserschaden 90

B
Bad 165
Badewanne 59, 165
Badewannenabfluss 39
Badezimmer 60
Bahn 60
Balkon 53, 61, 73, 165, 199
– Anbau 58
Bauarbeiten 61, 73, 101, 140
Baugerüst 101
Baulärm 60, 62, 63
Baulückenbebauung 58
Baumangel 63
Bäume 58, 63
Bedrohung 64
Beeinträchtigung der Gebrauchstauglichkeit. *Siehe* Gebrauchsbeeinträchtigung
Belästigung 64
Beschaffenheitsvereinbarung 107
Besitz
– Wiedereinräumung 76
Besucher 64
Betretungsrecht 75
Betriebskosten 64, 97, 147
Betriebskostenpauschale 147
Betriebskostenvorauszahlungen 148
Beweislast 65, 178, 282
Beweismittel
– Verlustgefahr 186
Beweissicherung 185
Beweisverfahren
– selbständiges 185
Blei. *Siehe* Umweltgifte
– Wasser 228
Bleikonzentration 66
Bordell 64, 172. *Siehe* Prostitution
Braunverfärbung
– Wasser 228
Briefkasten 66
Bruttokaltmiete 147

Bruttomiete 64, 147, 267, 268.
Siehe Mietstruktur
Bruttowarmmiete 147
Bundesgerichtshof
– Leitsätze 265
Büro 103

C
Chemikalien. *Siehe* Umweltgifte
CO_2-Ausstoß 79

D
Dachgeschossausbau 157
Dachstuhl
– Abriss 63
Dachterrasse 274
Darlegungslast 65
Dauernutzungsvertrag 98
Deutsches Institut für Normung 69
DIN 4109 126
DIN 18005 127
DIN-Normen 69, 140
Diskothek 70
Durchfeuchtung 89
Durchzug 195
Dusche 70
DVB-T. *Siehe* Fernsehen
DVB-T-Fernsehen 49

E
Eheleute
– als Mieter 145
– als Vermieter 218
Eigenschaft. *Siehe* zugesicherte Eigenschaft
Eigentumswohnung 235. *Siehe* Wohnungseigentum
Einbruch 73
Einbruchsgefahr 73, 101
Einfamilienhaus 276
Einrede 240
Einrede des nicht erfüllten Vertrages 213
Einstellplatz. *Siehe* Parkplatz
Einstweiliger Rechtsschutz 74, 80

Stichwortverzeichnis

Einstweilige Verfügung. *Siehe* Einstweiliger Rechtschutz
– Räumung 75
Elektroanlage
– veraltete 77
Elektroinstallation 76, 143
Elektrosmog 49, 77, 102
Energetische Modernisierung 78
energetischer Standard
– Einhaltung 79
Energiebedarf 79
Energieeinsparung 156
Energieverbrauch 79
Energieversorgung 46
Entlüftungsmöglichkeit 100, 199
Entzug des Gebrauchs 80
Erbengemeinschaft
– als Vermieter 218
Erfüllungsanspruch 80
– Opfergrenze 80
Erfüllungsgehilfe 81, 219
Erhaltungspflicht 182
Erklärungsirrtum 47
Essensgerüche 99

F

Fahrradkeller 83, 164
Fahrradständer 83
Fahrstuhl. *Siehe* Aufzug
Faktische Unmöglichkeit. *Siehe* Unmöglichkeit
Fälligkeit 83
– gesetzliche Regelung 84
– Samstag 84
– Werktag 84
Fassade 85
Fehler 85
Feier 85
Fenster 86
– mangelhafte 46
Fensterbordell 172
Fernsehen 87
Fernwärme 108
Feste. *Siehe* Feier
Feststellungsklage 88
Feuchtigkeit 88

Feuchtigkeitsschäden 86
– Beweislast 65
Fixerstube 203
Fläche. *Siehe* Wohnfläche
Flächenabweichung 97
– Gewerberaummiete 268
– Kündigung 147, 291
– normative 270
Flächenermittlung 272
Fliesen 90
Flughafen 91
Fluglärm 91
Föderalismusreform 91
Fogging 92, 281, 282
– Beweislast 65
Form. *Siehe* Schriftform
– Mietvertrag 150
Formaldehyd. *Siehe* Umweltgifte
Formularvertrag 52, 160
Freisitz 275
Fremdgeschäftsführungswille 101
Frettchen 101
Frist 93
Fußboden 60

G

Garage 95, 103, 149
Garagentor 206
Garantiehaftung 182, 283
Garten 95, 149, 276
Gartenbepflanzung 95
Gartennutzung 95, 164
Gaststätte 96
Gasversorgung 110
Gebot der Rücksichtnahme 126
Gebot der Wirtschaftlichkeit 97
Gebrauch
– Nichtgewährung 162
Gebrauchsbeeinträchtigung 97
Gebrauchsentziehung 273
Gebrauchsüberlassung 80
Gefahrenkreise 267
Gegensprechanlage 98
Geldschulden 84
Geltendmachung eines Vorschusses zur Mängelbeseitigung

297

Stichwortverzeichnis

– Mustertext 256
Gemeinschaftsantenne 49
Gemeinschaftseigentum 235
Genossenschaft 98
Genossenschaftswohnung 98
Geräuschbeeinträchtigung 99
Geräuschbelästigung 95
Gerichtsstandsvereinbarung 99
Gerichtsvollzieher 239
Gerichtszuständigkeit 99
Geruch 99
Gerüst 101
Geschäftsführung ohne Auftrag 101
Geschirrklappern 129
gesetzliches Verbot 41
Gestaltungsfreiheit 41
Gestaltungsklage 88
Gesundheitsgefährdender Zustand 102
Gewährleistungskündigung 290, 291
Gewerberaummiete 103, 272
– Flächenabweichung 268
Gewerberaummietverhältnis 103
gewerbliche Zwischenvermietung 266
Gewinn
– entgangener 48
Gewürze
– Gerüche 100
Glascontainer. *Siehe* Lärm
Gleisausbau 60
Graffiti 104
Grenzwert 105, 203
Grobe Fahrlässigkeit 105
Grob fahrlässige Unkenntnis 54. *Siehe* Grobe Fahrlässigkeit
Großbaustelle 106
Größe. *Siehe* Wohnfläche
Grundmiete. *Siehe* Mietstruktur

H

Haftungsausschluss 107, 285
Handwerker 81
Hängeschrank 122

Hartz IV 273
Haushaltsgerät 77
Hausmeister 81
Hausmusik 131, 158
Hausordnung 164
Haustür 107
Heizkessel
– Überdimensionierung 109
Heizkosten 64, 79, 148
Heizkostenverordnung 64
Heizkostenverteiler 75
Heizperiode 108
Heizung 108
Heizungsausfall 53, 109
Hochwasser 110
Hofbeleuchtung 77
Holzschutzmittel 103, 111
Hund 160. *Siehe* Tiere

I

ICE-Neubaustrecke 60
Immaterieller Schaden 113
Individualvereinbarung 52, 113, 160
Inhaltsirrtum 47
Inklusivmiete. *Siehe* Mietstruktur
Instandhaltung 114
Instandsetzung 114
Interesse
– berechtigtes 123
– negatives 48
Irrtum 55. *Siehe* Anfechtung
Isolierfensterscheibe 87
Istbeschaffenheit 114

J

Jalousie 178
Jazzlokal. *Siehe* Lärm

K

Käfer 103. *Siehe* Ungeziefer
Kakerlaken 208. *Siehe* Ungeziefer
Kalkulationsirrtum 47
Kamin 109
Karneval 119
Katzen. *Siehe* Tiere

Stichwortverzeichnis

Kaution 268
Kautionsrückzahlungsanspruch 50
Keller 111, 119, 155
Kellerbeleuchtung 119
Kenntnis
– vom Mangel 54
Khapräkäfer 208
Kinderhort 121
Kinderlärm 130. *Siehe* Lärm
Kippstellung
– Fenster 86
Klageantrag 121
Klage auf zukünftige Leistung 237
Klauselverbot 44
Klavierspiel 131
Klingel 121
Klopfgeräusche 109
Knebelvertrag 187
Koch
– Gerüche 100
Kondenswasser 86, 87, 89
Kostenmiete 122
Küche 122
Kücheneinrichtung 122
Kündigung 122
– Abhilfefrist 39

L

Laden 103
Ladetätigkeit 131
Lagerhalle 103
Laminat 125
Landesimmissionsgesetz 127
Lärm 126
Lärmbelästigung 63, 64, 70, 86, 91
– Aufzug 51
– Bahn 60
– Gaststätte 96
Lärmimmissionen 125
Lebensgefährte 165
Leistungsklage 88
Leistungsverweigerungsrecht 265
– Verjährung 215
Leitungswasser 179
Leuchtreklame 133
Licht 133

Lichteinfall 85
Lindan 133
Loch 60
Lösungsmittel 101
Luftaustausch 89
Luftfeuchtigkeit 46
Lufttemperatur 89

M

Madonna 200
Mahnung 135
Mangan. *Siehe* Umweltgifte
Mangel 135
– anfänglicher 182, 270
– vom Mieter zu vertreten 57
Mangelanzeige 145
– unverzüglich 57
Mangelbeseitigung
– Anspruch auf 80
– Verjährung 217
Marder 208
Materieller Schaden 145
Mäuse 208. *Siehe* Ungeziefer
Mieter 145
Mieterbenachteiligung. *Siehe* Nachteilige Vereinbarung
Mieterkündigung 146
Mieterverein
– Beratungsfehler 293
Mietkaution 268
Mietraumfläche 276
Mietrechtsreform 149
Mietsicherheit 268
Mietstruktur 147
Mietvertrag 145, 149
Mietzahlung 150
Minderung 150
– Aufrechnungsklausel 42
– Bruttomiete 148
– Duldungspflicht 42
– Fristenregelung 42
– Vorauszahlungsklausel 42
– vorherige Ankündigung 42
Minderungsausschlussvereinbarung 272
Minderungsquote 151

Stichwortverzeichnis

Mindeststandard 76, 143, 154
Mischmietverhältnis 233
Mitverschulden 155
Mitwirkungspflicht 156
Mobilfunkanlage 270
Mobilfunkantenne 77, 156
Modernisierung 156
Modernisierungsmaßnahme 137
Motivirrtum 47
Motten. *Siehe* Ungeziefer
Müll 157
Müllschlucker 53, 157
Mülltonne 100, 157
Musik 96. *Siehe* Lärm
Musizieren 129
Mustertexte 251
– Ankündigung der Minderung 253
– Urkungsklage 259
– Vorschussanforderung 256
– Zahlungsklagen 257
– Zurückbehaltungsrecht 254

N
Nachbarn 159
Nachbarschaft 203
Nachbesserungsanspruch 79, 142
Nachbesserungspflicht 69
Nachtabsenkung 108
Nachteilige Vereinbarung 160
nachteilige vertragliche Vereinbarung
– Minderung 160
Nachtruhe 129. *Siehe* Lärm
Nachtspeicherofen 50, 161
Nachverfahren 212
Nebenkosten. *Siehe* Betriebskosten
Nettokaltmiete 147
Nettomiete. *Siehe* Mietstruktur
Nettowarmmiete 147
Neubau 141. *Siehe* Sollbeschaffenheit
Neue Bundesländer 162
Neuerrichtung
– Bahnhof 60
Nichtraucher. *Siehe* Zigaretten

Niederschlag 163
Nitrat. *Siehe* Umweltmangel
Nutzungsbedingtes Fehlverhalten 165. *Siehe* Verschulden des Vermieters
Nutzungsbeschränkung 164
– öffentlich rechtliche 275
Nutzungsentschädigung 165
Nutzwertanalyse 153
– vereinfachte 154

O
Oberlichter 87
Obhutspflicht 167
Objektbeschreibung 269
Obliegenheit 167
öffentlich geförderten Wohnungsbau 91
Opfergrenze 80, 167, 211
Optischer Mangel 167

P
PAK. *Siehe* Umweltmangel
Parkett 169
Parkettfußboden 163
Parkplatz 169
PCB. *Siehe* Umweltmangel
PCP 170
Persönlichkeitsrechtsverletzung 113
Positive Kenntnis 120. *Siehe* Kenntnis
Preisfreier Wohnungsbau 170
Preisgebundener Wohnungsbau 171
Preiskontrolle 170
Prostitution 64, 172
Prozessbeschleunigung 185
Prozessvermeidung 185

Q
Qualifizierte Abmahnung. *Siehe* Abmahnung

R
Radio 128

Stichwortverzeichnis

Ratten 208. *Siehe* Ungeziefer
Rattenkot 61
Rauchen
– Geruchsbeeinträchtigung 99
Rauchentwicklung 109
Raucher. *Siehe* Zigaretten
Raumfeuchtigkeit 183
Raumtemperatur 109
Räumung
– einstweilige Verfügung 75
Rechtsmangel 177, 271, 290
Rechtzeitigkeitsklausel 85
Regen 163
Regenrinne 163
Reisekosten 48
Restaurant 96. *Siehe* Gaststätte
Risikosphäre 178
Risse 46, 178
Rollladen 131, 178
Rost 179
Rückstau 163
Ruhezeiten 130

S

Sachmangel 181
Sado-Maso-Café 181
Sammelgarage 95
Samstag 84
Sanitäranlagen. *Siehe* Badezimmer
Schaben. *Siehe* Ungeziefer
Schadensersatz 182
– Garantiehaftung 182
– Verzug 182
Schädlingsbekämpfung 103
Schall 127
Schallisolierung 85, 131
Schallschutz 69, 129. *Siehe* Lärm
Scheidung 146
Schickschuld 84
Schikaneverbot 131
Schimmel 65, 90, 183
Schimmelfleck
– optischer Mangel 168
Schließanlage 98
Schließblech 108
Schloss. *Siehe* Haustür

Schmerzensgeld 113. *Siehe* Immaterieller Schaden
Schönheitsreparaturen 101
Schönheitsreparaturklausel 101
Schriftform 185
– gewillkürte 185
Schwalbenwanze 208
Schwarzfärbung 92. *Siehe* Fogging
selbständiges Beweisverfahren 185
Selbstbeseitigungsrecht 187
Sicherheitsleistung 212
Silberfischchen 208. *Siehe* Ungeziefer
Sittenwidrigkeit 41, 187
Skaterbahn 131
Sollbeschaffenheit 188
Sondereigentum 235
Souterrain 120
Späherameise 208
Sphärentheorie 65, 267
Spielplatz 120, 195
Spinne 207
Spinnen. *Siehe* Ungeziefer
Staatsschutzziel 79
Stand der Technik 69
Staub 63
Steckdose 60, 77. *Siehe* Elektroinstallation
Stehpinkler 132
Stellplatz 149. *Siehe* Parkplatz
Störtagebuch 128
Stoßlüftung 195
Straßenlärm 195
Streitverkündung 159
Stromzähler 282
Studentenwohnheim
– Aufzug 51
Subjektive Unmöglichkeit. *Siehe* Unmöglichkeit
Supermarkt 132

T

Tabakrauch 99, 238
– Gerüche 100
TA-Lärm 126, 127
Tanzschule 158

Stichwortverzeichnis

Tapete 197
Taube 132
Tauben. *Siehe* Ungeziefer
Teilinklusivmiete 147. *Siehe* Mietstruktur
Temperatur 198
Temperaturschwankung
– Warmwasser 228
Terrasse 198
Terrassenfläche 199
Terrassentür 199
Tiefgarage 170. *Siehe* Garage
Toilette 39, 100, 199
Toilettenabfluss 39
Toleranzgebot 130
Transparenzgebot 107
Treppe 200
Treppenhaus 120, 200
– Zigarettenrauch 100
Treppenlichtschalter 77, 133
Treppenstufe 168, 200
Treuverhältnis
– Genossenschaft 98
Trinkwasser 66. *Siehe* Wasser
Trittschall. *Siehe* Lärm
Trittschallschutz 125, 131, 274
Trockenraum 164
Tür. *Siehe* Haustür
Türklingel 98
Türöffner 201
Türöffnungsanlage 122
Türschwelle 53, 206

U

Überdimensionierung
– Heizkessel 79
Überlassung der Mietsache 213
Überschwemmung 163
Ultimoverjährung 216
Umfeldmangel. *Siehe* Umweltmangel
Umfeldmängel 139
Umweltmangel 203
Unbenutzbarkeit
– Aufzug 51
unerheblicher Mangel 53, 266

Unerheblichkeit 205
Unerlaubte Handlung 207
Ungeziefer 207
Unkenntnis. *Siehe* Kenntnis
Unmittelbarkeit
– der Beeinträchtigung 209
Unmöglichkeit 209
– anfängliche 210
– nachträgliche 211
– subjektive 212
Unterlassungsklage 88
Unterschrift 185
Untervermietung 149
Unwesentliche Beeinträchtigung. *Siehe* Unerheblichkeit
Unwirtschaftlichkeit
– der Heizung 79
Urinstrahlgeräusche 132
Urkundsklage 212
– Mustertext 259
Urkundsverfahren
– Nachverfahren 212
Urteil
– vorläufige Vollstreckbarkeit 212

V

VDE-Norm 215
VDI Richtlinie 127
VDI-Richtlinien 76, 140
Veranda 199
Verbot der geltungserhaltenden Reduktion 45
verbotene Eigenmacht 75
Verfügungsanspruch 75
Verfügungsgrund 75
Verjährung 215
– Erfüllungsanspruch 217
– Mangelbeseitigung 217
– subjektives System 216
Verjährungsfrist 80, 216
– sechsmonatige 217
Verkehr. *Siehe* Straßenlärm
Verkehrsführung 195
Verkehrslärm 131
Verkehrssicherungspflicht 207
Verlust des Beweismittels 186

Stichwortverzeichnis

Verlust des Minderungsrechts 218
Verlustgefahr 85
Vermieter 218
Vermieterkündigung 219
Vermieterpfandrecht 75
Vermieterschreiben
– Mustertext 252
Vermögensschaden 113. Siehe Materieller Schaden
Verrichtungsgehilfe 82, 219
Verschattung 63
Verschmutzung 63, 220
– Balkon 61
Verschulden 81, 220
– des Mieters 221
– des Vermieters 221
Vertrag 221
vertragliche Vereinbarung
– Minderung 52
Vertragsgemäßer Gebrauch 221
Vertragszweck 233
Vertretenmüssen 182. Siehe Verschulden
Verwahrlosung des Gebäudes 85
Verwendungen. Siehe Aufwendungsersatz
Verwirkung 40, 94, 102, 222, 287
Verzögerungsgefahr 85
Verzug 187, 223
– Schadensersatz 182
– Zurückbehaltungsrecht 240
Videoüberwachung 105
Vorauszahlungsklausel 223
Vorbehalt 224, 285
– einfacher 224
– qualifizierter 224
Vorbehaltlose Annahme 55, 224
Vorbehaltlose Hinnahme einer Mietminderung 288
Vorbehaltlose Mietzahlung 55, 285
Vorbehaltlose Zahlung 225
Vorbehaltsurteil 212
Vorfälligkeit 238
Vorhersehbarkeit 226
– des Mangels 209
vorläufig vollstreckbares Urteil 212

Vorschule 121
Vorschussanspruch 66, 226
Vorverfahren 212
Vorwegnahme der Hauptsache 75

W

Wandschmiererei 105
Wanze. Siehe Ungeziefer
Wärmedämmung 227
Wäschetrockner 132
Wäschetrocknung 53
Waschmaschine 132, 228
Wasser 228
Wasserdruck 199
Wasserhahn 122
Wasserkonzentration 89
Wasserschaden 60, 90, 229
Wegfall der Geschäftsgrundlage 229, 269
Weitervermietung 103
widerrechtliche Drohung 47
Wiederherstellungsanspruch. Siehe Erfüllungsanspruch
Wildtaube 61
Wirtschaftliche Unmöglichkeit. Siehe Gebot der Wirtschaftlichkeit
Wirtschaftlichkeitsberechnung 122
Wohnfläche 97, 230, 265
Wohnflächenabweichung 266
Wohnflächenberechnung 274, 275
Wohngeräusche 46
Wohngifte. Siehe Umweltmangel
Wohnraummiete 232, 233
Wohnraummietverhältnis 233
Wohnraummietvertrag 233
Wohnungsanzeige 58
Wohnungseigentum 235
Wohnungseingangstür 107
Wohnungsgenossenschaft 98
Wohnungsgröße 70, 269
Wohnungsschlüssel 165
Wohnungstür 236
Wohnungszuweisungsverfahren 146

303

Stichwortverzeichnis

Z
Zahlungsansprüche
– Sicherung 74
Zahlungsklage 237
– Mustertexte 257
Zahlungstitel 239
Zahlungsverzug. *Siehe* Verzug
Zeitmietvertrag 123
Zeugenvernehmung 212
Zigaretten 237
Zimmerdecke 53
Zimmerlautstärke 86, 128
Zugangsbeschränkung 140
Zugangskontrolle 64
zugesicherte Eigenschaft 239, 269
– unerheblicher Mangel 53

Zugluft 239
Zug um Zug 238
Zug-um-Zug-Verurteilung 81, 240
Zurückbehaltungsrecht 81, 240, 265
– Mustertext 254
– Verzug 240
Zuständigkeit. *Siehe* Gerichtszuständigkeit
– örtliche 99
– sachliche 99
Zwangsvollstreckung 212
Zwischenmieter
– Kündigung 292
Zwischenmietverhältnis 233
Zwischenvermietung 266